아파트 공동체

상생을 생각하며

하성규 외 10인 지음
한국주택관리연구원 엮음

Community in Multi-family Housing Complex

박영사

서 문

금년도 출간하는 "아파트 공동체, 상생을 생각하며"는 한국주택관리연구원의 네 번째 책이다. 첫 번째 나온 "현대 공동주택 관리론" 이후 주택관리 분야 서적을 지속적이고 체계적으로 출간하는 연구원은 우리 연구원이 처음이라 생각한다.

이 책은 주택관리 및 공동체 분야 전문가들이 함께 작업한 것이다. 우리 연구원 단독으로 아파트 공동체 연관 이론과 정책을 전부 다 논의하기보다는 각계의 다양한 식견과 경험을 공유하고자 노력하였다. 그래서 학계 등 이 분야 전문가들이 참여하는 저술 작업이 거의 일 년여 동안 진행되었다.

현대사회에서 주택은 단순한 은신처의 개념을 넘어 사회적 신분 재화의 상징이며 때로 사회적 갈등의 한 부분이 되었다. 아울러 아파트는 한국인의 중요한 이재의 수단이자 한 가정의 가장 중요한 재산목록이다.

한국인의 약 70%가 공동주택에 거주하고 있다. 이 보편적 주거 형태인 아파트 단지는 날이 갈수록 갈등과 분쟁이 끊이지 않고 있다. 아파트 공동체는 다양한 문제점과 어려움에 직면해 있다. 국민

다수의 삶의 터전인 아파트 단지가 살맛 나는 상생의 공간으로 발전될 수 있도록 이론적 · 실무적 · 정책적인 연구가 필요한 때이다.

아파트 공동체는 지연공동체가 아닌 일정 지역(혹은 단지)을 중심으로 연대를 형성하여 이루어진 것이다. 과거 농촌의 촌락 공동체는 통합성과 정체성을 지녀 오랜 역사를 지니고 있기도 했다. 그러나 8 · 15해방 후의 급속한 산업화로 인한 농촌인구의 도시유입 등 전통적 농촌의 붕괴는 공동체의 붕괴를 가속화시켰다.

최근 지방자치단체는 아파트 공동체 활성화의 중요성을 인지하고 다양한 프로그램을 실행하고자 한다. 서울 동대문구가 이웃 간 소통 · 공감하는 아파트 문화 확산을 위해 '아파트 공동체 활성화 공모사업'을 추진 중이라고 한다. 이 사업은 아파트 단지 주민들이 제안한 공동체 활동을 지원하기 위해 시작됐다. 주요 활동 분야는 △소통 및 주민화합 △친환경 실천 및 체험 △취미와 창업 △교육과 보육 △건강과 운동 △이웃돕기 및 사회봉사 △혼합(2개 이상의 분야) 등 7개이다.

아파트 단지에 공동체적 활동이 활발하게 진행되는 곳도 적지 않다. 주민들이 십시일반 모아 급전을 빌려주는 마을협동금고, 홀로된 노인을 찾아가 말벗이 되어주는 봉사단, 더불어 사는 삶이 무엇인지 가르치기 위해 뭉친 엄마들, 작은 도서관을 가꾸고 지키는 이들, 남녀노소 재능을 기르는 이들부터 쓰레기 가득했던 공터를 텃밭으로 바꾼 텃밭 두레 사람들까지 아파트 공동체를 활성화하고자 노력하고 있다.

이 책은 11장으로 구성되어 있다. 1부는 "아파트 공동체와 주택관리"라는 제목 하에 2개의 장이, 2부는 "갈등과 상생의 사례"로서

5개의 장이, 그리고 3부는 "아파트 공동체의 나아갈 길"로 4개의 장이 구성되어 있다. 아파트 단지에서 발생하는 다양한 갈등의 유형과 특징 그리고 문제점을 다양한 시각으로 분석하고 있으며 아울러 상생을 위한 노력과 성과도 다루었다. 이러한 아파트 단지의 갈등과 상생의 사례들은 이론적으로 논의하자면 "사회적 자본"의 영역이라 판단된다.

중요한 것은 공동체 문화의 정착이다. 아무리 법·제도가 정비되어 있다 하더라도 해당 공동주택단지에 거주하는 입주민, 그리고 입주민을 대표하는 입주자대표회의, 해당 단지를 관리하는 아파트관리 종사자 모두 공동체적 의식과 규범을 지키지 않으면 갈등과 분쟁 해결은 어렵다.

소위 "갑질"이라는 횡포가 지속되고 공동체적 인식이 자리 잡지 못하면 거주자 모두는 물론 우리 사회 전반에 질 높은 주거생활을 보장하기 어렵다.

우리 사회에 신뢰, 규범, 호혜성, 친밀성, 네트워크 등 공동체적 가치를 추구하는 새로운 형태의 공동체가 활성화될 수 있기를 소망한다. 이 책이, 이러한 공동체적 가치를 추구하는 기초적 지식과 정보를 제공하는 역할을 하길 기대해 본다.

한국주택관리연구원 원장
하성규

목 차

PART 01 아파트 공동체와 주택관리

PART 02 갈등과 상생의 사례

PART 03 아파트 공동체의 나아갈 길

PART 01

아파트 공동체와 주택관리

CHAPTER

01

아파트 공동체와 사회적 자본

— 하성규, 한국주택관리연구원 원장 —

CHAPTER 01

아파트 공동체와 사회적 자본

— 하성규, 한국주택관리연구원 원장 —

I. 서론

프랑스인 '발레리 줄레조'라는 건축가는 1990년대 한국을 여행하면서 아파트가 너무 많아 놀랐다. 도시와 농촌을 가릴 것 없이 아파트가 전국을 뒤덮고 있었다. 그녀는 한국 방문 이후 '아파트 공화국'이라는 책을 집필했다. 이 책의 저자인 파란 눈의 프랑스인에게는 한국의 아파트는 현대화의 상징이었고, 동시에 아파트는 투자재로 이해하였다. 이방인은 한국의 아파트는 욕망의 대상이며 또 신분재화임을 확인하게 된 것이다.

오늘날 한국의 아파트는 가장 선호하는 이재(理財)의 수단이자 부의 원천이며 사회적 지위를 대변하고 있다는 점을 부정하기 힘들다. 인구의 60% 가량이 아파트(통계청, 2016)에 거주하고 있다. 아파트 단지는 전통적 단독주택 중심의 마을과 달리 주민 모두가 함께 사용하는 공간이 많다. 자기 아파트 문을 나서면 모든 공간이 이웃과 함께 나누어 사용해야 한다. 승강기, 주차장, 어린이 놀이터 등 공유공간이 특징이다. 아울러 아파트는 위, 아래 그리고 옆에는 불과 40~50cm 간격으로 주거공간이 구분되고 밀집되어 있다. 이러한 공간적 특성과 밀집된 주거환경에서는 주민 스스로 지켜야 할 규범과 질서 그리고 이웃과 더불어 나눔을 실천해야 할 사회~공간적 특징이 있다.

오늘날 이웃과 친밀히 잘 지내고 서로 존중하며 공동체의식이 충만한 아파트는 많지 않다. 오히려 이웃 간 심각한 갈등과 불화가 지속되고 있는 단지가 적지 않다. 오래된 아파트일수록 층간소음, 주차장이용, 관리비 등으로 시비와 다툼이 사라지지 않고 있다. 즉 공동체정신이나 공동체적인 활동(규범, 신뢰, 네트워크 등)은 매우 제한적이다. 이웃 사촌이 아니라 이웃 원수로 살아가는 아파트도 있다.

그러나 일부 아파트는 공동체적인 활동과 이웃과의 연대와 교류가 활발한 곳도 있다. 아파트 단지에서 동호회를 만들어 취미생활을 함께 한다거나 서로 품앗이 형태로 이웃집 아이를 돌보는 일 등 모범적 사례도 있다. 요즘 새롭게 지어진 단지는 헬스장, 사우나, 놀이방, 독서실, 골프연습장 등 주민들이 서로 교류할 수 있는 기회와 장소가 많아지고 있다.

이 장에서는 아파트 단지의 공동체적 의식과 활동을 논의하고자 한다. 이를 위해 아파트 공동체는 존재하고 있는지, 어떤 문제점을 안고 있는지를 확인하고자 한다. 아울러 향후 아파트 공동체의 활성화 방안은 무엇인가를 살펴보고자 한다.

II. 아파트 공동체: 현실과 과제

1. 공동체와 공동체 의식

공동체의 사전적 의미는 '특정한 사회적 공간에서 공통의 가치와 유사한 정체성을 가진 사람들의 집단'이다. 우리나라는 공동체의 오랜 역사를 지니고 있다. 과거 전통사회에서 공동체는 구성원들이 생존을 유지하기 위해 함께 노력해야 했던 가족이나 촌락에서부터 시작되었다. 과거에는 농업 생산을 위해 협동을 강화하고, 구성원들 간의 화합을 증진하기 위한 공동체적 규범이 발달했다. 가장 원시적 형태의 공동체는 가족, 씨족, 지역에 바탕을 둔 공동체라고 할 수 있다. 농업이 주된 산업이었던 과거 농경사회의 전통적 공동체 특성으로는 폐쇄성, 안정성, 대면적 관계, 전통 및 도덕적 규범 체계 등을 들 수 있다(한국민족문화대백과, 2001). 인구·가구가 증가하고 도시화 및 산업화가 급속히 진행되면서 공동체의 범주와 규모가 확장되기 시작했으며, 공동체의 내용도 다양해졌다.

한국의 전통적인 공동체로는 혈연과 유교적 가치에 바탕을 둔 문중, 지역을 기반으로 하는 촌락, 협동적 노동 양식인 두레, 상부상조의 규범인 계(契) 등이 대표적 형태라 할 수 있다. 이러한 공동체 의식과 제도가 규범화되어 전통사회의 질서와 발전을 유지했다. 당시에는 지혜로운 사회적 자본(social capital)이 형성되고 실행되었다고 할 수 있다.

오늘날 한국사회의 공동체는 과거 전통사회의 공동체와는 다른 모습이다. 특히 도시사회에서 아파트라는 공동주택이 급격히 증가하기 시작한 이후 '아파트 단지'는 도시주거공동체의 공간적 영역을 말해준다. 아파트 단지는 그 규모와 입주민의 사회·경제적 수준을 기준으로 보면 매우 다양하다.

아파트 단지는 크게 네 가지 관점에서 구분된다. 첫째, 아파트 단지의 규모면에서 큰 차이가 있다. 예를 들어 '나 홀로 아파트' 단지라고 불리는 아파트 단지 규모가 매우 작은 것에서부터 수천세대가 거주하는 대단위 단지까지 입주민의 수나 아파트 세대수의 많고 적음에 따라 구분할 수 있다. 둘째, 아파트 단지는 민간분양아파트인지 아니면 공공부문(LH, SH 공사 등 공공기관)에서 공급된 것인지의 차이다. 공공부문의 아파트는 대부분 임대아파트가 주를 이루고 있으나 민간부문 아파트는 주로 분양을 목적으로 한 아파트이다. 셋째, 아파트 입주민의 경제적 수준을 기준으로 보면 저소득층이 주로 거주하는 아파트는 아파트 면적(전용거주공간)이 작은 것이 대부분이며 고소득층이 거주하는 아파트는 면적이 넓은 것을 발견할 수 있다. 그리고 마지막으로 아파트 단지의 입지적 특성에 따른 것이다. 아파트 단지가 도심에 위치하느냐 혹은 교외지역에 입지해 있느냐에 따라 아파트 가격과 임대료가 천차만별이다. 주택의 위치고정성이라는 특성 때문에 아파트 단지의 지리적 위치는 매우 중요한 가격 형성(재산 가치)의 기준이 되고 있다(하성규, 2010).

전통적으로 '마을'은 주민이 일상생활을 영위하면서 경제·문화·환경 등을 공유하는 공간적, 사회적 범위를 가진다. 이러한 개념을 바탕으로 하는 '마을공동체'란 주민들이 마을에 관한 일을 주민이 결정하고 추진하는 주민자치 공동체를 의미한다. 궁극적으로 마을공동체는 지역사회의 전통과 특성을 계승 발전시키고 지역의 인적·물적 자원을 활용해 주민의 삶의 질을 높이는 데 기여할 목적으로

형성 · 유지될 수 있도록 한다.[1]

그런데 도시지역에는 마을의 개념이 아파트 단지라는 공간적인 범위에서 파악되기도 한다. 전통적인 농촌지역사회에서 흔히 볼 수 있는 마을은 도시지역사회에서는 찾아보기 힘들고 아파트 혹은 주거단지로 변모하고 있다. 마을 공동체는 아파트 공동체로 원용하여 사용하게 되었다.

이 경우 아파트 공동체란 무엇인가? 아파트 단지 내 거주하는 사람들이 모여 하나의 유기체적 조직을 이루고 목표나 가치를 공유하면서 공존할 때 아파트 공동체는 존재한다고 볼 수 있다. 아파트 공동체는 규범과 신뢰, 네트워크, 공유된 이해관계를 바탕으로 한 사회적 관계망을 지니고 동시 개인과 개인 그리고 개인과 공동체 사이의 갈등조정이 중요한 공동체 발전의 관건이기도 하다.

학술적으로 공동체를 인적 결합을 기초로 하는 것과 지연적 결합을 특성으로 분류하기도 하는데, 인적 결합의 경우 게르만의 혈연을 유대로 하는 씨족이나 중세의 길드가 있으며, 지연적인 특성을 바탕으로 한 것은 유럽의 중세도시나 촌락공동체를 들 수 있다. 이러한 전통적인 공동체와 오늘날 한국 도시사회에 출현한 아파트 단지 공동체는 상이한 점이 적지 않다. 그리고 한국의 도시 아파트 공동체는 종교적 공동체와도 다르다. 종교적 공동체의 예로서 성경에 제시된 기독교의 교회공동체는 지역, 인종, 민족, 국가, 역사적 시간성을 초월하여, 동일한 신앙으로 교회구성원으로 형성된 공동체이다. 일반적인 도시 아파트 공동체가 종교적인 색채를 지닌 경우는 흔치 않다.

과거 한국의 전통사회에서 일반적으로 유지되었던 지역(사회)을

---

1 "서울특별시 마을공동체 만들기 지원 등에 관한 조례" [서울특별시조례 제5262호, 2012.3.15, 제정]

토대로 한 정서의 공유와 구성원 간 끈끈한 유대관계 등으로 대변되는 마을공동체는 사라지고 있다. 이러한 소멸의 본질적 속성은 도시화·산업화 과정에서 나타난 것이다. 과거 공동체는 변색되고 사라져 간 오늘날 도시 아파트 단지 공동체의 실체를 파악하고 바람직한 형태를 논함은 중요한 학술적·정책적 과제이다.

2. 아파트 공동체의 현실과 과제

부동산관리는 부동산을 물리적, 행정적, 경제적, 법적 등의 측면에서 사용, 수익, 처분을 목적으로 총체적으로 관리하는 것을 말한다. 부동산의 사용이라는 관점에서 법으로 제도화한 것이 주택관리이다. 주택관리활동 중 공동주택의 관리는 「주택법」에 근거한 관리활동으로 법의 제약을 받는다. 주택관리사의 자격이 있는 자가 관리소장으로 단지를 관리한다.

부동산관리의 내용은 경제적 가치의 보전을 위한 경제적 관리, 행정적 또는 법률적인 면에서 법이 보장하는 최대한의 권리를 보장받고자 하는 법률적 관리, 대상 부동산의 기능과 수명을 보전 및 안전을 확보하기 위한 기술적 관리, 그리고 주택의 경우 주거단지 및 공동체 관리 등으로 나눌 수 있다(하성규 외, 2015; 하성규 외, 2017).

우리나라 국민의 약 60%가 아파트라는 공동주택에 거주하고 있다. 아파트의 수적 증가로 인해 관리비용도 천문학적이다. 아파트 관리비, 사용료, 장기수선충당금 등 공동주택 관리비용만 연간 약 11조 6천억 원에 달한다.[2] 일반 국민의 주거선호를 보면 여전히 아

2 "[리포트+] 연간 12조 아파트 관리비… '눈먼 돈' 되는 이유", SBS 뉴스,

파트의 인기가 가장 높다. 이런 관점에서 아파트는 계속 증가할 것으로 전망되며 동시에 아파트 관리문제는 매우 중요한 부동산분야의 핵심적 연구영역이자 정책적 관심분야다.

지난 몇 년 사이 공동주택관리와 연관하여 사회적으로 관심이 집중된 것 중 하나는 아파트관리의 투명성이었다. 국토부 '공동주택 관리비리 및 부실감리 신고센터'의 자료에 의하면 2014년 9월부터 2015년 4월 말까지 신고 접수된 356건 중 회계운영 부적절 및 공사불법계약 관련 건수가 전체 신고 건수의 67%를 차지했다. 공동주택관리에 있어 투명하지 못하고 비리와 부정이 많다는 인식이 팽배해 있다.

아파트관리 분야 종사자들의 근로환경도 많은 문제점이 노정(露呈)되고 있다. 아파트 경비원에 대한 폭언·폭행, 그리고 비하발언이 좀처럼 줄지 않고 있다. 매 맞는 아파트 경비원 문제는 한 경비원이 분신자살한 사건을 통해 잘 알 수 있다. 아울러 아파트 단지 내 다양한 분쟁과 갈등이 빈번히 발생하고 있다. 층간소음, 주차, 반려동물 등을 통해 갈등이 심화되어 살인사건이 빈번하다. 공동주택의 갈등과 분쟁은 점차 증가하는 추세이다.[3] 외국 어느 나라에서도 보기 힘든 공동주택에서 발생하는 심각한 문제를 외면하거나 방치할 수 없는 상황에 다다랐다.

언론매체를 통해 자주 접하는 사건은 아파트 단지에서 입주자대표자들의 '갑질'에 관한 것들이다. 울산의 한 아파트 관리소장이 '입

---

https://news.sbs.co.kr/news/endPage.do?news_id=N1003827774. 2016.10.10.

3 "'층간소음이웃사이센터'의 2016년 2월 운영 결과 보고에 따르면 층간 소음 이웃사이서비스 신청 누적 상담 건수는 7만 200건[월평균 1463건(48개월), 일평균 71건(983일)]이다. 이참에 바꿔 봅시다(3) 층간 분쟁의 양대 산맥 '소음 · 간접흡연'… 해법은?", 아유경제, http://www.areyou.co.kr/news/articleView.html?idxno=18176, 2016.4.8.

주자대표회의 간부 B씨는 내 죽음에 답하라'는 내용이 담긴 유서를 남기고 옥상 기계실에서 목숨을 끊었다. 입주자대표회의 간부와의 갈등을 암시하는 유서를 남기고 스스로 목숨을 끊어 경찰이 수사에 나섰다.[4]

서울 한 아파트 경비원이 입주민의 괴롭힘으로 과도한 스트레스를 받아 분신자살한 일이 있었다. 서울특별시 강남구 압구정동에 위치한 신현대아파트에서 근무하던 경비원 이모 씨(53세)가 주민 A씨(70대)의 폭언 및 모독에 견디다 못해 아파트 주차장에 주차되어 있던 아파트 주민의 차량 안에 들어가서 분신을 기도, 전신 화상의 중상을 입고 투병 끝에 2014년 11월 7일 사망한 사건이다. 우리 사회의 어두운 단면이다. 유가족들은 입주민과 함께 관리회사를 상대로 소송을 제기, 법원은 '입주민이 아파트 경비원에게 정신적 피해를 입힌 것'에 대해 입주민과 관리회사의 공동책임을 인정해 배상 판결을 내린 바 있다.[5] 이 불행한 소식이 전해지자 많은 네티즌들은 아파트 관리인을 향한 일부 입주민들의 고질적인 '갑질 문제'라고 애도를 표하고 있다.

경기 부천의 한 아파트에서 60대 입주민이 여성 관리소장과 관리과장 등을 폭행하는 사건이 발생했다. 대한주택관리사협회는 2018년 3월 부천시 범박동의 한 아파트(1,012가구)에서 입주민 A씨(59)가 관리사무소에 찾아가 관리소장인 B씨(40 · 여)에게 욕설과 함께 뺨을

---

4 "한 아파트 관리소장의 비극과 '갑질'", 아파트관리신문, 2017.7.10. (1157호); "끊이지 않는 '갑질'", 한국아파트신문, 2017.12.7. (1052호)

5 "압구정 아파트 경비원 자살… 가해 입주민 · 관리회사 책임", 경향신문, 2017.3.17. http://news.khan.co.kr/kh_news/khan_art_view.html?artid=201703172207045&code=940301.

때렸다고 밝혔다. A씨는 옆에서 말리던 관리과장 C씨(62)도 폭행했다. 관리소 직원들이 112에 신고해 관할 경찰서 범박지구대가 A씨를 연행했다. 경찰서에서 조사를 마치고 나온 A씨는 오후 2시쯤 다시 관리사무소를 찾아가 B씨에게 협박하고, 관리과장인 C씨를 또다시 폭행했다. 관리소장인 B씨와 C씨는 병원에서 치료를 받고 2주 진단을 받았다. 관리소장인 B씨는 "A씨는 여성 관리소장이라고 비하 발언을 하는 등 안하무인"이라고 말했다. 대한주택관리사협회는 "공동주택 관리현장에서 벌어지는 입주민에 의한 갑질 · 폭행 등 부당한 것은 근절돼야 한다"고 밝혔다.[6]

이번 일을 계기로 '청와대 국민청원 및 제안'을 통해 아파트 관리사무소 직원에 대한 입주민의 갑질을 막아달라는 글이 올라 청원이 추진되기도 했다. 아파트 및 건물관리 종사자들이 주민의 갑질에 욕설, 폭행 등으로 육체적, 정신적 피해를 보고 있다며 입주민과 관리사무소 근무 종사자가 평등한 관계를 정착시켜야 한다는 제도 개선을 요청하는 청원이다. 좀 더 구체적으로는 가해자 구속 수사와, 아파트 주민 갑질을 뿌리 뽑을 수 있는 제도를 마련해 달라는 청원이다. 이번 사건이 단순한 폭행 사건이 아니라 반복적이고 구조적인 문제라는 인식이다. 개인적 일탈이라고 치부하기엔 사회적으로 물의를 빚은 갑질 사례가 너무나 다양하고 빈번하게 나타나고 있다.

당면한 공동주택관리의 문제점을 해결하기 위한 방안이 모색되어야 한다. 첫째, 지속적으로 발생하는 분쟁에 해결하기 위한 제도적 방안이 급선무다. 현재 이러한 분쟁에 대처하는 효율적 해결방안으로 분

6 "관리사무소 폭행 논란… 주민이 여성 관리소장 뺨 때리며 행패", 서울신문, 2018.3.22. http://www.seoul.co.kr/news/newsView.php?id=20180322500068

쟁조정위원회가 설치되어 있다. 중앙에는 이미 설치되어 있으나 시·군·구의 공동주택관리 분쟁조정위원회 설치는 65%에 불과하다. 시·군·구 단위의 분쟁조정위원회의 설치와 효율적 운영이 시급하다.

둘째, 공동주택관리에 있어 "주택관리사"의 역할과 기능이 매우 중요하다. 주택관리사는 국가로부터 자격을 획득한 주택분야의 전문직 종사자로 자격이 부여되었다. 이들 주택관리사들의 전문적 지식과 경험을 배양하기 위한 교육·훈련이 보다 철저히 실시되어야 한다. 아울러 주택관리사의 사회적 수요와 공급 조절을 통한 전문가적 위상과 고용안정이 확보되어야 한다.

셋째, 공동주택관리의 투명성이 확보되어야 한다. 「공동주택관리법」에 따르면 입주자대표회의와 관리사무소장의 공모와 부정하게 재물 또는 재산상의 이익 취득 제공시 3년 이하 징역 또는 3천만원 이하 벌금이 명시되어 있다(법 제90조). 「공동주택관리법」의 제정으로 향후 보다 더 투명한 관리를 기대하지만, 입주자대표회의와 관리종사자들의 준법정신과 공정한 업무집행이 전제되어야 한다.

넷째, 관리사무소장 및 경비원 등 관리종사자들의 고용안정이 요구된다. 입주자대표회의의 부당간섭을 배제하고 경비원 등 종사자들에 대한 폭행·폭언 등에 대한 형사 처분 또는 손해배상 책임을 부과하는 제도적 보완이 필요하다.

마지막으로 강조되어야 할 것은 공동체 문화의 정착이다. 아무리 법·제도가 정비되어 있다 하더라도 해당 공동주택단지에 거주하는 입주민, 그리고 입주민을 대표하는 입주자대표회의, 해당 단지를 관리하는 아파트관리 종사자 모두 공동체적 의식과 규범이 지켜지지 않으면 갈등과 분쟁해결이 어렵다. 소위 "갑질"이라는 횡포가 지속되고 공동체적 인식이 자리 잡지 못하면 거주자 모두는 물론 우리사회 전반에 질 높은 주거생활을 보장하기 어렵다.[7] 사회 안정과 웰빙(well being)은 우리가 살아가는 주거지의 안전과 공동체문화 그리고 사회적 자본이 확보될 때 가능한 것이다.

아파트 단지 중 혼합주택단지의 경우에 갈등과 분쟁이 상대적으로 많다. 아파트 단지 내 분양주택과 임대주택이 혼합 배치된 혼합주택단지는 유사한 평형만이 있는 단지나 각각 분양, 임대주택만이 있는 단지와는 전혀 다른 문제점이 노정(露呈)되고 있다. 분양주택과 임대주택을 혼합하여 건설된 혼합주택단지의 경우는 흔히 알려진 사회적 혼합(social mix)을 목표로 한 것이다. 소셜믹스란 한 단지 내 다양한 점유형태의 주택, 다양한 아파트 규모, 소득수준이 다양한 가구(家口)가 혼합하여 거주하게 하는 것이다.

대표적인 소셜믹스형 아파트 단지는 대한주택공사(현, 한국토지주택공사)가 2005년 경기 안양시 동안구 비산동 임곡2지구 '임곡뜨란채'를 동은 물론 층, 라인 구별 없이 임대주택과 분양주택을 섞어서 건설한 경우이다. 그동안 주택공사는 같은 아파트 단지 안에 임대와 일반 분양 아파트를 함께 짓더라도 동은 다르게 했다. 하지만 임곡뜨란채에는 전체 6개 동 가운데 4개 동에 일반 분양분 256가구(19~44평형)와 임대 236가구(19, 24평형)가 함께 거주하게 했다.[8] 중소형과 대형, 분양과 임대 주택을 섞어 지어 다양한 소득계층이 더불어

---

7 "강남 유명 아파트 입주자 대표, 관리소장에 '종놈이 감히…' 최악의 갑질", 아시아경제, 2016.5.27. http://www.asiae.co.kr/news/view.htm?idxno=2016052710131600659 (최종방문일 2018.6.8)

8 "소셜믹스 시범사업 첫 선", 한국건설신문, 2005.7.25.
http://www.conslove.co.kr/news/articleView.html?idxno=8734 (최종방문일 2018.6.8.)
"주공, 소셜믹스(social mix)단지 국민임대로 확대", 뉴스와이어, 2005.9.7.
http://www.newswire.co.kr/newsRead.php?no=78133 (최종방문일 2018.6.8.)

살게 하는 '소셜 믹스(social mix)'의 시범사업이었다. 판교신도시나 재개발, 재건축 사업에도 이러한 방식을 일부 도입하기도 했다.

한 단지 안에 분양주택과 임대주택을 혼합 배치해 저소득층의 차별을 없애고 사회적 통합을 꾀한다는 혼합주택단지의 취지는 바람직하다. 하지만 이러한 제도적 취지를 뒷받침할 법적 근거와 정책적 지원은 매우 취약한 상태이다.[9] 혼합주택단지에 발생 가능한 분양주택과 임대주택 주민 간의 갈등을 해소할 장치들이 미흡한 실정이다.[10] 이러한 상황 하에서 임차인이나 임차인대표회의의 참여는 매우 제한적이라 공동체의식은 줄어들고 오히려 소외감이 증대하는 결과이다. 발전적 대안으로 분양주택 입주자, 임대주택 임차인, 관리소장과 관리직원 모두가 참여할 수 있도록 하여 혼합주택단지가 공동체적이고 민주적인 문제해결 방식을 찾는 것이 필요하다.

「공동주택관리법」 개정 안은[11] 그동안 집주인 또는 집주인 가족에게만 허용되던 아파트 등 공동주택 동대표 자격이 전세 · 월세 세입자에게도 개방을 확대하는 안이다. 동대표의 입후보자가 없어 선출되지 않았을 때 세입자들도 입후보가 가능토록 하고 집주인들이 동의하면 전체 단지를 대표하는 입주자 대표까지 가능해진다. 전국 주택 사용자 10명 중 6명이 임차인이라고 한다(국토부, 2017).

---

9 2016년 2월 개정된 서울시 「공동주택 관리규약 준칙」은 분양과 임대 입주민 모두가 참여하는 공동주택대표회의의 구성과 운영에 관한 조항이 삭제됐고, 혼합주택단지 공통의 관리규약을 제정해 운영할 근거도 찾기 어렵다.

10 오민석, "혼합주택단지 관리의 갈등과 해소방안", 수요광장, 한국아파트신문, 2016.1.20.

11 안호영 더불어민주당 의원은 '공동주택관리법 일부개정안'을 여당 의원 14명을 대표해 발의했다고 2018년 4월 12일 밝혔다. 법안 발의에는 조정식 · 김두관 · 금태섭 · 윤후덕 · 황희 등 여당 핵심 의원들이 다수 참여했고 주무부처인 국토교통부와 협의를 거쳤다. "아파트 관리 · 운영에 세입자 목소리 커진다" 매일경제, 2018.4.12.
http://news.mk.co.kr/newsRead.php?year=2018&no=234852 (2018.6.7.)

현재 공동주택에는 자치 의결기구인 입주자대표회의를 의무적으로 구성해야 하고 입주자대표회의 구성원인 동별 대표자는 공동주택의 입주자 중 소유자 또는 그 배우자 및 직계존·비속에 한해 입후보 자격이 주어지고 있다. 세입자들이 수적 증가와 더불어 관리비를 주택 소유자와 동일하게 분담하면서도 아파트 관리에 참여는 불가능했던 점을 감안하여 취한 개정 안이라 할 수 있다. 아울러 아파트 관리비나 잡수입 유용 등 입주자대표회의 비리가 잇따라 적발되고 지역 간 관리비 격차가 심하다는 불평이 많았다. 이에 세입자들의 참여는 일종의 견제 장치 역할도 기대할 수 있을 것이다.

III. 사회적 자본과 아파트 공동체

1. 사회적 자본

아파트 공동체가 웰빙(well-being)과 규범이 지닌 진정한 공동체로 거듭날 수 있는 방안은 무엇인가? 이 질문에 답하기 위해서는 사회적 자본에 대한 이해가 필요하다.

사회적 자본연구의 대표적 학자인 Putnam(1993)은 사회적 자본을 "공동체의 사회적 생산성에 영향을 주는 사람들 간의 관계에서 형성되어 개인과 집단의 발전을 가져오는 일련의 동력"이라고 했다. 즉 사회적 자본의 핵심가치로 '신뢰(trust)', '네트워크(network)', 그리고 '규범(norms)' 세 가지를 강조했다. 사회적 자본을 신뢰와 네트워크로 제한적으로 이해하는 견해도 있으나, 사회적 자본은 규범, 제도 등을 포괄하는 제반 사회관계적 자산을 포괄하는 것으로 이해하는 것이 적절하다. 신뢰, 네트워크, 규범, 제도는 긴밀하게 연관된 개념이지만, 이들 간의 상호관계가 무엇인지는 아직 명확히 규명되지 못하고 있다(한국개발연구원, 2007).

세계은행은 "경제발전이나 빈곤퇴치를 위해서 뿐만 아니라 범죄, 교육격차, 공공위생, 환경 분야의 문제를 해결하기 위한 핵심자산"으로 사회적 자본을 지적하고 있다. 사회적 자본의 형성과 실천적 노력 없이는 사회-경제 전반적인 발전을 기대하기 어렵다는 것이다.

우리나라는 사회적 자본에 관해서 선진외국에 비해 상대적으로 낮은 수준을 보여주고 있다(표 1). 이러한 낮은 신뢰 수준은 전근대적인 관계, 예를 들어 지연·학연 등 폐쇄적 연고 집단과 정경유착·부정부패와 공정하지 못한 시장거래 등 요소들이 작용한 결과로 해석된다. 사회 전반적으로 이러한 요인들이 첨예하게 대립하면서 사회 갈등이 심화되고, 사회적 연대감 약화 및 경제전체 효율성 손실 등이 초래되고 있는 상황이다.

표 1 국가별 사회적 자본 수준

국가	신뢰	시민적 규범	정부에 대한 신뢰
스웨덴	57.1	41.57	0.65
덴마크	56.0	40.34	0.76
미국	45.4	40.55	0.61
영국	44.4	40.07	0.54
일본	40.8	41.79	0.46
한국	38.0	39.64	0.61

자료: Knack, S. & Keefer. P.(1997), Does social capital have an economic payoff?: Across-country investment, *The Quarterly Journal of Economics*, 112(4), P. 1286.

대표적인 사회자본 요소인 신뢰는 공동체가 개인 간의 관계에서 기회주의와 도덕적 해이를 극복할 수 있게 하는 역할을 한다고 알려져 있다. 사회자본은 기존 인적자본이 개인적 차원에 그친 것에 비해 네트워크(network) 등 좀 더 관계 중심적인 특징을 나타낸다. 중요한 것은 어떻게 사회적 자본을 측정하느냐이다. 1990년대부터 사회자본을 측정하기 위한 다양한 시도들이 이루어졌다. 2002년 OECD와 영국 통계청(ONS)의 사회자본 컨퍼런스(22개국 참여)에서는 네트워크를 중심으로 사회자본 측정에 대해 논의한 바 있다. 이후 영국 통계청을 비롯하여 EU 등 국가 차원에서는 신뢰, 상호배려, 참여 등의 관점에서 발굴된 측정 지표를 통해 사회자본을 측정하기 시작하였다(표 2).

표 2 사회자본 측정 지표

연구자	사회자본 측정 지표	방법
영국 통계청(2004)	시민 참여, 사회 참여, 사회적 지원, 신뢰, 상호의존, 지역적 관점 등	설문조사
독일 노동사회부(2002)	참여, 만족, 공동체인지, 사회적 네트워크, 신뢰 등	설문조사
Putnam(1993, 2000)	단체수, 신문구독, 선거추세, 투표 선호도 등	설문조사
Costa &Kahn(2003)	자원봉사활동, 공식적 멤버십, 일상 활동, 여가 및 친구 방문	설문조사
김성권(2007)	개인에 대한 신뢰, 제도에 대한 신뢰	설문조사

사회적 자본 지수는 사회자본을 구성하는 요소이며 사회적 자본에 영향을 미치는 요인들의 상대적 경쟁력을 지수화한 것이다. 사회적 자본을 구성하는 요소로는 '사적 사회적 자본'과 '공적 사회적

자본'으로 구분된다. 사적 사회적 자본은 사적 신뢰, 사적 배려, 사적 참여, 그리고 공적 사회적 자본은 공적 신뢰, 공적 배려, 공적 참여 등 사회적 자본을 구성하는 6가지 요소로 구분하였다. 산출방법은 10점 만점으로 개별지표들의 산술평균값을 지수화한 것이다. 추정결과 한국의 사회자본 수준은 G7 국가 수준에 미치지 못하는 것으로 나타났다. 한국은 OECD 국가 중 최하위 수준이다. 한국 사회자본지수는 5.07로 32개국 중 29위였다(표 3).

사적 신뢰는 타인 신뢰, 친척이나 친구 신뢰 등으로, 사적 배려는 이민자나 소수그룹(minority group)에 대한 관용, 선택의 자유 등으로, 사적 참여는 자원봉사, 기부, 타인에 대한 도움 등으로 구성되어 있다. 공적 신뢰는 정부나 사법시스템의 신뢰, 안전에 대한 신뢰 등으로, 공적 배려는 경제적 약자 배려, 환경보호 관심 등으로, 공적 참여는 공적 업무 관심, 정치에 관련된 의견 제시 등으로 구성되어 있다(표 4).

후쿠야마(Fukuyama, 1992)는 신뢰의 개념이 경제 질서와 사회 질서에 매우 중요함을 강조한 연구자이다. 그는 한 국가의 복지수준과 경쟁력은 해당 사회에 내재하는 신뢰수준이 결정하는 것으로 판단했다. 공동체의 핵심요소이며 신뢰수준이 높은 사회가 풍요하다고 지적했다.

표 3 G7국가 사회적 자본지수 추정결과

종합 순위	국 가	사적 신뢰	사적 배려	사적 참여	사적 사회자본	공적 신뢰	공적 배려	공적 참여	공적 사회자본	전체 지수
1	노르웨이	8.17	8.53	4.57	7.09	6.52	6.81	5.34	6.22	**6.66**
2	뉴질랜드	7.46	8.52	5.37	7.12	6.19	7.17	4.52	5.96	**6.54**
3	스웨덴	7.67	8.27	5.14	7.02	6.14	7.56	4.29	6.00	**6.53**
9	캐나다	7.28	8.50	5.22	7.00	5.49	6.88	4.29	5.55	**6.28**
14	영국	7.05	8.07	4.84	6.65	5.72	7.48	3.77	5.66	**6.16**
15	독일	7.03	7.87	4.58	6.49	5.64	6.62	4.59	5.62	**6.06**
17	미국	6.59	7.68	5.85	6.71	4.73	6.54	4.23	5.17	**5.94**
18	프랑스	6.71	7.42	3.21	5.78	5.49	7.19	3.98	5.55	**5.66**
21	이탈리아	7.12	6.00	4.82	5.98	4.86	5.91	3.77	4.85	**5.41**
23	일본	7.26	6.42	3.77	5.81	4.86	6.08	4.00	4.98	**5.40**
29	한국	**6.71**	**5.23**	**4.26**	**5.40**	**4.11**	**5.99**	**4.14**	**4.75**	5.07
G7 평균		7.01	7.42	4.61	6.35	5.26	6.67	4.09	5.34	**5.84**
OECD 평균		7.14	7.20	4.32	6.22	5.31	6.63	4.17	5.37	**5.80**

주: OECD 국가 가운데 이스라엘, 터키는 제외.
출처: 현대경제연구원(2014), OECD 비교를 통해 본 한국 사회자본의 현황 및 시사점, 경제주평, 14-21호.

표 4 사회자본 구성요소별 속성

구분		속성	기존 연구
사적 사회자본	사적 신뢰	• 가족이나 친구 및 타인에 대한 사적 공동체 내의 신뢰	영국통계청(2004), 프랑스 INSEE(2002), 독일 노동사회부(2002) 참조
	사적 배려	• 소수자 배려 등 타인에 대한 개인의 사적인 배려	
	사적 참여	• 가족이나 종교 단체와의 교류와 자원봉사 및 기부 활동 등의 참여	
공적 사회자본	공적 신뢰	• 행정, 사법시스템 등 공적 시스템에 대한 신뢰	
	공적 배려	• 경제적 약자 등 국민에 대한 국가의 공적 배려	

공적 참여	• 단체, 정치 참여 활동 등과 정치인, 공무원 등과의 공적인 교류

출처: 현대경제연구원, 2014.
ISSP(International Social Survey Program), ESS(European Social Survey), Gallup World Poll, OECD, Legatum Institute.

그리고 사회적 자본이 너무 광범위하게 사용되는 경향을 보여 명확한 사회자본의 내용과 구성요소가 혼란스러운 면이 있다는 지적이 있다(Woolcock, 1998). 그래서 많은 경험적 연구가 필요하다. 이러한 관점에서 사회자본의 여러 차원 중 사회자본이 집단 내의 특성인가 아니면 집단 사이를 연결하는가에 따른 결속적 사회자본(bonding social capital)과 교량적 사회자본(bridging social capital)의 구분이 중요하다. 전자는 집단내부의 구성원들을 결속하게 하는 사회자본을 의미하고 후자는 집단의 경계를 넘어서 다른 집단과의 관계를 이어주는 사회자본을 말한다. 이러한 두 종류의 사회자본은 모두 긍정적인 효과가 있다(Putnam, 1995).

도시사회의 공동체 인식은 아파트 단지라는 지리적·공간적 범역을 지닌 곳에서 더욱 필요하고 활성화되어야 할 것이다. 그러나 오늘날 아파트 단지에서 발생하는 다양한 문제점의 배경을 점검해볼 필요가 있다.

첫째, 우리나라는 그동안 도시지역 주택부족 문제 해결을 위한 양적인 공급중심으로 주거정책을 펴왔다. 많이 건설하는 것이 급선무라 생각했다. 이러한 발상의 이면에는 급격한 도시화와 산업화의 영향으로 주민의 주거안정이 매우 중요한 국정과제였고, 주택부족이 낳은 부동산투기 및 아파트의 이재(理財)수단화는 매우 심각한 사회문제로 지속되었다. 이러한 절박한 상황 하에서 아파트를 많이 공급해야 한다는 조급성에 커뮤니티 및 공동체 중요성을 간과한 것이라 판단된다.

둘째, 아파트 공동주택 커뮤니티에 대한 입주민의 공동체 의식과 인식의 미흡으로 공동체 활동과 사회적 자본이 활성화되지 못했다.

셋째, 정부나 주민 스스로 주민참여 확대를 통한 아파트 단지 공동체 운동의 필요성을 절감하게 되었고 잠재적 참여자 이끌어 내기에 관심을 가지게 되었다. 이를 위해 차별화된 다양한 프로그램 개발 및 사업내실화를 통한 주민화합 제고 등이 지방자치단체를 중심으로 확대되고 있는 것은 주목할 만한 일이고 긍정적인 징후이다.

2. 아파트 공동체 운동

요즘 한국에서는 공동체 운동이 활성화되고 있음을 확인할 수 있다. 특히 특정지역에서 나타나는 공동체 운동으로 도시주민운동, 지역시민운동 등이 있다. 이들 공동체 운동은 지역을 기반으로 해당 지역 주민들이 자발적으로 특정한 목적을 달성하기 위해 함께하는 운동이다.

그리고 2000년대에 들어와서 협동조합운동이 점차 증가추세이다. 협동조합운동은 공동생산 공동소비의 실천 운동적 성격이 강하다. 그 대표적인 예인 생활협동조합은 도시에서 거주하는 소비자들이 유기농산물을 통해 만든 먹을거리 공동체이다. 예를 들어 '한살림', '두레생협' 등의 회원 수가 증가하는 추세이다. 그리고 홍성의 홍동면, 장성의 한마음공동체, 부안 변산 공동체, 무주 진도리 마을, 함양 청미래 마을, 남원 산내면 실상사 도농공동체 마을 등이 비록 규모는 작지만 공동체 운동이 확산되고 있음을 보여주고 있다.

주거부문의 협동조합운동도 점차 활성화되고 있다. 그 대표적인 것으로 '민달팽이 주택협동조합(이하 민큡)'을 들 수 있다. 이 협동조합은 주거문제를 겪고 있던 청년들이 직접 주택을 공급하기 위해 2014년 3월 창립한 조합이다. 민큡은 민달팽이유니온이라는 대학 내 모임으로 출발해 2011년부터는 청년주거문제를 공론화하고 제도개선, 주거상담, 세입자조직화를 하고 있는 단체이다. 민달팽이유니온이 청년 주거문제 해결을 위한 활동과 정책 대안을 제안하는 동시에 직접 주택을 공급하고자 협동조합을 설립한 것으로 한국의 주거협동조합운동의 본보기로 평가된다.

아파트 단지 내에서 전개되고 있는 공동체 운동은 주로 공동의 민원해결을 위한 단합형태로 하자 문제, 관리비 비리 문제 등의 민원해결이 핵심이었다. 입주민 자치적인 공동체 활동으로는 부녀회나 입주자대표회의를 중심으로 한 것들이 많다. 예를 들어 기존 유휴공간을 활용해 주민 공동시설 설치, 단지 내 환경개선, 주민문화행사 개최 등의 공동체 프로그램을 들 수 있다.

정부에서 공동체 활성화를 지원하는 제도적 틀이 만들어지면서 좀 더 체계화되는 양상을 보이고 있다. 서울시가 지난 2010년 공동주택 관리규약 준칙을 개정해 단지 내 공동체 활성화 단체를 지원하는 커뮤니티 전문가를 양성해 각 자치구에 배치하는 등 아파트 공동체 운동은 지자체의 지원과 함께 점차 주민들의 관심이 높아지고 있다

아파트 공동체 활성화에는 먼저 입주민의 인식변화와 참여의 확대가 필요하다. 앞으로 기존의 공동체 프로그램이 지속적으로 유지

되고 더 발전적인 프로그램을 개발하기 위해서는 입주민들의 자발적 운영이 이뤄질 수 있는 토대를 마련해야 한다. 핵심리더의 역량을 가진 입주민이 자발적인 노력뿐만 아니라 이들이 필요한 교육과 정보를 지속적으로 제공해 줄 수 있는 지원시스템이 확대되어야 한다. 현재 지자체별 공모사업 등의 형태로 재정적 지원이 부분적으로 시행되고 있긴 하다. 그러나 향후에는 공동체 교육프로그램의 개발과 지원, 공동체 운영 관련 정보 및 자료를 교류할 수 있는 SNS 지원, 그리고 NGO 및 CBO의 활동도 증대되어야 할 것이다. 중요한 것은 아파트 단지가 지닌 입주민의 사회경제적 특성 등을 감안하여 맞춤형 공동체 활성화 모델의 개발과 운영 매뉴얼 등을 보다 체계적으로 개발해야 할 것이다.

Ⅳ. 결론

한국 사회에서 도시화, 산업화, 정보화가 급속히 진행되면서 전통적인 공동체는 자취를 감추고 있다. 촌락, 문중, 두레, 계 등은 해체되어 일부 농촌지역을 제외하고는 그 모습을 찾아보기 어렵다. 특히 도시사회에서 과거 전통적 공동체 의식과 모습은 대부분 사라졌고 새로운 행태의 도시공동체가 형성되고 있다. 이는 아파트 단지 공동체가 대표적이라 할 수 있다.

도시화되고 산업화된 오늘날 한국사회에서 새로운 공동체에서 강조되는 것은 상호작용에 기반을 둔 신뢰, 규범, 연대와 같은 가치들이다. 공동사회와 이익사회의 이분법을 넘어서, 공동체적 특성이 실제 얼마나 어떻게 실현되고 있는지에 주목하는 유연한 접근이 필요하다. 아파트 공동체를 사회적 자본의 증대를 위한 공동체적 지향으로 정의하고 공동체가 지닌 장점과 다양한 활동들이 보다 더 발전적으로 진화할 수 있도록 해야 한다.

'존중받고 싶으면 먼저 남을 존중하라'는 말을 주민 모두가 실천해야 한다. 아파트 단지라는 공동체는 배려와 존중이 아름다운 덕목임을 인지해야 한다. 최근 아파는 단지에서 발생되는 갑질 문제는 아파트 공동체 구성원 모두 진지하게 자성해야 한다. 예를 들어 아파트 경비원에게 업무 외 부당한 지시, 폭력, 욕설 등 아파트 관리관계인을 상대로 한 '갑질' 행위가 법으로 금지됨은 당연하다. 진정한 살맛나는 아파트 공동체 문화를 정착시키기 위해서는 주민 스스로의 인식의 변화와 함께 제도적 보완도 따라야 한다.

오늘날 아파트 단지를 중심으로 형성되는 공동체는 전통사회에서 폐쇄적이고 경직되었던 혈연 및 지연공동체와 다르다. 시장경제가 지배하는 경쟁적 사회상황 속에서 공동체에 대한 욕구는 커진다고 할 수 있다. 따라서 신뢰, 규범, 호혜성, 친밀성, 네트워크 등 공동체적 가치를 추구하는 새로운 형태의 공동체가 활성화될 수 있기를 기대한다. OECD 보고에서 한국이 사회적 자본수준이 회원국 중 최하위 수준에 맴돌고 있음은 수치스러운 일이다. 국가적 차원에서 사회적 자본이 충만한 공동체 활성화 정책과 국민적 캠페인이 활발히 전개되어야 한다.

참고문헌

국토부(2017), 2016 주거실태조사, 국토연구원

김기태 · 조현준(2017), 민달팽이 주택협동조합의 비영리주거모델 구축 경험, 공간과 사회, 27(3), pp. 127－140

남궁근(2007), 사회자본의 형성과 효과에 관한 경험적 연구의 쟁점, 「정부학연구」, 13, pp. 297－325

안청시 외 옮김(2006), 사회적 자본과 민주주의(Putnam, R. Making Democracy Work), 박영사

우천식 · 김태종(2007), 한국경제사회와 사회적 자본, 한국개발연구원

진관훈(2013), 사회적 자본과 복지 거버넌스, 출판사 각

하성규(2010), 주택정책론, 박영사

하성규 · 서종균(2000), 아파트 공동체 운동과 주민의식에 관한 연구, 한국사회정책 7(1), pp. 271－299

하성규 외(2015), 현대 공동주택관리론, 박영사

하성규 외(2017), 공동주택관리의 새로운 패러다임, 박영사

한국정신문화연구원(2001), 한국민족문화대백과사전

현대경제연구원(2014), OECD 비교를 통해 본 한국 사회자본의 현황 및 시사점, 경제주평(Weekly Economic Review), 14－21호

한국개발연구원(2007), 한국경제, 사회와 사회적 자본, 한국개발연구원

KBS 사회적 자본 제작팀(2011), 사회적 자본, 문예춘추사

경향신문, "압구정 아파트 경비원 자살… 가해 입주민·관리회사 책임", 2017.3.17.

뉴스와이어, "소셜 믹스(social mix)단지 국민임대로 확대", 2005.9.7.

매일경제, "아파트 관리·운영에 세입자 목소리 커진다", 2018.4.12.

서울신문, "관리사무소 폭행 논란… 주민이 여성 관리소장 뺨 때리며 행패", 2018.3.22.

아파트관리신문, "한 아파트 관리소장의 비극과 갑질", 2017.7.10.

아유경제, "이참에 바꿔 봅시다(3), 층간 분쟁의 양대 산맥 '소음·간접흡연'… 해법은?", 2016.4.8.

아시아경제, "강남 유명 아파트 입주자 대표, 관리소장에 '종놈이 감히…' 최악의 갑질", 2016.5.27.

오민석, "혼합주택단지 관리의 갈등과 해소방안", 한국아파트신문, 2016.1.20.

SBS 뉴스, "「리포트+」 연간 12조 아파트 관리비… '눈먼 돈' 되는 이유", 2016.10.10.

통계청, 주택총조사, 2016

한국아파트신문, "끊이지 않는 갑질", 2017.12.7.

한국건설신문, "소셜믹스 시범사업 첫 선", 2005.7.25.

「서울특별시 마을공동체만들기 지원등에 관한 조례」

INSEE, France(2002), Direction des Statistiques Demographiques et Sociales, Country paper prepared for the OECD–ONS International Conference on Social Capital Measurement, London

Fukuyama, F.(1992), The End of History and the Last Man, New York: Free Press

Knack, S. & Keefer. P.(1997), Does social capital have an economic payoff?: Across－country investment, The Quarterly Journal of Economics, 112(4), p. 1286

Putnam, R. D.(1993), Making Democracy Work: Civic Traditions in Modern Italy, Princeton: Princeton University Press

Putnam, R. D.(1995), Bowling Alone: America's Declining Social Capital, Journal of Democracy, 61, pp. 65－68

Woolcock, M.(1998), Social Capital and Economic Development: Toward a Theoretical Synthesis and Policy Framework, Theory and Society, 27, pp. 151－208

CHAPTER

02

아파트 주거관리의 새로운 트랜드

— 은난순, 한국주거문화연구소 연구위원 —
(가톨릭대 소비자 · 주거학과 겸임교수)

CHAPTER 02

아파트 주거관리의 새로운 트랜드

— 은난순, 한국주거문화연구소 연구위원 —
(가톨릭대 소비자 · 주거학과 겸임교수)

Ⅰ. 들어가는 말

패러다임이란 어느 특정 시대와 분야를 이끌어 가는 인간의 사고를 지배하는 인식체계이다. 즉 패러다임은 규범 및 사물을 보는 방식을 나타내며, 시대에 따라 비연속적이고 혁명적인 교체(패러다임의 전환)가 일어난다는 특징을 가진다.[1] 주택관리 분야 역시 새로운 패러다임을 요구하고 있으며, 전통적인 주택관리의 접근법이 아닌 새로운 패러다임으로 발상 전환이 필요하다. 이에 새로운 접근법으로 맞춤형 접근(bespoke approach)과 공동체적 접근(community based approach)이 주거관리 분야에서도 제시되었으며,[2] 패러다임 변화를 읽어낼 수 있는 아파트 주거관리 분야의 다양한 트랜드를 풀어나가는 데도 유용하리라 본다.

본 장에서는 아파트 주거관리의 새로운 트랜드를 조망함에 있어 맞춤형 접근과 공동체적 접근으로 전개하고자 한다. 먼저 공동체적

1 하성규 외, 공동주택관리의 새로운 패러다임, 2017

2 하성규 외, 공동주택관리의 새로운 패러다임, 2017

접근(community based approach)으로 아파트 공동체의 다양한 측면을 살펴보며, 주민참여라는 측면에서 IOT, ICT 기술의 주거관리에의 접목을 살펴보고자 한다. 또한 상생하는 공동체를 시도하고 있는 아파트 단지 사례를 통해 주거관리 분야에서 새로운 이슈를 소개하고자 한다. 두 번째로 맞춤형 접근(bespoke approach) 방식으로 관리 사각지대에 놓여 있는 주택단지 문제를 살펴보고, 주거복지 정책과 함께 새로이 선보이고 있는 주거서비스와 주거관리의 관계에 대해 소개하고자 한다.

Ⅱ. 주민참여와 상생하는 주거 공동체

1. 아파트 공동체 활성화를 위한 기반 마련과 시도

1) 아파트 공동체 활성화를 통한 변화 기대

아파트 공동체 활성화의 붐이 일면서, 왜 공동체 활동이 필요한지, 주민 간 교류와 소통이 주거관리와 무슨 관계가 있는지, 사업비와 단지 내 잡수입을 써 가면서 굳이 할 필요가 있는지 등 많은 질문들에 직면하게 된다. 공동체 활성화 활동 역시 순기능과 역기능을 갖고 있으며, 그럼에도 불구하고 공동체 와해로 인해 삭막해진 이웃관계를 더 이상 대물림할 수 없다는 사명감으로 주거지를 중심으로 한 공동체 회복 노력을 이어가고 있다. 하지만 수십 년간 굳어져온 아파트 개인주의적 삶의 문화를 한 번에 공동체 문화로 바꾸겠다는 것 역시 선부른 기대일 것이다. 아파트 공동체 활동은 다양한 주민 요구 및 단지 현안과도 밀접하기 때문에 단지별 특성에 맞게 기획되어야 하며, 추진 주체 역시 주민이어야 지속적인 활동이 가능함을 여러 사례를 통해 볼 수 있다.

아파트 공동체 활성화를 통해 기대하는 것은 무관심한 아파트 공동생활과 관리 현황에 대한 주민 이해를 높이고 동대표 선출 등 권리 행사에 참여함으로써 투명하고 민주적인 아파트를 만들어 가고자 함에 있다. 또한 소원해지고 있는 이웃관계 회복을 통해 사회적 관계망을 형성함으로써 심리적 지지, 범죄로부터의 안전, 소외감 극복 및 인간성 회복에 이르기까지 우리 사회가 직면하고 있는 불편한 진실들을 가까이 살고 있는 이웃들과 함께 풀어보고자 하는 데 있다.

아파트 공동체 활성화에 대한 공감대 형성과 함께 다양한 측면에서 공동체 활성화를 위한 기반 조성이 시도되고 있다. 즉, 정책·제도적 측면, 건축적 측면, 재정적 측면, 역할 주체적 측면, 정보공유 측면 등에서 변화를 찾아볼 수 있다.

2) 정책 · 제도적 측면에서의 공동체 활성화 기반 조성

먼저 정책·제도적 측면에서 보면 공동체 활성화, 커뮤니티 회복, 이웃 만들기 등의 키워드가 본격적으로 정책적인 이슈가 된 이후 다양한 정책적 지원이 아파트 공동체 활성화에 가속도를 더하고 있다. 국토교통부의 경우 2015년 제정된 「공동주택관리법」 제21조에 공동체 생활의 활성화에 대한 규정을 둠으로써 공동주택의 주민 활동에 대한 법적 근거를 제시하였다.

> **「공동주택관리법」 제21조(공동체 생활의 활성화)** ① 공동주택의 입주자등은 입주자등의 소통 및 화합 증진 등을 위하여 필요한 활동을 자율적으로 실시할 수 있고, 이를 위하여 필요한 조직을 구성하여 운영할 수 있다.
> ② 입주자대표회의 또는 관리주체는 공동체 생활의 활성화에 필요한 경비의 일부를 재활용품의 매각 수입 등 공동주택을 관리하면서 부수적으로 발생하는 수입에서 지원할 수 있다.
> ③ 제2항에 따른 경비의 지원은 관리규약으로 정하거나 관리규약에 위배되지 아니하는 범위에서 입주자대표회의의 의결로 정한다.

또한 동법 제87조[3]에서는 공동주택 우수관리단지 선정에 관한 사항을 규정하고 있는데, 시·도지사는 공동주택단지를 모범적으로 관리하도록 장려하기 위하여 매년 공동주택 모범관리단지를 선정할 수 있으며, 국토교통부장관은 시·도지사가 선정한 공동주택 모범관리단지 중에서 공동주택 우수관리단지를 선정하여 표창하거나 상금을 지급할 수 있고, 그 밖에 필요한 지원을 할 수 있는 근거를 마련하였다. 이를 근거로 각 지자체에서는 공동주택 관리를 지원하기 위한 조례 제정 및 지원사업을 실시하고 있다.

서울시 경우 모범관리단지 선정 외에 시 자체적으로 '아파트 공동체 우수사례 발표회'를 매년 12월에 실시함으로써 관할 아파트 공동체 활성화를 촉진하고 모델 제시를 통해 주민 참여와 관심을 유도하고 있다. 또한 마을만들기 사업의 일환으로 공동체 활성화 공모사업 등을 통해 공동체 활동의 마중물 역할을 하고 있다. 서울시 성동구의 경우 2014년도부터 매년 관내 아파트 단지에 공동체 활성화 공모사업을 통해 사업비를 지원하고 있으며, 2018년도 기준으로 지난 4년간 총 118개 단지가 본 사업에 참여하였다. 이러한

3 「공동주택관리법」 제87조(공동주택 우수관리단지 선정)

자치구의 적극적인 지원과 의지는 주민들로 하여금 공동체 활동의 필요성에 대해 생각해보고, 실제 실행을 통해 그 장점을 체험할 수 있는 기회가 되기도 하였다. 각 단지별 사업비에 대한 의존도에 대한 우려에도 불구하고 점차 한두 단지씩 자체비용으로 공동체 활성화 사업을 해보겠다는 단지가 생김으로써, 공적 지원을 넘어 주민 스스로 공동체 활성화의 중요성을 느끼고 자발적인 활동을 이어가고 있는 사례를 찾을 수 있다.

3) 역할 주체적 측면에서 본 공동체 리더의 성장

정책·제도적인 환경과 건축계획적인 특성은 공동주택의 공동체 활성화에 사회적, 물리적 배경이 되는 기반 조성에 기여해왔으며, 바람직한 공동체를 유도하는 데 한계를 보이기도 한다. 다양한 공동주택 단지 조건에서 공동체 형성에 가장 큰 역할을 하는 것은 주민으로서, 특히 공동체를 이끌어 가고 있는 리더들의 의지와 역량에 따라 공동체의 성향이 크게 좌우됨을 볼 수 있다. 공동체 형성을 위한 주민 리더들의 중요성과 이들에 대한 지원의 필요성이 대두됨에 따라 지자체별로 주민리더의 역량 강화를 위한 교육 및 정보교류의 장을 마련하고 있다.

지자체별로 각 지역의 공동주택 공동체 공모사업과 공동체 리더 교육과정 등을 통해 주민리더의 활동을 독려하고 지원하고 있다. 교육과정은 공동체 활성화의 필요성, 아파트 특성에 맞는 프로그램 기획하기, 주민 의견 수렴방법, 다양한 공동체 활성화 활동과 사례, 공동체 활성화 관련 규정 및 조례, 주민 리더의 역할 등을 포함하고 있으며, 강의식 교육 외에 우수 단지 탐방, 워크샵, 소그룹 토론회 등 다양한 교육 방식이 시도되고 있다. 이러한 과정을 거쳐 활동하게 된 주민 리더들은 살고 있는 단지에서 공동체 활성화 단체를 이끌어 가고, 주민 프로그램을 기획, 실행하는 역할을 담당하고 있다. 또한 동별 대표자로서 봉사를 통해 주민이 행복한 아파트를 만들기 위한 노력에 일조하고 있다. 거주 단지뿐 아니라 지역사회의 봉사자로서 시간을 쪼개어 지역자치위원이나 지역사회 시민활동, 마을 만들기 사업 등으로 활동의 범위를 확장함으로써 아직 소수의 힘이기는 하나 지역 공동체 활성화에도 그 역할을 넓혀가고 있다.

그림 1 아파트 주민 리더 교육

그림 2 아파트 공동체 활성화 단체 활동

사진자료: 은난순, 2018

국토부 산하의 중앙 공동주택관리지원센터 및 서울시 주택국에서는 2017년도부터 온라인 교육시스템을 구축함으로써 더 많은 주민들이 공동주택관리 및 공동체 활성화에 대한 교육 및 정보제공을 받도록 하였다. 관련 규정에서부터 다양한 주민활동 사례까지 소개함으로써 주민 리더뿐 아니라 주민들도 쉽게 이용할 수 있도록 계획하였다. 하지만 공동주택 공동체 활성화의 보편화를 위해서는 공동체 가치에 대한 공감대 형성이 무엇보다 중요함에도 불구하고, 단지 현장에서는 여전히 예산을 들여 공동체 활동을 하는 것이 불필요하다는 입장에서의 반대 의견이 피력되는 것이 현실이다. 공동체에 대한 투자는 공동주택관리의 투명성 확보와 주민 갈등해소 등에 들어가고 있는 막대한 사회적 비용을 줄일 수 있는 근본적인 해결책에 대한 투자이다. 그럼에도 불구하고 그동안 주민 무관심으로 인해 쌓여 온 공동주택의 문제점은 공동주택 건설 반세기가 지난 지금 그만큼의 시간을 투자해야 공동체 회복을 이룰 수 있을지도 모른다.

2. 건축계획적 측면에서 본 맞춤식 커뮤니티 공간의 필요성

건축계획적 측면에서 보면 최근 지어지는 아파트에는 주민 간 교류와 공동체 활동이 가능한 북카페, 키즈카페, 회의실, 커뮤니티룸, 운동시설, 테이블을 갖춘 야외 광장과 데크 등 주민 공유공간이 증가하고 있다. 2000년대 초고층 주상복합아파트를 시작으로 피트니스 센터, 골프연습장, 실내 놀이터 등 다양한 공유공간이 선보여지기 시작하였으나, 이는 공급자 입장에서 주택의 상품적 가치를 높이고자 하는 목적이 강했기 때문에 삶의 질 향상에는 기여한다고 볼 수는 있지만 주민 간 교류를 위한 공간이라고 볼 수 있는지에 대해서는 의문이 든다.

공동체 활동이 이루어지기 위해서는 입주하는 주민 특성에 맞는 공간 설계가 필요하며 주민 모임 및 교육, 다양한 취미생활과 소그룹 활동이 가능하도록 시설·설비를 갖추고 있어야 한다. 하지만 주민 특성에 부합하지 않은 공유공간의 계획과 용도변경 및 부대·복리시설의 설치 등과 관련된 법 규정의 경직된 적용으로 인해 여전히 그 공간을 활용하고자 하는 주민의 만족도가 떨어지고 심지어 주민 간 갈등까지 초래하고 있는 경우도 있다. 예를 들어 경로당이 그러한 공간 중 하나에 해당한다.

경로당은 「주택건설 기준 등에 관한 규정」에 의거하여 주민공동시설의 하나로 정하고 있으며 150세대 이상의 주택 단지에서는 의무적으로 설치해야 하는 시설이다. 설치 면적은 세대수를 기준으로 산정하도록 하고 있는데,[4] 지역 특성, 주택 유형 등을 고려하여 특별시·광역시·특별자치시·특별자치도·시 또는 군의 조례로 주민공동시설의 설치면적을 그 기준의 4분의 1 범위에서 강화하거나 완화하여 정할 수 있도록 하고 있다. 하지만 최근 한 조사에 의하면,[5] 그동안 지어진 아파트 단지의 경로당은 실제 이용자의 수에 비해 설치 면적이 과도한 것으로 나타났으며 「주택건설 기준 등에 관한 규정」의 개정 이후 관련 규정의 적용을 받아 건축된 아파트 단지 조차 여전히 경로당 면적이 이용자 규모에 비해 크게 조성되어 있음을 지적하였다.

고령화로 인한 고령세대의 증가와 고령자 커뮤니티 공간이 필요하다는 인식이 있음에도 불구하고 현재의 경로당은 변화하는 고령

---

4 「주택건설 기준 등에 관한 규정」 제55조의2(주민공동시설)
① 100세대 이상의 주택을 건설하는 주택단지에는 다음 각 호에 따라 산정한 면적 이상의 주민공동시설을 설치하여야 한다. 다만, 지역 특성, 주택 유형 등을 고려하여 특별시·광역시·특별자치시·특별자치도·시 또는 군의 조례로 주민공동시설의 설치면적을 그 기준의 4분의 1 범위에서 강화하거나 완화하여 정할 수 있다. 〈개정 2014.10.28.〉
1. 100세대 이상 1,000세대 미만: 세대당 2.5제곱미터를 더한 면적
2. 1,000세대 이상: 500제곱미터에 세대당 2제곱미터를 더한 면적

5 박혜선·은난순, 도시재생 및 마을공동체를 위한 소규모 거점공간에 대한 연구 조사 보고서, 2018

자 요구에 맞게 변화하고 있지 못하고 있다. 몇 년 후 베이비붐 세대가 65세로 진입하는 상황에서 현 경로당에서의 일상은 점심식사를 함께하거나 한두 가지 공공에서 지원하는 프로그램을 하는 데 그치고 있다. 심지어 세대 간의 갈등 원인으로도 지목되고 있는데, 단지 내 어린이와 그 부모를 위한 교류 공간이 절대적으로 부족함에도 불구하고 경로당 중 유휴공간과 미사용 시간대에 대한 세대 간 공유가 이루어지고 있지 않음으로 인해 갈등이 부각되기 시작한 것이다. 예를 들어 서울 소재 한 단지에서는 어린이를 위한 실내 공간이 부족하여 십여 명만 이용하고 있는 경로당의 일부를 같이 사용하자는 젊은 세대의 요구를 노인회에서 거절함으로써 세대 간 이견차이를 보이고 있었다. 이는 경로당 보조금 지원에 대한 반발로 이어져 비용 지출에 대한 주민 간 형평성 문제로까지 거론되고 있다. 미래의 경로당은 그 명칭의 변경 및 설치 규모에 대한 법 규정의 개정이 필요하며 최소한의 고령자 전용공간을 포함한 복합적인 세대 세대교류 공간으로 계획될 필요가 있다.

그림 3, 4 최근 입주한 공동주택의 커뮤니티 센터 디자인

사진자료: 은난순, 2018

그림 5 이용자 수에 비해 필요 이상으로 크게 지어진 경로당

사진자료: 은난순, 2018

커뮤니티 공간은 어떻게 운영되느냐가 가장 중요하지만, 운영 방식에 앞서 그 공간이 얼마나 잘 계획되어 있느냐가 우선시 된다. 필요한 공간으로 조성되지 못할 경우, 현행법 규정상 용도변경을 하는 것이 절차상 쉽지 않거니와 다른 용도로 사용하려 해도 주민 간 의견차가 심해 단지 특성에 맞게 커뮤니티 공간으로 활용하는 데 어려움이 많기 때문이다. 커뮤니티 공간은 다양한 활동이 가능하도록 계획되어야 하는데, 활동성이 높은 곳은 차음재에 대한 계획이 필요하며, 일부 공간은 가변형 벽체로 하여 융통적으로 사용할 수 있도록 배려할 필요가 있다.

3. 친환경적 주거관리와 합리적인 관리비 절감

1) 친환경 주택단지의 조성

친환경 단지의 조성 역시 환경문제 대응과 함께 주목받고 있는 분야이다. 아파트 단지 내 생태연못, 실개천 등 친수공간의 조성과

태양광 집열판 설치 등 친환경 시설이 적극 도입되고 있으며, 이는 물리적 공간으로서의 친환경적 계획에 대한 제도적 규정과 건설회사의 상품으로서의 아파트 차별화 전략과 맞물려 빠른 속도로 진행되고 있다. 친환경주거(environment-friendly housing), 그린홈(green home), 지속가능한 주거(sustainable housing), 생태주거(ecological housing), 패시브하우스(passive house), 제로에너지하우스(zero-energy house) 등의 개념이 주거의 친환경적 변화를 보여주는 용어들이다.

친환경적 주거에서는 크게 세 가지 주요개념을 통해 주거의 친환경성을 설명하고 있다. 우선 녹지 확보와 바이오톱 조성 등 자연환경과 친밀하고 조화를 이루도록 하는 '친환경' 측면을 들 수 있으며, 두 번째로 에너지 자원이나 폐기물을 고려하여 주택에서의 총체적인 에너지 및 자원을 절약하는 '비용절감(경제성)'을 들 수 있다. 이는 건축물의 건축, 유지관리, 폐기하기까지의 수반되는 자원을 최소화하고 에너지 효율성을 높이고자 하는 측면으로 나타나고 있다. 세 번째는 '친인간' 측면으로 주거공간에서 거주자가 건강한 삶을 살 수 있는 쾌적한 공간의 조성과 함께 이웃과의 소통과 커뮤니티 형성에도 기여하는 주거를 추구하고 있다. 포름알데히드 등 유해물질이 배출되지 않는 건축재료 사용을 통해 거주자에게 건강한 환경을 제공하고 커뮤니티 공간 조성을 통해 소통과 교류가 이루어지도록 함으로써 거주자 간 건강한 주거환경을 유지하도록 배려하고자 하는 것이다.

친환경 · 에너지 절감형 주택에 대한 관심의 증가로 각 나라별로 건축물 환경인증제도 등을 시행하고 있으며 우리나라 역시 2000년도부터 '친환경 건축물 인증제도'라는 명칭으로 친환경 건축물을 유도, 2001년에는 친환경건축물 인증평가기준 마련을 통해 본격적인 시행에 들어갔다. 2018년부터는 신축하는 모든 주택에 대해 단열 등 강화된 에너지 절감 기준이 적용된다.

주택단지 차원에서의 친환경적 단지 조성 사례로는 서울시 노원구 에너지 제로 하우스를 들 수 있다. 서울시와 노원구가 실험적으로 조성한 이 주택단지의 경우, 다양한 기술의 도입을 통해 친환경 주택의 모델로 소개되고 있다. 로이유리, 외부 블라인드, 고기밀구조 등 단열 성능을 극대화해 에너지 요구량을 61% 절감한 친환경 주택이며 열 회수형 환기장치 같은 효율이 높은 설비로 13% 에너지를 추가 절감하도록 하였다. 또한 태양광 전지판, 지열 히트펌프 등 재생에너지 기술로 약 33% 에너지를 생산하도록 함으로써 결과적으로 7% 잉여에너지 발생하도록 계획된 단지이다. 이 단지는 그동안 관리비 부담으로 인해 충분히 냉난방을 하지 못한 주거약자에게 에너지 복지라는 측면에서 쾌적한 환경을 제공하는 주택으로도 그 효과가 기대되며, 경제성뿐만 아니라 주민 참여를 통한 공동체 활성화 유도 및 관리 참여 등을 입주와 함께 계획, 실행 중에 있다.

높은 건설비용과 입주 후 시설 유지관리 비용에 대한 부담으로 인해 에너지 제로 주택의 상용화가 이루어질 수 있을지에 대한 논란에도 불구하고 실험적인 이 주택을 통해 향후 친환경 주택의 건설과 장수명 주택으로 유지관리하기 위한 대안 제시가 계속되리라 본다. 주거관리 측면에서 볼 때 새로운 친환경 시설·설비에 대한 유지관리 기술을 습득한 관리자의 양성이 필요하며 거주자 역시 전용부분 및 공용부분에 있어 자발적인 관리 참여자로서 역할이 중요하다. 이를 위해 제로에너지 주택의 사용설명서와 관리 매뉴얼이 제시되었으며 관리자뿐만 아니라 주민 대표를 비롯해 주민 조직의 구성과 운영을 통해 친환경 주거의 세 가지 개념이 조화될 수 있도록 입주 초기부터 기획 관리가 이루어져야 할 것이다.

그림 6 노원구 에너지 제로 주택단지

사진자료: 노원구

2) 에너지 절감을 통한 합리적인 관리비

최근 아파트 공동체 활성화 운동의 하나로 에너지 절감을 통한 관리비 내리기 활동이 시도되고 있다. 주민들에게 부과되는 관리비 고지서에는 법으로 정하는 공용관리비[6]와 사용량에 따라 부과되는 전기료, 수도료 등 세대별 사용료[7]가 함께 기재되어 있다. 한 조사에 의하면 주민들에게 부과되는 관리비 고지서를 기준으로 공용관리비와 세대별 사용료 전체 금액을 분석한 결과 세대 사용료인 전기료와 도시가스료, 수도료가 차지하는 비율이 납부하는 관리비의

6 일반관리비, 수선유지비, 청소비, 경비비, 승강기유지비, 난방비, 급탕비, 지능형 홈네트워크 설비 유지비, 위탁관리수수료 10개 항목으로 구성됨.

7 전기료, 수도료, 가스사용료, 지역난방 방식인 공동주택의 난방비와 급탕비, 생활폐기물 수수료 등.

66.9%를 차지하는 것으로 나타났다.[8]

이러한 관리비 특성을 감안하여 공용부분의 에너지 절약형 시설·설비의 교체와 아울러 각 세대의 에너지 절약을 유도하기 위한 공동체 활성화 활동을 시도하는 단지 사례가 나타나기 시작하였다. '공용부분의 관리비 절감만으로는 절반의 성공에 그친다'라는 데 공감하여 각 세대가 동참할 수 있는 방안이 주민들에 의해 논의되기 시작하였다.

서울시 정릉동의 한 사례 단지(약 500세대)에서는 비정상적으로 인건비를 조정함으로써 관리서비스의 질을 떨어뜨리기보다는 효율이 떨어지는 공용시설의 개선과 각 세대의 동참을 유도함으로써 매월 부담하는 관리비 등을 정상적으로 낮추고자 하는 운동에 동참하였다. 입주자대표회의와 관리주체는 전문적인 컨설팅을 통해 우선 지하주차장의 전등을 LED로 교체하고 낡은 급수펌프도 부스터펌프로 바꾸었으며 각 엘리베이터에 회생제동장치를 설치하는 등 공용부분의 절감을 먼저 추진하였고, 이러한 노력을 통해 공용부분에서만 연간 29,000kWh를 절감하였다. 두 번째 단계로 각 세대의 에너지 절약 홍보와 참여 유도를 시도하였는데 연간 약 95,000kWh의 세대 전기 절약을 이루어 내었다. 결국 공용부분과 각 세대부분을 합해 연간 124,000kWh의 전기를 절약하는 성과를 거둔 것이다.[9] 에너지 절약 노력은 단지 특성에 맞게 진단과 검토를 통해 맞춤식으로 추진되어야 하며 일부의 노력만이 아닌 전체 주민의 이해와 동참을 통해 진행되어야 그 성과가 높고 주민 공감대와 지지를 높일

8 은난순, 서울시 아파트 주민학교 교육자료집, 2017

9 심재철, 찾아가는 아파트 보안관 컨설팅 보고서, 2018

수 있으며 관리 지속성도 오래갈 수 있다는 시사점을 던져주고 있다.

그림 7 태양광 요리체험 교육

사진자료: 심재철, 2018

그림 8 각 세대의 에너지 절약을 위한 게시판 홍보물

사진자료: 은난순, 2014

4. 최저임금과 경비원 임금 부담을 둘러싼 갈등과 상생

최근 확정된 최저임금 상승으로 인해 의견이 분분한 가운데 아파트 경비원의 처우개선과 해고라는 상반된 입장에 대한 다양한 입장이 제기되고 있다. 최저임금제는 근로자에 대하여 임금의 최저수준을 보장하여 근로자의 생활안정과 노동력의 질적 향상을 꾀함으로써 국민경제의 건전한 발전에 이바지하게 함을 목적으로 하고 있다(최저임금법 제1조). 최저임금제의 실시로 최저임금액 미만의 임금을 받고 있는 근로자의 임금이 최저임금액 이상 수준으로 인상되도록 함으로써 다음 몇 가지의 효과를 기대하고 있다. 우선, 저임금 해소를 통해 임금격차가 완화되고 소득분배 개선에 기여하고자 하며, 둘째, 근로자에게 일정한 수준 이상의 생계를 보장해 줌으로써 근로자 생활을 안정시키고 사기 향상을 통해 노동생산성을 향상시킬 수 있다는 점이다. 셋째, 저임금을 바탕으로 한 경쟁방식을 지양하고 적정한 임금을 통해 공정한 경쟁을 촉진하고 경영합리화를 유도하고자 함이 그것이다.

아파트의 경우, 관리비 항목 중 가장 비중을 많이 차지하는 것이 인건비이며 최저임금 적용을 받는 경비원 인건비의 경우 최저임금 상승으로 인해 직접적인 관리비 상승의 요인으로 작용하게 되었다. 임금인상에 따른 부담으로 인해 각 단지에서는 대책 논의가 이어졌으며, 크게 두 가지 방향으로 진행되고 있는 것을 볼 수 있다. 하나는 경비원을 해고하거나 감축함으로써 기존 관리비의 상승 부담 없이 현 수준을 유지하거나, CCTV로 대체 혹은 경비하청업체를 통해 구역별 경비요원을 배치하는 방안을 강구하는 것이다. 또 다른 방법은 관리비의 상승을 초래하지만 경비원과의 상생이란 취지에서 감축이나 해고 없이 주민들이 비용 부담을 통해 최저임금 상승을 반영하여 경비원을 그대로 유지하는 방안이 그것이다.

최저임금 상승을 두고 주민과 경비원의 입장 역시 서로 다르게 나타나고 있다. 주민의 경우, 직접적인 관리비 인상이 부담스러운 것은 사실이며, 경비원의 임금인상에 그치는 것이 아니라 다른 직원들과의 형평성을 생각한다면 경비원 임금만이 문제가 아니다라는 입장이다. 또한 경비원의 고유 업무인 방범, 단속 업무 외에 주민들이 경비원을 통해 제공받고자 하는 서비스는 택배 및 우편물 보관, 분리수거 등 생활지원 업무에까지 이르고 있어 경비원의 업무 범위와 주민의 서비스 기대 차이로 인한 갈등도 나타나고 있는 실정이다.

경비원 역시 이러한 주민 입장을 모르는 바가 아니기 때문에 최저임금 인상을 환영만 할 입장은 아니라고 하며 특히 고령자의 일자리 중 하나로 존재해 온 경비원이란 직업이 그나마 사라지지 않을까 하는 우려를 하고 있다. 실제로 많은 단지에서 경비원 휴게시간 연장뿐 아니라 경비원 감축을 결정함으로써 그 우려가 현실로 나타나고 있는 실정이다.

> 9일 오전 찾은 ㅇㅇ아파트는 어수선한 분위기였다. 경비원들의 표정은 무겁고 어두웠다. A씨는 "몇 년간 일하면서 그래도 정들었던 곳인데 이렇게 떠나려니 착잡하긴 하다"며 "좋은 기억을 품고 가고 싶어 마지막까지 웃으려 한다"고 아쉬워했다. 용역회사와 근로계약을 하기로 한 경비원들도 이같은 상황이 편치 않기는 마찬가지였다. 경비원 이모씨(64)는 "그만두는 사람들은 섭섭한 마음으로 갈 것"이라며 "계속 남은 사람들도 새로 교육도 받고, 계약서도 새로 쓰고 할 일이 많다"고 말했다. 입주자대표회의와 관리사무소 측은 해고 예정일을 한차례 미루며 경비원에게 많은 배려를 했다는 입장이다. 입주자대표회의는 용역전환 조건으로 전원 고용보장, 기존 급여(월229만 원) 보장, 70세로 정년 연장, 임의해고 방지를 위한 고용 보장장치 마련, 정리수당 지급을 약속했다. 하지만 경비원들 사이에서는 이 같은 약속을 믿기 어렵다는 반응이 많다. 고용승계가 되도 직접고용 형태가 아니기 때문에 언제든 임금이 삭감되거나 해고될 수 있다는 것이다.[10]

창원시는 사회적 취약계층인 공동주택 경비원들의 권익보호 및 주거공동체 상생문화 조성 등을 위해 '창원시 공동주택 관리 지원 조례'의 일부를 개정, 입법예고를 한다고 밝혔다. 입법예고하는 '창원시 공동주택 관리 지원 조례 일부 개정안'은 경비원 등 공동주택 근로자의 근로여건 및 환경 개선을 위한 비용 지원, 경비실 및 근로

---

10 http://news1.kr/articles/?3232203

자 휴게시설의 보수에 필요한 사항, 부당대우 발생 단지에 대한 보조금 지원제한 등이 주 골자이다.[11] 이는 지자체에서 적극적으로 사회변화에 따른 고통분담 대응을 보여준 사례로 볼 수 있다.

서울시 성북구에서는 주민, 입주자대표회의, 경비원, 관리주체 등 다양한 주체들과 함께 '경비원도 행복한 동행(同幸)아파트 만들기' 워크샵(2017)을 통해 임금인상과 경비원 처우 문제에 대해 각 입장과 해결방안을 도출하고자 하였다. 각 주체별로 그룹을 형성하여 토론을 함으로써 최저임금 상승에 따른 현장 문제점을 토론하고 해결 방안을 논의하는 장을 통해 각 단지 특성에 맞는 실현 방법을 모색하고자 하였다.

각 단지별 특성이 다르기 때문에 몇 차례의 워크샵만으로는 명쾌한 해답을 찾기는 어려웠지만 상생과 고통분담에 대한 공감대 형성이 이루어졌으며, 주민 부담을 최소화하기 위해 합리적으로 관리비를 줄일 수 있는 방법을 공유하는 등 다양한 방안들로 논의가 이루어졌다.

그림 9, 10 성북구의 경비원 처우 관련 워크샵

사진자료: 은난순, 2017

11 http://www.knnews.co.kr/news/articleView.php?idxno=1221951

공동체 활성화를 통해 주민 간 소통이 원활한 단지에서는 최저임금 상승과 관련된 주민 의견 수렴을 통해 상생 방안을 논의하는 모습을 찾을 수 있었다. 한 조사에 의하면 공동체 활동을 통해 소통과 신뢰가 쌓인 긍정적 효과로 인해 경비원 임금을 두고 주민의 의견수렴을 통한 문제 해결 사례 단지가 소개되기도 하였다. 최저임금에 대한 주민 안내와 공청회가 이루어졌으며 전체 주민 조사를 통해 해고 없이 현행을 유지하기로 결정한 점과 관리비 부담을 줄이기 위해 입주자대표회의와 공동체 활성화 단체를 중심으로 공용부분과 각 세대의 에너지 절약을 실천하는 긍정적인 사례도 있음을 보여주고 있다. 물론 최저임금의 지속적인 상승으로 인해 이러한 주민 공감대와 상생 결정이 얼마나 지속될 수 있을지 우려하는 목소리도 나오고 있지만 주민들의 관심 증대가 아파트 현안 문제를 지혜롭게 풀어가는 근간이 된다는 점에서는 의심의 여지가 없어 보인다.

5. IOT, ICT 기술의 접목

컴퓨터와 인터넷을 이용한 공동주택의 정보 네트워크의 발전과 함께 초고속 정보통신 건물 인증제도 및 홈 네트워크 시스템을 갖춘 지능형 홈 네트워크 아파트, 인공지능(AI) 아파트 등이 주택시장에 선보여지고 있다. 통신사, 스마트 사업자, 건설사, 한국전력공사 등이 기술 제휴 및 업무 협력 등을 통해 새로운 기술의 공동주택 접목을 시도하고 있다.

다양한 첨단 IT(Information Technology) 기술이 구현된 지능형 주거는 초고속 정보통신망, 홈네트워크(home network), 홈오토메이션

(home automation), 지능형 센서(smart sensor) 같은 요소를 기반으로 정보 가전 기기와 통합하고 이러한 하드웨어를 제어하고 관리할 수 있는 소프트웨어들을 네트워크화하여 집의 모든 기기들을 하나로 묶는 것으로 개개인의 삶의 질을 높이는 수단 중 하나가 되었다.[12]

또한 IT 기술과 함께 IOT, ICT 기술이 주택과 접목되어 실용화되는 변화가 급속히 이루어지고 있다. IOT(Internet of Things, 사물인터넷)은 스마트폰, PC를 넘어 자동차, 냉장고, 세탁기 같은 가전제품 등 모든 사물이 인터넷에 연결되는 것을 말한다. 이 기술을 이용하면 각종 기기에 통신, 센서 기능을 장착해 스스로 데이터를 주고받고 이를 처리해 자동으로 구동하는 것이 가능해진다. 교통상황, 주변 상황을 실시간으로 확인해 무인 주행이 가능한 자동차나 집 밖에서 스마트폰으로 조정할 수 있는 가전제품이 대표적이다. ICT(Information & Communication Technology, 정보통신기술)란 정보기술과 통신기술을 합한 용어로 컴퓨터를 기반으로 정보 및 정보 시스템을 제공하고 이용하는 기술을 말한다. 하드웨어와 소프트웨어, 통신기술을 종합적으로 활용하고자 하며 인간과 인간, 인간과 사물 간의 양방향 커뮤니케이션을 기반으로 한다.

첨단 기술의 공동주택 도입은 안전보안시스템을 비롯해 실내외 자동제어시스템, 원격검침시스템 등 인터넷 기반 서비스 시스템 등 다양한 기능을 선보이고 있다. 인터넷망을 이용하는 인터넷 전화는 음성과 영상을 동시에 처리할 수 있으며 화상 전화기는 인터넷 전용 전화기로 홈네트워크시스템과 연동되어 방문자와 통화하거나 방문자 영상을 확인할 수 있도록 한다. 홈네트워크 월패드는 기존 비

---

12 박경옥 외, 사회 속의 주거, 주거 속의 사회, 2016

디오 도어폰 기능은 물론 조명, 가스밸브, 냉난방, 전동커튼 제어, 가전제품 등 가정 내 정보를 통합, 제어할 수 있으며 세대현관 및 공동현관을 통한 방문자 확인, 주차관제, CCTV, 택배 도착알림, 엘리베이터 콜 등 다양하게 적용되고 있다. 이러한 공동주택에의 IOT, ICT 기술의 접목은 관리기술 업그레이드와 전문 기술인력을 필요로 하게 되었다.

첨단기술을 주택에 접목한 예로 한 통신사에서는 전국 모든 건물에 인공지능(AI) 기반의 '에너지 건강검진'을 실시하고 빅데이터로 에너지 사용패턴을 분석해 비용을 절감해주는 서비스의 제공을 들 수 있다. 해당 통신사는 아파트 등과 같이 에너지를 많이 쓰는 건물 고객 중에는 에너지 비용절감 방안에 대한 정보를 얻지 못하는 사례가 많다고 하였다. 특히 중소형 건물의 경우 에너지 관리자가 없어 절감방안에 대한 관심이 적거나 관심이 있어도 방법을 모르는 경우가 많은 것이 현실이라고 보았다. 실제로 대구에 위치한 S아파트의 경우 이 통신사가 제공하는 서비스를 통해 에너지 진단과 컨설팅을 받은 이후 연간 아파트 공용 전기요금의 약 70%를 절약했다고 밝혔다.[13]

공공기관에서도 주택과 첨단기술의 접목을 시도하고 있는데 한국토지주택공사(LH)는 원룸, 다가구·다세대와 같이 자동화재탐지설비가 미설치되고 있는 일반주택 등에서 활용될 수 있는 화재경보 기능내장 LED 조명등을 개발했다고 밝혔다. 아파트의 경우 자동화재탐지설비의 설치가 의무화돼 있어 이웃 세대의 화재를 자동으로 경보해 화재를 빠르게 인지할 수 있다. 그러나 아파트 이외의 일반

---

13 "KT, 에너지 절감서비스 에너아이즈 출시", 아파트관리신문, 2017.4.11.

주택에서는 이웃 세대의 화재를 알려주는 장치가 없어 인명피해가 많이 발생하고 있다. IOT 기술을 활용하면 이러한 문제는 쉽게 해결할 수 있음에 착안해 LED 조명에 통신 기능을 부여함으로써 이웃 세대의 화재를 신속히 전파하는 화재경보기능 내장 LED 조명등을 중소기업과 협력해 공동으로 개발하였다. 개발한 LED 조명등은 화재감지기와 연동되고 일반주택의 5층 정도 거리 범위 내에서 무선으로 연결돼 화재발생 호수를 LED 조명등에 표시하는 기능을 갖는다. 또한 시각 및 청각장애인을 위해 조명의 자동점멸과 음성안내로 동시에 화재를 경보한다. 특히 화재가 아닌 상태에서 발생할 수 있는 '비화재보'에 대한 대응과 함께 에너지 절약을 위해 LED 조명등의 대기 전력 소모도 1W 이하가 되도록 했다. 이러한 4차 산업혁명의 기술들을 활용해 화재 안전뿐만 아니라 층간소음 저감 등 국민의 안전과 주거복지서비스를 높일 수 있는 다양한 기술들을 개발해 보급할 계획이라고 밝혔다.[14]

그림 11 LH의 사물인터넷을 활용한 층간소음 경보시스템 기술

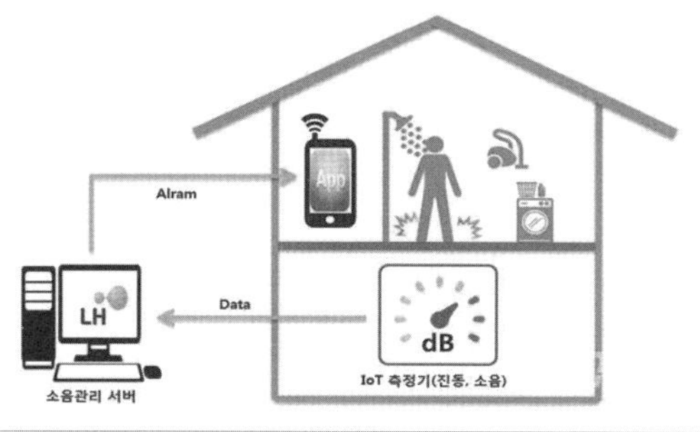

출처: 아파트관리신문, 2017.10.30. 이미지 제공: LH[15]

14 "LH, 이웃 세대 화재 알려주는 LED 조명등 개발", 아파트관리신문, 2017.12.28.

15 "LH, 사물인터넷을 활용한 층간소음 경보시스템 개발 나선다", 아파트관리신문, 2017.10.30.

서울주택도시공사 역시 4차 산업혁명시대에 대비해 인공지능(AI) 아파트 건설을 본격화한다고 발표하였다. 서울주택도시공사는 4차 산업혁명의 핵심기술인 인공지능과 사물인터넷(IOT) 기술을 적용한 스마트 아파트를 건축하기로 하고 통신사업자 및 홈네트워크 공급사와 업무협약(MOU)을 맺었다. 이번 협약을 계기로 홈네트워크시스템과 인공지능이 결합된 홈 IOT 플랫폼을 개발해 공사가 신규로 건설하는 모든 아파트에 적용하기로 했다. 이같이 스마트 아파트가 건설되면 기존 홈네트워크 시스템에서 제공하고 있는 가스차단, 난방제어, 조명제어 등의 서비스는 물론 IOT기술이 적용된 전자제품을 인공지능 스피커를 이용해 음성으로 제어할 수 있고 외부에서도 스마트폰으로 제어할 수 있어 생활편익이 획기적으로 개선될 것으로 기대하고 있다. 또한 인공지능이 결합된 홈 IOT 플랫폼이 구축되면 홈네트워크 시스템 기능을 제어하는 앱(APP, 어플리케이션)과 IOT적용 전자제품 등을 제어할 수 있는 앱 통합은 물론 인공지능 스피커에서 제공하는 다양한 서비스(교육, 정보제공, 쇼핑 등)를 입주민에게 제공할 수 있을 것으로 기대하고 있다.[16]

컴퓨터와 건축 및 시설·설비 분야의 첨단 기술 접목에 반해 공동주택 관리 분야의 정보 제공 및 기반 의사소통 등에 대한 기술 접목은 아직 큰 변화를 보이고 있지는 못하다. 다만 제도적으로 전자적 방법을 통한 주민의 의사결정(「공동주택관리법」 제22조 전자적 방법을 통한 의사결정)과 공동주택관리와 관련된 빅데이터 공유 시스템 구축(「공동주택관리법」 제88조 공동주택관리정보시스템의 구축·운영 등)이 활용됨으로써 첨단기술의 접목 가능성을 보여주고 있다. 주민들은 동별 대표

16 "서울주택도시공사, AI 아파트 건설 본격화", 아파트관리신문, 2018.3.5.

자나 공동주택관리와 관련한 의사결정에 있어 투표소에 가서나 서면동의하는 번거로움 대신 스마트폰이나 PC를 이용하여 의사 표시를 할 수 있게 되었다. 의무 사용이 아닌 주민 의사에 따라 전자적 방법 사용을 결정하게 되는데 발생하는 비용의 일부는 신청을 통해 공공의 지원받을 수 있다. 스마트폰 등을 이용한 동별 대표자 선거는 기존 투표소를 이용한 투표보다 주민 참여율이 높은 것으로 나타나 첨단 기술 접목의 효과를 보여주고 있다.

이밖에 인공지능으로 아파트 관리비 확인 서비스 개발한 사례가 있으며,[17] 스마트홈 플랫폼과 관리비 청구시스템을 연동하여 손쉬운 관리비 확인, 앱을 통한 월별 관리비 확인 및 고지서 청구 소식의 수령이 가능하도록 한 예도 있다.

Ⅲ. 관리 사각지대, 주거관리의 보편화와 형평성 추구

1. 소규모 공동주택의 관리

건축한 지 30년 이상이 된 노후주택 중 아파트는 12.3만 호로 전체 노후주택의 9.1%를 차지하고 있으며(통계청, 2010), 연간 주택공급수 39만 호를 기준으로 37만 호에서 43만 호를 공급했을 경우를 가정하여 모의분석을 한 결과, 2050년 경에는 노후주택수가 1,668.4~1,725.5만 호로 전체 주택 중 61.4~64.2%에 달할 것으로 예측되고

17 "SKT · 이지스, 인공지능으로 아파트 관리비 확인 서비스 개발, AI기기 · 스마트홈 앱 활용한 서비스 제공 협력키로", 아파트관리신문, 2017.9.18.

있다. 또한 2035년 이후에는 전체 주택수 중 30년 이상 노후주택 비중이 50%를 상회할 것으로 전망(국회입법조사처, 2014 재인용)[18]하고 있을 만큼 공동주택이 노후화 문제는 사회문제화되고 있다.

한 연구에 의하면[19] 경기도 내 전체 소규모 공동주택 18만 호 중 20년이 경과한 공동주택은 1,551단지, 3,923개동, 117,265세대로 65%에 이르러 비의무관리 대상인 소규모 공동주택에서 노후화가 급격히 진행되고 있다고 하였다(박신영 외, 2016 재인용). 현재 경기도의 30년 이상 노후 공동주택 현황을 살펴보면 전체 585개 단지로 63,254세대가 거주하고 있으며 이 중 의무관리대상 노후 공동주택은 111개 단지(19.0%), 34,193세대(54.1%)가 있으며 비의무관리대상 노후 공동주택은 474개 단지(81.0%), 29,061세대(45.9%)라 하였다. 이와 같이 의무관리대상보다 세대수의 규모는 작지만 비의무관리 대상 노후 공동주택의 단지수가 노후 공동주택의 81.0%로 많은 비중을 차지하고 있다.

이들 비의무관리 대상 노후 공동주택은 물리적 안전에 있어서 위협을 받고 있는 것으로 나타났다. 현재 안전진단 D등급 이하인 특정관리 대상 비의무관리 노후 아파트의 경우에 해당 지자체 담당공무원이 월 1회 방문으로 육안진단도 하고 있지만 정확한 안전도 판단에 어려움이 있다고 보고하였다. 또한 비의무관리 대상 노후 아파트 경우 안전진단비용을 단지에서 자체 부담해야 하는데 낡은 상수도관 문제로 녹물 등 피해가 있음에도 불구하고 저소득층의 거주

18 은난순, 공동주택관리지원서비스 제공 현황 분석 보고서, 2017

19 김미희 외, 노후 공동주택 개선방안 마련을 위한 실태조사 용역 보고서: 소규모 비의무관리 대상 노후 아파트 개선방안에 대하여, 2017

비율이 높아 사소한 경비 부담에도 주민 간 갈등이 발생하는 상황이라고 보고하였다.

의무관리대상 공동주택의 경우 장기수선계획을 수립하고 장기수선충당금 적립을 통해 의무 관리하도록 하는 반면 비의무관리 대상에 해당하는 소규모 공동주택은 장기적인 안목에서의 시설·건물 관리에 대한 강제성이 없어 제대로 관리되고 있지 못한 실정이다. 주민 역시 세입자 비율이 높고 세대수가 적은 단지일수록 주민대표의 구성과 관리주체 선임에 어려움을 겪을 수밖에 없으며 유지관리의 의사결정에 어려움이 발생하는 관리 상황에 놓일 수밖에 없다. 결국 낙후되고 관리되지 못하는 열악한 주거환경에 놓일 수밖에 없는 구조적인 한계를 갖게 되며 이는 거주자의 안전을 위협하는 사회적 문제로 이어질 수밖에 없다.

현재 지자체에서는 비의무관리 대상 노후 아파트 입주민을 대상으로 하는 관리 교육을 실행하는 비율이 낮으며 관리교육의 종류도 한정되어 있어 주민이 실질적인 관리업무를 함에 있어 도움을 받기에는 부족한 실정이다. 비의무관리 대상 노후 아파트 관리제도의 개선을 위해 장기수선계획, 장기수선충당금의 적립, 입주자대표회의의 의무구성 등 현재 「공동주택관리법」상의 의무사항을 비의무관리 대상 노후 아파트 단지에도 도입되어야 한다는 주장도 제기되고 있다.[20]

서울시의 경우 공동주택의 관리를 사회적 기업이 맡아서 하는 시범사업을 지자체 최초로 시도하였다. 사회적 기업이 시범관리 대상 아파트에 주택관리사(보) 자격증을 소지한 역량 있는 관리사무소장

20 김미희 외, 노후 공동주택 개선방안 마련을 위한 실태조사 용역 보고서: 소규모 비의무관리 대상 노후 아파트 개선방안에 대하여, 2017

을 파견하며 관리사무소장은 분기마다 시설, 관리비 부과 등 관리 분야에 대해 정기점검하고 입주자대표회의 운영, 관리규약 제·개정, 장기수선계획 수립·조정 등 아파트 관리 행정 전반을 관리, 지원하는 형태이다. 2017년도에 시범사업을 하였으며 단지별로 부담해야 하는 매월 20만 원 이내의 위탁수수료는 최대 2년 동안 시가 지원해주기로 하였다. 공동주택 관리 분야에 전무했던 사회적 기업이 새롭게 진출할 수 있도록 함으로써 소규모 공동주택 단지의 관리에 대한 접근을 시도한 점은 매우 고무적이었지만 2017년 8월 기준으로 두 개의 주택관리 사회적 기업만이 만들어졌으며 주민의 인식 부족 등의 여러 가지 환경적 요인으로 활성화되고 있지는 못한 것으로 나타났다.

소규모 공동주택 거주자들은 주민대표를 선출하여 최소한의 주택관리를 할 수 있는 제도적 기반과 지원이 필요하다고 요구하고 있다. 소규모 공동주택 거주자들도 쾌적한 주거환경을 누려야 할 권리가 확보되어야 하며 이를 위해서는 제도 마련 및 공공의 지원이 우선되어야 한다. 즉, 일정 규모이상의 공동주택뿐만 아니라 다세대 주택 및 연립주택과 같은 소규모 공동주택도 장수명주택으로 건축, 유지관리 될 수 있도록 제도적 정비가 필요하며 비용 부담 등에 대한 사회적 공감대 형성을 통해 차츰 관리시스템이 갖추어지도록 유도함으로써 주택관리의 보편성과 형평성을 추구할 필요가 있다. 지역단위의 주택관리 혹은 소규모 단지를 여러 개 묶어 공동관리하는 방안이 마련되어야 하며 이에 필요한 협동조합형 관리주체의 발굴과 소규모 공동주택관리지원센터의 구축, 소규모 공동주택의 관리규약준칙 마련 등 구체적인 방안이 마련되어야 한다. 이와 함께 주민 의사결정을 통해 주택관리가 자체적으로 이루어질 수 있는 기반 조성을 마련함으로써 쾌적하게 유지관리되는 소규모 공동주택 관리문화를 조성해야 한다.

그림 12 비의무관리 대상 노후 아파트 관리개선 의견

	반대	찬성
입주자 대표 회의를 의무적으로 구성하도록 한다	18.2	81.8
소규모 단지를 묶어서 전문주택관리업자가 관리하도록 한다	40.1	59.9
입주자 대표 회의의 회장 및 임원임기를 제한한다	27.5	72.5
각 단지 상황에 맞게 장기수선계획을 수립하도록 한다	30.3	69.7
장기수선계획을 따라 단지 내 공용시설유지관리를 실시한다	38.5	61.5
장기수선계획의 필요비용을 미리 징수한다	52.5	47.5
적립한 장기수선금을 공공에서 일정금액 보증해준다	33.1	66.9

출처: 김미희 외, 2017

2. 분양 · 임대 혼합주택단지의 관리

소규모 혼합주택단지란 분양주택과 임대주택이 한 단지 내에 혼합된 것으로 관리사무소, 경로당, 체육시설, 주차장 등 기반 · 부대 · 복리시설 등을 공유하는 단지를 의미한다. 1989년 영구임대주택이 최초로 공급된 이후 무주택 저소득층을 위한 다양한 장기공공임대주택이 공급되었으며 서울시는 2003년도 공공임대주택 10만 호 건설 정책을 추진하면서 장지 · 발산 지구(2007)에 분양 · 임대 혼합주택단지[21]를 최초로 공급하였다.

21 혼합주택단지는 분양주택과 임대주택이 한 단지(「주택법」 제16조에 따른 주택건설계획 또는 대지조성사업계획의 승인을 받아 주택과 그 부대 · 복리시설을 건설하거나 대지를 조성하는 데 사용하는 일단의 토지) 내에 혼합되어 조성된 곳을 말함.

혼합주택단지 공급의 취지는 공공임대아파트에 대한 부정적 이미지와 사회적 차별, 갈등을 해소하기 위해 임대아파트와 분양아파트를 한 단지 내에 배치시키는 것이었다. 하지만 혼합주택단지의 관리에 관한 사항이 제도적으로 정립되지 않은 상황에서 혼합주택단지의 입주자대표회의와 임차인대표회의 등 주민대표 간 주택관리상 의사결정 및 운영에 있어 많은 갈등과 문제점을 드러내고 있다. 이로 인해 분양과 임대 주민 간의 위화감이 조성되고 있으며 이는 혼합주택단지 공급의 취지에 반하는 현상이다.

혼합주택단지의 관리상 갈등 문제를 조사한 연구에 의하면[22] 관리의 다양한 부분에서 주민간 의견 차이와 갈등이 발생하고 있다고 보고하였다. 분양주택과 임대주택 주민 간의 갈등은 관리비 등 처리 문제, 주택관리업자 및 각종 공사용역 업체 선정 과정상 공정성 문제와 임차인 배제 문제, 부대·복리시설 및 기타 공용공간 사용상의 문제, 한 단지 내 세 가지 관리규약의 혼재, 임대사업자의 역할과 임차인 소외 문제, 공동체 활성화 및 기타 문제 등으로 나누어 볼 수 있었다. 이러한 갈등은 각기 다른 법 규정의 적용과 명확하지 않는 관리 규정에서 비롯된다고 볼 수 있다.

영국과 프랑스 경우 사회적 통합을 위한 제도와 정책지원 방안에 있어 차이가 있지만, 신규 개발되는 주거지 내에 임대주택과 분양주택을 혼합하여 공급함으로써 하나의 주거단지에 계층혼합형 커뮤니티를 실현하고자 하였다. 영국의 사회적 혼합정책 중 양적 측면의 정책은 점유혼합에 큰 효과를 보이고 있으며 양적 정책수단이 사회적 혼합의 기본적인 수단으로 인식될 수 있다. 영국의 임차인

22 은난순, 혼합주택단지의 효율적 관리 및 갈등해소 방안 연구, 2015

참여를 위한 제도가 주는 시사점은 임차인의 의견 개진 권리와 적절한 수선을 받을 수 있는 권리의 인정을 통해 임차인 참여를 보장하고 이러한 노력이 단지 내의 환경개선에 큰 도움이 된다는 점이다. 특히 영국 정부가 보조금을 지원해서 임차인 참여에 필요한 교육을 다양하게 제공하는 임차인 지원 방식은 우리나라 중앙정부와 지방정부의 역할에 시사점을 주고 있으며 임차인 역량 강화를 위한 교육은 임차인 권리뿐 아니라 그에 대한 책임까지 동반되어야 함을 강조한 균형 잡힌 형태로 제공되어야 함을 시사한다.[23]

분양주택과 임대주택, 혼합주택단지 등 모든 공동주택의 관리는 「공동주택관리법」에서 규율하도록 하는 것이 바람직하다. 왜냐하면 관리비와 관리비 외 비용 세부기준 등이 분양주택과 임대주택 간의 서로 다른 규정의 적용을 받거나 규정에 포함되지 않는 사항이 있음으로 인해 관리현장에서의 갈등을 겪고 있기 때문이다. 하지만 지자체별 특성과 개별단지의 자치운영 존중 등을 고려할 때 관련법에서 그 상세한 규정까지 모두 담는 것은 바람직해 보이지 않는다.

혼합주택단지의 관리상 세부 규정은 각 지방정부에서 그 특성에 맡게 정하여 운영하도록 법률, 혹은 대통령령으로 제시하는 것이 바람직하다는 주장이 제기되기도 하였는데 혼합주택단지의 관리에 대한 근거를 「공동주택관리법」 혹은 동 시행령에서는 방향 제시를 위한 큰 틀을 규정으로 제시하되 세부적인 내용은 지방정부의 「조례」를 통해 운영할 수 있도록 그 근거를 제시할 필요가 있다는 것이다. 현재 「공동주택관리법」 제10조[24]에 규정되어 있는 바는 임대

23 은난순, 혼합주택단지의 효율적 관리 및 갈등해소 방안 연구, 2015

24 제10조(혼합주택단지의 관리) ① 입주자대표회의와 임대사업자는 혼합주택단지의 관리에 관한 사항을 공동으로 결정하여야 한다. 이 경우 임차인대표회의가 구성된 혼합주택단지에서

사업자의 역할에 대한 언급만이 있을 뿐이라 분양단지와 임대단지가 하나의 단지로 원활하게 관리될 수 있는 근거 규정은 구체적으로 제시되고 있지 못하다. 혼합주택단지의 경우 현행과 같이 임대사업자를 경유하여 임차인의 의사를 반영하는 것이 아니라 소유권에 기인하는 권한 외의 관리비 등 집행과 관리운영상의 의사결정에 있어서는 임차인이 직접적으로 참여할 수 있도록 「공동주택관리법」 혹은 「조례」를 통해 규정할 필요가 있다. 소유권에 기인하는 권한은 소유자 결정으로 하는 것이 타당하되 사용자와 임차인의 관리비 등 납부 비용의 집행과 사용상 의사결정 과정에 있어 직접적인 참여권한은 주어지지 않고 있으며 이는 혼합주택단지만의 문제는 아니며 분양 공동주택의 세입자 경우도 마찬가지일 것이다.

그림 13, 14 공동대표회의 구성과 공동체 활성화를 통해 주민화합을 이루어 낸 혼합주택단지의 주민공동공간

사진자료: 은난순, 2015

는 임대사업자는 「민간임대주택에 관한 특별법」 제52조제3항 각 호의 사항을 임차인대표회의와 사전에 협의하여야 한다. 〈개정 2015.8.28.〉 ② 제1항의 공동으로 결정할 관리에 관한 사항과 공동결정의 방법 및 절차 등에 필요한 사항은 대통령령으로 정한다.

Ⅳ. 주거복지와 연계된 맞춤형 주거관리

1. 주거복지와 주거서비스

최근 주택정책에 있어 주거복지의 중요성이 부각되고 있으며 이는 「주거기본법」의 제정(2015년)을 통해 확인할 수 있다. 주택정책의 기조가 물리적 거처인 주택의 공급에서 국민의 주거권을 보장하기 위한 주거복지로 전화되었음이 선언되었다고 그 의미를 해석하고 있다.

주거복지란 적절한 주거의 확보를 통해 정주 불안을 해소하여 인간답게 살 수 있는 주거환경을 보장하는 것으로 복지의 개념뿐 아니라 권리의 개념을 포괄한다. 현재 우리나라 주거복지 정책은 주거빈곤층의 주거불안을 해소하는 데 초점을 맞춘 협의의 주거복지 실현으로 구분할 수 있다. 협의의 주거복지는 자력으로 주거안정을 이룰 수 없는 주거약자를 대상으로 정부의 적극적인 개입을 통해 사회의 주거불평등과 주거격차를 해소하여 주거빈곤에서 벗어나도록 하고 최저주거기준을 충족하는 주거수준 이상을 유지하도록 하여 주거 안정을 도모하는 것이 목표이다. 반면 권리적 차원에서 볼 때 주거복지는 국민 전체를 대상으로 하는 광의적 개념으로 접근할 수 있는데 중산층 이상 계층에게는 임대차 안정과 주거여건 개선, 주택보유의 안정성 향상, 주거 품질향상 등에 기여하는 주거서비스의 제공도 포함된다. 즉, 주거복지는 국민의 주거권을 보장함으로써 국민의 주거안정과 주거수준을 향상하여 사회적 안정을 도모하고 복지를 증진하는 것을 목표로 한다.[25]

---

25 권오정 외 9인, 주거복지총론, 2017

「주거기본법」 제정 이후 정부에 의해 주거복지 로드맵(2017년)이 발표되고 생애주기를 고려한 맞춤형 주거복지의 실현을 위한 다양한 방안이 계획·실행되고 있다. 주거약자를 위한 새로운 맞춤식 주택이 개발되고 주거복지 전달체계를 통한 주거복지서비스를 제공하고자 하는 시스템 구축이 공공과 민간 차원에서 각기 시도되고 있다. 주거급여, 공공임대주택 등의 공공에 의한 주거복지서비스는 중앙정부에서 지방정부로, 기초자치단체에서 민간이나 공공자원과 연계하여 수혜자에게 서비스를 전달하는 구조를 보이고 있다. 지역에 따라서는 민간 주거복지센터가 지역사회의 중심이 되어 네트워크를 구축하고 자원 연계를 통해 주거복지서비스를 지원하는 체계[26]를 보이기도 한다. 주거복지 전달체계에 있어 공공부문과 민간부문의 협력이 강조되기 시작하였으며 정부와 민간부문의 협치를 의미하는 거버넌스(governance)와 관·민 협력방식인 PPP(Public-Private Partnership) 등의 방식이 나타났다.[27]

주거복지서비스는 물리적 공간인 주택의 공급뿐 아니라, 주택금융 및 주거복지 관련 정보제공, 주거상담, 임대주택 등의 입주 및 운영, 관리, 주거복지 관련 기관·단체와의 연계, 주택개조, 주거복지 관련 교육 및 훈련, 주거 조사와 피드백, 커뮤니티 활성화, 주거복지 관련 지역사회 자원 연계 등 다양한 서비스가 포함된다. 또한 생활과 밀접한 서비스를 주거와 접목해 제공하는 사례가 늘고 있는데 공동육아, 청소 등 생활지원서비스, 건강한 노후생활 등 생애주기 및 거주자 요구에 부합하는 주거서비스가 개발되고 있다.

---

26 국토교통부, 주거복지사 제도 도입방안 마련을 위한 연구, 2013

27 한국주거학회, 주거복지론, 2007

또한 주거복지 전문인력을 양성하여 주거복지 관련 공공기관 및 주거복지센터 등에 배치하여 주거복지 업무를 효율적으로 수행할 수 있는 제도적 근간을 마련하였다(「주거기본법」 제24조 제3항). 여기서 주거복지 업무란 주택조사 등 주거급여업무, 영구임대주택 단지 등 공공임대주택의 운영·관리, 취약계층 주거실태조사, 주거약자의 주거문제 상담 및 주거복지 정책 대상자 발굴, 지역사회 주거복지 네트워크 구축 등을 말한다(「주거기본법 시행령」 제16조 제2항). 공공주택의 경우 관리사무소와 지역 복지센터를 통해 이러한 주거복지 업무 중 일부가 이미 수행되고 있으며 특히 관리사무소의 경우, 관리 단지의 주민 특성에 대해 잘 파악하고 있기 때문에 주거복지 전달자로서의 역할이 기대된다. 주거복지 측면에서 볼 때 주거관리를 통한 쾌적한 주거환경 조성, 적절한 관리비 부과, 커뮤니티 활성화를 통한 주민 간 소통과 공동생활 문제 해결 등은 주거복지를 실현하기 위한 중요한 한 부문으로 분류된다.

2. 맞춤형 주택의 등장과 주거관리 모색

저출산과 고령화로 인하여 가족구성 및 산업사회의 변화로 주거도 다변화되어 가고 있다. 이러한 변화에 대비할 수 있게 사회 전반의 여건 변화에 따라 도시의 기능과 도시개발 방식의 방향도 전환되는 추세에 있다. 과거의 주택정책이 소득수준별로 구분된 집단에 대해 얼마나 많은 주택을 공급하는가에 초점이 맞추어져 있었다면 현재의 정책은 소득뿐만 아니라 계층, 연령, 가구형태 등 다양한 특징을 고려한 맞춤형 정책으로, 즉 공급자 위주에서 수요자 위주로 패러다임 전환이 이루어지고 있다.

서울시 경우 8만 호 공공임대주택 공급 정책을 실행하면서 도시민들의 변화된 수요에 부응할 수 있는 주택을 공급하는 새로운 계획으로 '서울시 공동체주택 활성화 계획'을 추진해 오고 있다. 기존의 대규모 택지 개발에 근거한 신규주택 공급을 탈피하여 다양한 공급 방식을 통해 입주자들이 기존 지역사회와 융합할 수 있는 조건을 갖추어 나갈 수 있도록 지원하는 사업이다.[28] 공동체주택의 유형은 공공임대형, 민관협력형, 자가소유형 등 수요자 맞춤형으로 구분되며 커뮤니티 공간의 확보와 공동체 규약 마련을 기본으로 하여 주민 간 공동체 활성화를 유도하고 지역사회와의 교류를 통해 지역사회에 이바지하고자 하는 접근을 하고 있다.

주택관리적 측면에서 볼 때 공동체 주택은 다세대 주택 등 소규모 공동주택에 해당하는 규모로써 「공동주택관리법」등의 적용을 받지 않는 비의무대상 공동주택이 대부분이다. 맞춤형 주택으로서 시도된 공동체주택은 물리적인 환경을 어떻게 유지하고 관리할 것인지에 대한 방안을 함께 모색함으로써 기존 소규모 공동주택이 겪고 있는 노후화에 대응하는 유지관리 어려움과 장기적 안목의 관리 부재를 해결하고자 기존 공동주택관리 제도를 통해 공동체주택형 관리 방안을 고민하고 있다. 공동체 활성화와 함께 주민 스스로 자체관리를 할 수 있도록 주택관리 전문가 풀을 활용해 지원할 수 있도록 하고 하자 점검 등 전문성이 부족한 주민들을 지원하기 위한 방법도 고민 중에 있다.

주택이 지어진 후 하자가 있는지, 또 하자 처리를 어떻게 해야 하

---

28 서울시, 공동체주택백서, 2018

는지 등의 정보제공과 지원서비스 정도에 따라 공동체주택에 입주한 주민의 입주 직후 주거만족도는 달라질 수 있다. 전문 자격증을 가진 관리자가 없는 경우가 대부분이라 주민 스스로 하자 및 유지관리 문제 등을 해결해 나가는 것은 실제로 쉽지 않다. 이러한 문제를 사전에 대응하기 위해 시에서는 공동체주택을 관리하는 데 필요한 항목이 무엇인지 또 어떤 식으로 관리를 지속해야 하는지에 대한 정보를 건축 정보와 함께 정리하여 입주자에게 제공하고자 하였으며 주요 내용으로 하자점검, 장기수선계획 및 공동관리비의 사용과 처리 등에 대한 내용을 정리하여 제공하고 있다.

공동체주택과 같은 새로운 유형의 주택은 향후 계속적으로 공급될 것이며 그에 따른 맞춤형 관리 방안이 필요하게 될 것이다. 주택관리는 건축 계획 시부터 유지관리가 용이하도록 계획되어야 하며 주민 역시 거주하는 동안 주인의식을 가지고 스스로 자체관리 할 수 있는 역량을 키울 준비가 되어 있어야 한다. 공공에서는 이를 위한 직간접적 지원을 통해 맞춤형 주택을 확대하고 지역사회에 정착할 수 있도록 시민과 함께 공감대를 형성해야 한다.

그림 15 서울시 맞춤형 공동체주택

사진자료: 은난순, 2017

그림 16 공동체주택 커뮤니티 공간

사진자료: 은난순, 2017

참고문헌

국토교통부(2013), 주거복지사 제도 도입방안 마련을 위한 연구, 용역보고서

권오정 외 9인(2017), 주거복지총론, 이테시스

김미희 외(2017), 노후 공동주택 개선방안 마련을 위한 실태조사 용역보고서: 소규모 비의무관리대상 노후 아파트 개선방안에 대하여

박경옥 외(2016), 사회 속의 주거, 주거 속의 사회, 교문사

박혜선·은난순(2018), 도시재생 및 마을공동체를 위한 소규모 거점공간에 대한 연구 조사 보고서

은난순(2015), 혼합주택단지의 효율적 관리 및 갈등해소 방안 연구, 용역보고서

은난순(2017), 서울시 아파트 주민학교 교육자료집

은난순(2017), 공동주택관리지원서비스 제공 현황 분석 보고서

서울시(2018), 공동체주택백서

심재철(2018), 찾아가는 아파트 보안관 컨설팅 보고서

하성규 외(2017), 공동주택관리의 새로운 패러다임, 박영사

한국주거학회(2007), 주거복지론, 교문사

경남신문, “아파트 경비원 폭행·멸시하면 해당 아파트 보조금 지원 중단”, 2017.7.27.

아파트관리신문, “KT, 에너지 절감서비스 에너아이즈 출시”, 2017.4.11.

아파트관리신문, "LH, 이웃 세대 화재 알려주는 LED 조명등 개발", 2017.12.28.

아파트관리신문, "서울주택도시공사, AI 아파트 건설 본격화", 2018.3.5.

아파트관리신문, "LH, 사물인터넷을 활용한 층간소음 경보시스템 개발 나선다", 2017.10.30.

아파트관리신문, "SKT · 이지스, 인공지능으로 아파트 관리비 확인 서비스 개발, AI기기 · 스마트홈 앱 활용한 서비스 제공 협력키로", 2017.9.18.

이원준기자, "정든 곳을 떠나려니, oo아파트 경비원 94명 전원해고", 2018.2.9., http://news1.kr/articles/?3232203

통계청 http://kosis.kr/index/index.do

「공동주택관리법」

「주택건설 기준 등에 관한 규정」

「주거기본법」

「최저임금법」

「창원시 공동주택관리지원조례」

PART
02

갈등과 상생의 사례

CHAPTER

03

민원에 나타난 아파트 주택관리의 갈등과 상생

— 이창로, 한국지방세연구원 부연구위원 —

CHAPTER 03

민원에 나타난 아파트 주택관리의 갈등과 상생

— 이창로, 한국지방세연구원 부연구위원 —

Ⅰ. 서론

서비스를 제공하는 주체와 해당 서비스를 제공받는 상대방(주로 소비자 또는 주민) 간 의사소통이 원활하지 않을 때, 소비자 또는 주민이 자신의 의사를 전달하는 주요한 방법 중 하나가 민원 제기라 할 수 있다. 민원을 제기하여도 요구하는 문제가 해결되지 않을 경우, 소송 등의 방법이 최후의 수단으로 활용될 수 있을 것이다.

공동주택 관리와 관련된 민원의 경우, 입주민이 주체가 되어 관리주체나 정부(중앙정부 및 지방자치단체)에게 제기하는 사안들, 그리고 관리주체가 각종 지침과 규정의 해석에 대해 정부에게 질의하는 사안들이 대부분을 차지한다.

이러한 민원 내용에 대해 체계적인 분석을 실시함으로써 입주민들의 주거서비스 수요를 정확하게 파악할 수 있게 되며, 궁극적으로 관리업무 품질의 제고로 이어지게 된다. 본 연구에서는 한국토지주택공사(LH) 중앙공동주택관리지원센터에 접수된 전화 및 서면 상담 내용을 분석하였다. 전화 상담, 즉 구두 민원은 2017년 2월부터 4월까지 3개월 동안 접수된 9,026건의 내용을 살펴보았고, 서면 상담, 즉 서면 제출 민원의 경우 2017년 1월부터 4월까지 4개월 동안 전자문서 형태로 접수된 민원 644건을 분석하였다.

구두 민원과 서면 제출 민원은 그 내용이 다소 상이한데, 구두 민원이 구청의 전화번호를 묻는 단순 질의 등이 일부 포함되어 있으며, 문의 내용이 비교적 짧고 단순한 편이다. 반면, 서면 제출 민원은 공문의 형식을 갖추어 접수된 것이 일부 존재하며, 문의 내용이 비교적 길고 복합적이라 할 수 있다.

이하에서는 민원 분석과 관련된 선행연구를 짤막하게 살펴보고, 구두 및 서면 제출 민원의 주요 주제와 주제간 관련성을 word cloud 및 연관 네트워크(association network)를 통해 검토한다. 이후 민원 내용을 비슷한 주제끼리 범주화하고, 시사점을 도출하고자 한다.

Ⅱ. 선행연구 고찰

조세환 외(2013)는 아파트 단지의 조경사업에서 발생한 민원을 분석하였는데, 크게 공원, 녹지와 가로수, 보행로, 그리고 시설물 분야로 나누어 <표 1>과 같이 민원 내용을 분류하였다. 아울러 녹지와 가로수 관련 민원이 특히 빈번하게 발생함을 발견하고, 이러한 유형의 민원을 감소시키기 위한 다양한 방안을 제시하였다.

표 1 아파트 단지 조경사업 민원 분류

공원	녹지 · 가로수	보행로	시설물
• 추가 식재, 재식재 • 테니스장 설치 요청 • 바닥 폐우레탄 변경 • 공원 디자인 변경	• 완충녹지 재정비 • 고사목 정비 • 수목 위치 변경 • 가로수 낙과 제거 • 분수대 가동 요청	• 물고임, 빙판길 정비 • 펜스 훼손 • 자전거 도로 포장 • 실개천 보행교 정비	• 방음벽 보수 • 공공화장실 설치 요청

보다 직접적으로 아파트 입주자의 민원을 집중적으로 분석한 사례는 권명희 · 김선중(2013, 2017)의 연구를 들 수 있는데, 이 연구에서는 입주자 민원을 <표 2>와 같이 6가지 유형으로 분류하였다.

표 2 아파트 입주자의 민원 분류

대분류	정의	예시
① 운영	관리업무의 기획, 관리규약 및 지침 등의 제정	입주자대표회의 선출, 동별 대표자 해임사유, 사업자 선정, 공사 및 용역의 입찰
② 행정	관리업무의 실행, 통제 과정	관리비 비리, 관리업체 변경, 불공정 근로계약, 경비원 근무 태만, 잡수입 처리 등
③ 유지	시설의 일상적인 교체, 수리 업무	수선충당금 부족으로 적시 수선 어려움, 수선비의 부담 주체, 도어 및 몰딩 불량, 수전 및 누전 차단기 교체, 마루 변색, 타일 불량 등
④ 기술	전기 · 소방 · 위험시설물 · 통신 관련 안전점검업무	부품교체 및 검사비용의 부담 주체 및 책임 범위,
⑤ 생활	주거문화 가치 제고 및 공동체 활동 지원업무	정신질환자 · 알콜중독자 · 호흡보조기 착용 환자 등에 대한 관리, 층간 소음, 반려동물 사육, 생활 소음(피아노, 세탁기, TV)
⑥ 환경	주위 경관, 청소, 위생업무	조경시설 정비, 쓰레기 무단 투기, 놀이터 안전, 경로당 주변 환경 개선 등

본 연구에서는 권명희·김선중(2013, 2017)의 민원 분류 체계를 따르되, ③ 유지 및 ④ 기술 부문의 경계가 불명확한 점 등을 감안하여 <표 3>과 같이 4가지로 대분류 체계를 설정하였다. 이후 비교적 빈번하게 발생하는 키워드를 중심으로 중분류를 시도하였다.

표 3 민원 내용의 분류 기준

대분류	중분류	주요 내용
일반행정	입대의 구성·운영	관리업무의 기획, 실행, 통제업무 관련
	주택관리업자·사업자	
	관리주체	
	관리규약	
회계·감사	관리비	관리비 등의 산정 및 부과 관련
	잡수입	
	장기수선충당금	
	외부감사	
시설유지	누수 등 하자	각종 시설물의 교체, 수리, 안전점검 관련
	공사·용역	
	안전점검	
생활지원	생활분쟁	입주민 주거만족도 제고 및 공동체 활성화 관련
	공동체 활성화	

III. 민원 주요 내용에 대한 시각화

1. 구두 민원

구두 민원의 주요 내용을 key word 위주로 살펴보면 <그림 1>과 같다. “안내”, “관리규약”, “지자체” 등이 가장 빈번하게 등장하는 단어이며, “회계처리”, “장기수선계획”, “장기수선충당금” 등도 빈출 단어인 것으로 보인다. 반면 어떠한 단어가 등장할 때 동반하여 등장하는 단어들, 즉 단어 간 연관성을 시각화한 것이 <그림 2>라고 할 수 있다. <그림 2>를 보면, 관리업자와 사업자 선정 지침은 거의 모든 경우에 동시 발생하는 단어로 보이며, 이 밖에 지자체, 관리규약, 회계처리, 안내 등이 상호 연관성이 높은 단어인 것으로 분석되었다.

그림 1 구두 민원 key word　　**그림 2** 구두 민원 key word 간 연관성

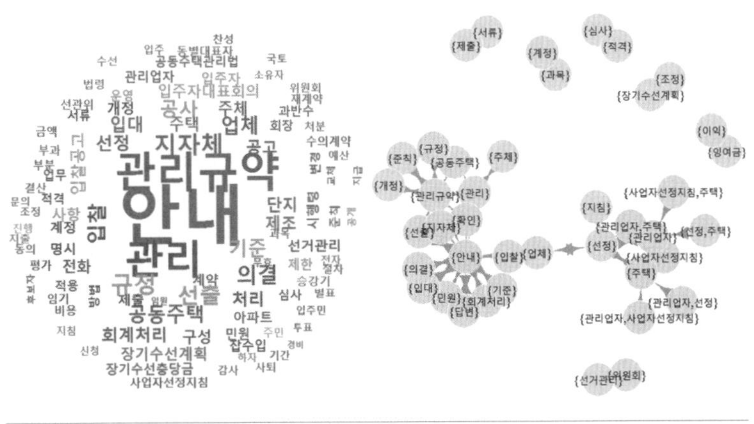

2. 서면 제출 민원

서면 제출 민원의 주요 내용을 key word 위주로 살펴보면 <그림 3>과 같다. “공동주택”, “관리”, “관리규약”, “입주자대표회의”, “공동주택관리법” 등이 가장 빈번하게 등장하는 단어이며, “유권해석”, “선출”, “시행령” 등도 빈출 단어인 것으로 보인다. 반면 어떠한 단어가 등장할 때 동반하여 등장하는 단어들, 즉 단어 간 연관성

을 시각화한 것이 <그림 4>라고 할 수 있다. <그림 4>를 보면, 입주자 - 입주자대표회의 - 공동주택 - 관리로 이어지는 연결고리가 가장 뚜렷한 것으로 해석된다.

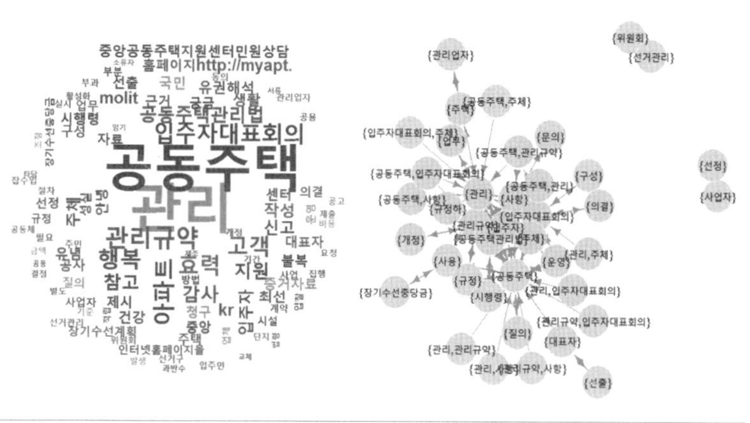

그림 3 서면 제출 민원 key word **그림 4** 서면 제출 민원 key word 간 연관성

Ⅳ. 민원 내용의 범주화

1. 구두 민원

총 9,026건 중 특정 항목으로 분류하기 어려운 988건(10.9%)을 제외한 8,038건을 분석하였으며(표 4), 제외한 988건은 구청 등 관공서 전화번호 문의, 과거에 질의했던 내용의 재문의 등 분석의 의미가 없는 사례들이었다.

표 4 구두 민원의 분류

대분류	중분류	소분류	빈도	비중(%)*
일반행정	입대의 구성·운영	입대의 임원 선출·해임	214	3
		입대의 운영·의결	344	4
		선거관리위원회	343	4
		동별 대표자 선출·해임	**1,014**	**13**
	주택관리업자·사업자	**사업자 선정지침**	**1,573**	**20**
		견적·공사원가 적정성	12	0
		전자입찰	60	1
	관리주체	주택관리업자	478	6
		주택관리사	36	0
	관리규약	관리규약 제정	260	3
		관리규약 개정·신고	134	2
	소 계		4,468	56
회계·감사	관리비	관리비 산정·부과	527	7
		체납관리비 회수·승계	58	1
	잡수입	잡수입의 발생·회계처리	298	4
		잡수입의 사용용도	38	0
	장기수선충당금	장기수선계획 수립·조정	316	4
		장기수선충당금 부과·사용	233	3
	외부감사	**회계처리기준**	**1,144**	**14**
		회계감사기준	16	0
	소 계		2,630	33
시설유지	누수 등 하자	하자보수	125	2
		하자보수 보증금	32	0
	공사·용역	공사·용역의 진행절차	41	1
		공사·용역의 비용부담주체	62	1
	안전점검	안전점검의 범위	152	2
		안전점검의 비용부담주체	55	1
	소 계		467	6
생활지원	생활분쟁	층간소음	147	2
		기타 분쟁(동물사육 등)	90	1
	공동체 활성화	공동체 활성화 프로그램 운영	7	0
		공적지원 서비스 문의	229	3
	소 계		473	6
합 계			8,038	100

분류 결과를 보면, 사업자 선정지침 1,573건(20%), 회계처리기준 1,144건(14%) 등 정부에서 제시한 가이드라인의 해석 · 적용과 관련하여 많은 민원이 발생하였음을 알 수 있다. 정부에서 가이드라인을 제시하였다는 사실은 그만큼 정부의 개입과 정리가 필요한 분야였다는 것을 의미하는 것이다. 그러나 제시한 가이드라인의 구체성이 결여되었거나 현실과의 정합성이 떨어져 타 항목보다 상대적으로 빈번한 민원이 많이 발생한 것으로 풀이된다. 따라서 사업자 선정지침을 비롯한 정부 제시 가이드라인의 정비 및 자세한 해설서 제공이 시급한 것으로 보인다.

동별 대표자 선출 · 해임 관련 민원도 1,014건(13%)으로 상당히 큰 비중을 차지하는 것으로 산출되었다. 동별 대표자는 공동주택관리에 관한 실질적 운영주체가 된다는 점에서, 전문성, 도덕성 등 기본적 자질이 요구된다. 따라서 전문성 및 도덕성을 갖춘 사람이 입주자 중에서 선출될 수 있도록 선거과정이 공정하고 투명하게 이루어져야 할 필요가 있다. 또한 횡령, 배임 등 명확한 비리행위가 발견될 경우 해당 동별 대표자의 지위를 상실시키는 등 결격 요건 등이 구체적으로 규정되어야 할 것으로 보인다.

2. 서면 제출 민원

서면 제출 민원은 대부분 문서의 형태로 문의한 것으로, 일종의 서면 질의에 해당한다. 644건 중 분류가 곤란한 43건을 제외한 601건의 서면 질의내용을 분류한 결과는 <표 5>와 같다.

표 5 서면 제출 민원의 분류

<table>
<tr><th>대분류</th><th>중분류</th><th>소분류</th><th>빈도</th><th>비중(%)*</th></tr>
<tr><td rowspan="12">일반행정</td><td rowspan="4">입대의 구성·운영</td><td>입대의 임원 선출·해임</td><td>17</td><td>3</td></tr>
<tr><td>입대의 운영·의결</td><td>58</td><td>10</td></tr>
<tr><td>선거관리위원회</td><td>17</td><td>3</td></tr>
<tr><td>동별 대표자 선출·해임</td><td>65</td><td>11</td></tr>
<tr><td rowspan="3">주택관리업자·사업자</td><td>사업자 선정지침</td><td>91</td><td>15</td></tr>
<tr><td>견적·공사원가 적정성</td><td>0</td><td>0</td></tr>
<tr><td>전자입찰</td><td>0</td><td>0</td></tr>
<tr><td rowspan="2">관리주체</td><td>주택관리업자</td><td>42</td><td>7</td></tr>
<tr><td>주택관리사</td><td>4</td><td>1</td></tr>
<tr><td rowspan="2">관리규약</td><td>관리규약 제정</td><td>45</td><td>7</td></tr>
<tr><td>관리규약 개정·신고</td><td>9</td><td>1</td></tr>
<tr><td>소 계</td><td></td><td>348</td><td>58</td></tr>
<tr><td rowspan="9">회계·감사</td><td rowspan="2">관리비</td><td>관리비 산정·부과</td><td>58</td><td>10</td></tr>
<tr><td>체납관리비 회수·승계</td><td>1</td><td>0</td></tr>
<tr><td rowspan="2">잡수입</td><td>잡수입의 발생·회계처리</td><td>36</td><td>6</td></tr>
<tr><td>잡수입의 사용용도</td><td>4</td><td>1</td></tr>
<tr><td rowspan="2">장기수선충당금</td><td>장기수선계획 수립·조정</td><td>19</td><td>3</td></tr>
<tr><td>장기수선충당금 부과·사용</td><td>29</td><td>5</td></tr>
<tr><td rowspan="2">외부감사</td><td>회계처리기준</td><td>15</td><td>2</td></tr>
<tr><td>회계감사기준</td><td>3</td><td>0</td></tr>
<tr><td>소 계</td><td></td><td>165</td><td>27</td></tr>
<tr><td rowspan="7">시설유지</td><td rowspan="2">누수 등 하자</td><td>하자보수</td><td>8</td><td>1</td></tr>
<tr><td>하자보수 보증금</td><td>7</td><td>1</td></tr>
<tr><td rowspan="2">공사·용역</td><td>공사·용역의 진행절차</td><td>11</td><td>2</td></tr>
<tr><td>공사·용역의 비용부담주체</td><td>0</td><td>0</td></tr>
<tr><td rowspan="2">안전점검</td><td>안전점검의 범위</td><td>41</td><td>7</td></tr>
<tr><td>안전점검의 비용부담주체</td><td>0</td><td>0</td></tr>
<tr><td>소 계</td><td></td><td>67</td><td>11</td></tr>
<tr><td rowspan="5">생활지원</td><td rowspan="2">생활분쟁</td><td>층간소음</td><td>0</td><td>0</td></tr>
<tr><td>기타 분쟁(동물사육 등)</td><td>18</td><td>3</td></tr>
<tr><td rowspan="2">공동체 활성화</td><td>공동체 활성화 프로그램 운영</td><td>0</td><td>0</td></tr>
<tr><td>공적지원 서비스 문의</td><td>3</td><td>0</td></tr>
<tr><td>소 계</td><td></td><td>21</td><td>3</td></tr>
<tr><td colspan="3">합 계</td><td>601</td><td>100</td></tr>
</table>

서면 민원의 분류 결과를 보면, 사업자 선정지침 관련 질의가 15%로 가장 많은 비중을 차지하고 있다. 따라서 이 지침을 보다 구체화시키고 현실 여건과의 정합성을 높일 필요가 있어 보인다. 동별 대표자 선출·해임 관련 민원이 두 번째로 높은 비중을 차지하고 있으며(11%), 구두 민원의 경우와 마찬가지로 동별 대표자 선거과정의 투명화, 결격 요건의 신설 등이 필요한 것으로 보인다. 이 밖에 입주자대표회의 운영 및 의결, 관리비 산정·부과 관련 질의가 각 10%를 차지하는 것으로 분석되었다.

V. 결론

아파트 민원의 체계적 분석과 분류를 위해 중앙공동주택관리지원센터에 접수된 전화 및 서면 상담 내용을 본문에서 순차적으로 살펴보았다. 전화 상담, 즉 구두 민원은 9,026건의 내용을, 서면 상담, 즉 서면 민원은 644건의 내용을 검토하였다.

검토 결과, 사업자 선정지침의 해석과 적용을 둘러싼 민원 질의가 가장 많았다. 또한 「공동주택관리법」이나 관리규약의 해석, 회계처리기준의 적용 등과 관련된 질의도 상당수 있었는데, 이러한 민원들은 모두 정부가 제정한 규정 내지 지침의 해석으로 요약할 수 있다. 따라서 정부는 제반 규정과 지침들을 보다 구체화시키고 현실 여건에 부합되지 않는 사항은 실무와의 정합성을 높일 수 있도록 개정할 필요가 있다.

또한 이러한 지침 관련 민원은 주로 관리주체나 입주자대표회의 측에서 문의한 경우가 많았다. 즉 입주자가 특정 지침의 유권해석을 명시적으로 요청한 경우는 드문 편이며, 관리업무를 직접적으로 수행하는 관리주체와 입주자대표회의가 민원 제기의 주요한 주체였다고 할 수 있다. 따라서 이들을 대상으로 사업자 선정지침, 아파트 관리비 회계처리기준 등 정부 제정 지침에 대해 교육 및 홍보활동을 체계적으로 전개할 필요가 있다. 이러한 교육 및 홍보를 통해 민원 제기량 자체를 줄일 수 있을 뿐 아니라, 관리업무를 수행하는 주체들이 보다 효율적이고 투명한 주택관리 서비스를 제공할 수 있을 것으로 판단된다.

참고문헌

조세환 · 이명훈 · 조현길 · 김인호 · 안승홍 · 오정학(2013), 아파트 단지 조경사업에서 발생하는 민원 특성 분석－민원의 공공성과 조치용이성 분석을 중심으로, 한국조경학회지, 41(5), pp. 78－90

권명희 · 김선중(2013), 아파트 입주자의 민원유형분석. 한국주거학회 학술대회논문집, pp. 303－307

권명희 · 김선중(2017), 울산지역 임대아파트 입주자의 민원 유형 분석. 대한건축학회연합논문집, 19(1), pp. 313－320

중앙공동주택관리지원센터 http://myapt.molit.go.kr

CHAPTER

04

입주민 생활분쟁과 해결사례

— 유나연, 전주 흥건삼천2차아파트 관리사무소장 —
(데일카네기 트레이닝 강사)

CHAPTER 04

입주민 생활분쟁과 해결사례

— 유나연, 전주 흥건삼천2차아파트 관리사무소장 —
(데일카네기 트레이닝 강사)

Ⅰ. 서론

2016년 통계청에서 실시한 인구주택 총 조사 결과에 따르면 우리나라는 전국민의 약 75%가 아파트나 연립, 다세대 주택 등과 같은 공동주택에 거주하는 것으로 나타났다. 우리 국민의 절대 다수가 공동주택에 거주하면서 그만큼 공동주택에서 발생하고 있는 분쟁들 또한 다양화되어 가고 있는 추세이다. 분쟁의 종류로는 사업주체와 입주민 간 하자분쟁, 분양단지와 임대단지가 혼합되어 있는 혼합주택단지의 분쟁, 입주자대표회의 간 또는 공동주택관리기구와의 관리분쟁, 입주민들 간의 생활분쟁 등을 들 수 있다.

이렇듯 공동주택에서 발생하고 있는 다양한 분쟁들은 공동주택만의 특수성이 그 원인일 것이다. 그중 몇 가지로는 첫째, 공동주택은 인접세대와 벽을 공유하고 위·아래층 간에 바닥과 천장을 공유하는 구조적 특성을 지니고 있다. 둘째, 주차장·관리사무소·경비실 등을 비롯한 부대시설과 어린이 놀이터·유치원·경로당·주민공동시설 등의 복리시설을 공유하고 있다. 셋째, 개개인별로 살아온 생활

방식과 문화가 다른 불특정 다수의 사람들이 거주하고 있다. 넷째, 개인주의가 팽배해지면서 인간소외 현상과 함께 입주민 간의 대화 단절로 인한 원만한 의사소통 및 공동체 의식의 부재가 있다. 마지막으로 집단이기주의로 인한 입주민 간의 이해와 배려의 부족 등을 들 수 있다.

공동주택만의 특수성으로 발생하는 분쟁들 가운데에는 입주민들 간에 일어나는 생활분쟁이 포함되어 있다. 우리들의 실생활 중 가장 기초적인 부분에서 발생하고 있는 생활분쟁은 개인 삶의 질 향상에 많은 영향을 미치고 있으며, 그 정도에 따라 입주민 간의 폭행, 방화, 살인 등으로 이어지는 심각한 사회적 문제로까지 대두되고 있다.

본 장에서는 이러한 공동주택에서 발생하는 생활분쟁의 유형을 알아보고, 원만한 해결방안을 다음의 몇 가지 사례를 통해서 모색해 보고자 한다.

Ⅱ. 생활분쟁의 유형 및 사례

1. 층간소음으로 인한 분쟁

층간소음으로 인한 생활분쟁은 공동주택에서 발생하는 생활분쟁 가운데 가장 많은 부분을 차지한다고 해도 과언이 아닐 것이다. 그뿐만 아니라 계속하여 관련 분쟁이 증가하고 있음을 다음의 국가소음정보시스템에 접수된 층간소음 민원의 접수 건을 살펴보면 알 수 있다.

접수현황에 의하면 2012년 8,795건으로 시작된 층간소음과 관련된 민원은 2017년에는 22,849건이고, 2018년 3월까지의 전체누적 접수를 포함하면 119,550건에 달할 정도로 층간소음에 대한 민원이 계속하여 급증하고 있는 추세이다. 분쟁의 증가만큼 현대인들의 삶의 질에 많은 영향을 미치고 있다고 할 수 있다.

표 1 전화상담 및 현장진단 · 측정 접수현황(총괄표)('18.3.31. 기준)

구분		계	전화상담		현장진단 · 측정	
			콜센터 접수분	온라인 접수분	접수	처리
누계	건수	119,550	90,574	28,976	33,648	30,008
	비율(%)	100.0	75.8	24.2	28.1	25.1
'12년		8,795	7,021	1,774	1,829	728
'13년		18,524	15,455	3,069	3,271	2,620
'14년		20,641	16,370	4,271	4,465	4,617
'15년		19,278	15,619	3659	4,712	5,000
'16년		19,495	14,204	5,291	6,306	5,741
'17년		22,849	14,828	8,021	9,225	8,667
'18년	소계	9,968	7,077	2,891	3,840	2,635
	1월	4,062	2,923	1,139	1,546	1,071
	2월	3,079	2,115	964	1,260	707
	3월	2,827	2,039	788	1,034	857
	비율(%)	100.0	72.1	27.9	36.6	30.3

출처: 국가소음정보시스템

층간소음은 「공동주택 층간소음의 범위와 기준에 관한 규칙」 제2조(층간소음의 범위)에 의하면, 입주자 또는 사용자의 활동으로 인하여 발생하는 소음으로서 다른 입주자 또는 사용자에게 피해를 주는 직접충격 소음과 공기전달소음으로 구분하였다. 다만, 욕실, 화장실 및 다용도실 등에서 급수·배수로 인하여 발생하는 소음은 제외하였다.

직접충격 소음과 공기전달소음을 세분화하면, 직접충격 소음으로는 발걸음 소리, 물건 떨어뜨리는 소리, 가구, 의자 등을 끄는 소리 등으로 나타났으며, 공기전달 소음으로는 대화소리, 생활기기소음(세탁기, 청소기, TV와 같은 가전제품 소음 및 전화벨 등), 생활소음(주로 창문 개·폐 소리와 집안 정리 소리, 가사작업소리), 급배수설비 소음(화장실 물 내리는 소리와 샤워하는 소리, 주방 물 사용 소리 등)으로 나타났다(신재민 외, 2015).

다음은 이러한 층간소음으로 인한 공동주택에서 발생한 몇 가지 분쟁사례를 들어봄으로써 층간소음으로 인한 분쟁이 사회적으로 미치는 영향에 대해 살펴보고자 한다.

사례 1 강남 오피스텔 입주자, 경비원 2명 살해…"층간소음 민원 제기. 환청 들려"

20대 남성 입주자가 서울 강남 오피스텔에서 경비원 2명을 흉기로 살해하는 사건이 발생했다. 이에 경찰은 정신질환에 따른 범행 가능성을 조사 중이다. 서울 수서경찰서는 27일 자신이 거주하는 오피스텔의 경비원 2명을 흉기로 찔러 숨지게 한 혐의(살인)로 강 모(28) 씨를 조사 중이라고 밝혔다.

경찰에 따르면 강 씨는 지난 26일 오후 9시께 강남구 세곡동 오피스텔 지하의 관리사무소를 찾아가 경비원 A(65), B(64) 씨를 흉기로 살해한 혐의를 받는다. 범행 후 강 씨는 오후 10시 20분께 오피스텔에서 750m 가량 떨어진 파출소를 찾아가 "사람을 죽였다"고 자수해 경찰에 긴급 체포됐다. 강 씨는 파출소에 갈 때 범행에 사용한 흉기를 가방에 넣어 가져간 것으로 알려졌다. 경찰 조사에서 강 씨는 "정신병으로 약을 먹어왔다"며 "환청이 들린다. 위층에서 소리가 들린다" 등 일관성 없는 진술을 한 것으로 전해졌다. 경찰은 층간소음으로 민원을 제기한

적이 있다고 주장하는 강 씨에 진술에 따라 문제가 해결되지 않는 것에 불만을 품고 경비원들을 해쳤는지에 대해서도 조사했으나 경찰 관계자는 "확인 결과, 강 씨 세대는 소음과 관련한 민원을 한 적이 없는 것으로 파악됐다. 진술의 신빙성을 조사하고 있다"고 말했다. 현재 경찰은 강 씨와 주변 인물 등을 대상으로 범행동기를 조사하는 한편, 국민건강관리공단과 가족 등을 통해 그의 정신병력 여부를 확인하고 있다.

출처: 경인일보, 2018.5.28.

이 사건은 이웃 간의 층간소음으로 인해 죄 없는 경비원 두 명이 목숨을 잃은 안타까운 사건이다. 층간소음으로 일어난 분쟁은 이제 당사자들 간의 문제가 아니라 중재를 하는 제3자에게까지 위협이 되고 있는 것을 알 수 있다.

사례 2 "층간소음 시끄럽다"… 위층 주민에 흉기 휘둘러

서울 양평동의 한 아파트 아랫집 여성 권모씨가 윗집 남성 이모씨에게 흉기를 휘둘렀습니다. 층간소음을 이유로 들었는데요. 권씨는 정신과 병력이 있고, 평소에도 동네에서 자주 소동을 일으킨 것으로 전해집니다.

출처: 윤해웅, TV조선, 2018.2.15.

사례 3 '층간소음의 오해'… 이웃집 창문에 돌 던진 40대 징역형

다른 집에서 발생한 층간소음을 착각해 또 다른 이웃집 창문을 향해 벽돌을 던진 혐의 등으로 기소된 40대에게 징역형이 선고됐다.

인천지법 형사15부(허준서 부장판사)는 특수재물손괴 및 특정범죄가중처벌법상 보복 협박 등의 혐의로 기소된 A(48)씨에게 징역 1년 6월에 집행유예 3년을 선고했다고 18일 밝혔다.

A씨는 2016년 10월 인천시 서구에 있는 이웃 B(44·여)씨 집을 찾

아가 현관문을 발로 수차례 차고 창문을 향해 벽돌을 던져 유리창을 깨트린 혐의 등으로 기소됐다. 그는 다른 집에서 발생한 층간소음을 잘못 듣고 B씨의 집에 찾아가 행패를 부린 것으로 조사됐다.

재판부는 "피고인은 이전에도 폭력범죄 등으로 처벌받은 전력이 상당히 많음에도 재차 범행했다"면서도 "범행을 인정하며 반성하고 있고 B씨와 그의 아들에게 형사합의금으로 1천900만 원을 지급한 점 등을 고려했다"고 양형 이유를 밝혔다.

출처: 손현규, 연합뉴스, 2018.2.18.

이상과 같이 공동주택에서 일어나는 층간소음으로 인한 분쟁은 다양한 형태의 사회적인 문제로까지 나타나고 있으나, 그 해결책을 찾기란 쉽지 않다. 이러한 상황에서 층간소음의 현명한 해결책을 제시한 사례가 있어 소개하고자 한다.

사례 4 층간소음의 현명한 해결책

"위층이에요. 이사를 왔는데 인사를 못 드려서요. 우리 아이들이 셋이라 좀 뛰어 다닐 텐데 양해 좀 부탁드릴게요."

새로 입주를 한 후 얼마 지나지 않아 위층 세대도 이사를 왔다. 며칠 후 키 크고 인상 좋게 생긴 아이 엄마와 아이들이 떡을 가지고 우리 집을 방문했다.

"아니에요. 괜찮아요. 아이들이 다 그렇죠, 뭐! 맘껏 뛰어 놀게 하세요."

그 말과 함께 세대로 돌아간 아이들은 마구 뛰어다니기 시작했다. 그때 신랑은 이렇게 말했다. "이제 대놓고 막 뛰네… 조금만 뛰라고 하지 그랬어.", "그럴 걸 그랬나?" 우리 집도 아이가 벌써 둘이었기 때문에 우리 부부는 다 이해하고 넘어가기로 했다.

결혼을 하면서 아이에 대한 계획이 없었던 우리는 위층에서 발생하는 층간소음을 피하고자 최상층 세대로 입주했다. 그러나 결혼을 하고 일 년 만에 첫아들을 낳게 되었다. 6개월 만에 둘째를 임신했다. 또 아들이었다. 사내아이만 둘이 되다 보니 이제 아래층과 층간소음이 발생할 것은 불을 보듯 자명한 일이었다. 고민 끝에 층간소음을 포기를 하고 아이들을 위해 1층으로 이사를 했다. 아이가 셋이나 되는 위층을 만나리라고는 생각도 못했지만 말이다. 똑같이 아이를 키우는 입장에서 위층 아이들이 뛰어 노는 것에 눈치 보게 하고 싶지는 않았다.

그러다 몇 개월이 지나 엘리베이터에서 우연히 위층 아이들과 엄마를 다시 만나게 되었다. "안녕하세요." 반갑게 인사를 하고는 장난삼아 "너희들 조금만 뛰어."라고 했다. 그랬더니 엄마의 반응이 "거봐, 조금만 뛰라고 했지?" 하면서 죄송하다고 하는 것이다. '아이고, 실수했구나!' 싶었다. "아니에요. 그냥 해본 소리예요. 괜찮아요."라고 말을 했지만 미안한 마음이 들었다.

신랑은 이후 "이왕 봐주기로 한 거 그냥 두지 뭘 또 얘기를 해."라고 하는 것이다. 난 그저 그냥 장난치듯 한 것인데 괜한 소리를 했다는 생각을 지울 수는 없었다.

그 뒤로도 위층 세대는 미안한지 가끔 전을 부쳐서 가져오기도 하고 빵을 사오기도 했다. 괜찮다고 신경 안 쓰셔도 된다는 얘기를 여러 번 했는데도 마음이 편하지 않은 모양이었다. 이렇게 노력하는 위층에 또 다시 층간소음에 대해서 말할 수는 없다. 현실적으로 불가능한 것에 대한 집착을 버리기로 했다. 오히려 소통하기 위해 노력해 주는 모습에 미안하고 고마운 마음이 들었다.

출처: 유나연, 2017

사례 5 설 명절, 어느 아파트 윗집과 아랫집의 아주 특별한 선물

내포신도시에 소재한 한 아파트 1501호 현관 앞에 손 편지와 함께 명절선물이 놓여 있다.

"안녕하세요. 1601호입니다. 아이들이 아직 어려서 많이 시끄러울텐데 넓은 마음으로 이해해 주셔서 감사히 지내고 있습니다. 올 한해 행복하시고 새해 복 많이 받으세요! 감사합니다."

이를 받아 본 아랫집 주민은 되려 남을 배려하는 모습이 멋지다며 답례로 손 편지와 함께 명절 선물을 현관 앞에 살며시 두고 내려왔다.

"안녕하세요. 1501호입니다. 신경써주셔서 죄송하네요! 감사인사 드리려고 인터폰을 할까 하다가 오랜만에 받아 본 편지탓에 저도!^^ 아이들이 인사도 잘하고 밝게 잘 자라는 것 같아요. 너무 신경 안 쓰셔도 됩니다. 새해 복 많이 받으세요!^^ 즐겁고 행복한 한 해 되셔요!^^"

손 편지에는 윗집 주민이 층간소음에 대해 배려해 주는 아랫집에 감사한 마음을 전하기 위한 내용이 담겨 있었다.

이웃사촌 층간소음 문제를 서로에 대한 이해와 배려로 이웃 간에 정겹게 살아가는 이들이 있어 명절연휴 끝자락을 더욱 훈훈하게 하고 있다.

이웃사촌 아랫집 주민은 "처음 이사 왔을 때는 아이들이 뛰어다니는 소리에 관리실에 민원을 넣은 적도 있지만 저 어릴 적 논이며 밭으로 뛰어다니며 놀았는데 요즘 아이들은 아파트라는 답답한 공간에서 마음껏 뛰어놀지 못한다고 생각하니 화가 나기보다는 이해가 되더라"고 말하며 환한 미소를 짓는다.

출처: 이은주, 오마이뉴스, 2018.2.18.

층간소음은 조금만 주의를 기울여도 많이 완화할 수 있다. 예를 들어 발걸음 소리가 울린다고 하면 슬리퍼를 착용하는 것, 의자 긁힘의 소음은 의자 다리에 충격완화 장치를 부착하는 것, 문 닫는 소리는 천천히 조심해서 닫아주는 것, 아이들이 있는 집에서는 충격완화 매트를 깔아주는 것과 더불어 밤 10시 이후에는 조심스럽게 행동하는 것 등이 있을 수 있다. 물론 이렇게 한다고 하더라도 층간소음을 완전히 해소할 수는 없겠지만 노력해 주어야 하는 부분이다. 더불어 아래층에서는 지속적이지 않은 잠깐의 소음에 대해서는 이해해주는 아량도 필요하다(유나연, 2017).

층간소음을 해결하기 위해 환경부에서 주관하고 한국 환경 공단에서 운영하는 층간소음 이웃사이센터에서 무료로 소음을 측정하고 층간소음 해결하기 위해 노력해 준다고는 하지만 근본적인 해결책을 찾기란 쉽지 않을 것이다(유나연, 2017).

실제로 필자가 근무하는 아파트에서 층간소음 이웃사이센터의 도움을 받고자 했던 사례가 있었으나 문제해결 이전에 제3기관의 개입을 불쾌하게 생각한 위층세대에서 적대적인 감정을 드러냄으로써 더 관계가 악화된 사례가 있기도 하다.

아파트는 불특정 다수가 거주하고 있는 곳이지만 내면 깊숙이 들어가 보면 그 안에 정을 담고 살아가고 있다(유나연, 2017). 그 때문에 위의 사례에서 알 수 있듯이 위·아래층 간의 층간소음을 해소할 수 있는 가장 좋은 방법은 제3기관의 개입보다는 서로 간에 배려와 이해가 필요하다고 본다.

100% 층간소음을 없앨 수는 없다. 결과적으로 누군가의 노력이 필요하다. 피해를 주는 세대와 받는 세대가 있을 것이다. 그러한 경우 피해를 주는 세대에서 층간소음 최소화와 지속적으로 소통하기 위한 노력을 해 보면 어떨까 한다. 웃는 얼굴에 침 못 뱉는다고 했다. 엘리베이터에서 만나면 반갑게 인사하고 서로 소통하기 위해 노력한다면 의외로 간단하게 해결될 수 있는 부분이 층간소음일 수도 있다(유나연, 2017).

구조적인 부분에 있어서의 노력도 필요할 것이다. 신축 공동주택에는 바닥구조의 기준 두께를 두껍게 하거나 일정한 바닥충격음 차단성능 등의 보완이 있을 수 있다. 그러나 기존의 공동주택의 구조적 해결이 불가능하다면 입주자 개개인이 그 바닥충격음 차단을 위해 노력해야 할 것이다.

2. 흡연으로 인한 분쟁

공동주택에서 흡연으로 제기되는 갈등은 층간소음 못지않게 급증하고 있는 추세이다. 특히나 창문을 열고 생활하는 여름이면 공동주택에서는 한 달에 여러 건씩 흡연으로 인한 분쟁이 발생한다. 분쟁이 발생하는 특정 시간대가 없을 정도로 현대인들은 흡연에 민감한 것이 사실이다.

몇 년 전까지만 해도 자기 집 발코니에서 담배를 피우는 것 정도는 용인이 되는 문화였다. 그러나 사회적으로 금연을 적극적으로 권장하기 시작하면서부터 세대 내에서의 흡연 또한 문제가 되고 있는 것이다.

흡연으로 인한 이웃 간의 분쟁이 발생했을 때 관리사무소에서는 그 해결 방법으로 전체 입주민을 상대로 금연 안내문을 부착하거나 또는 방송을 하지만 이것은 근본적인 해결 방법이 될 수는 없다. 좀 더 적극적인 해결노력이 필요할 것으로 보인다.

다음은 아파트 관리사무소로 접수된 흡연으로 인한 민원 해결과정 사례이다.

사례 6 '내 집에서 내가 담배를 피우는 것도 눈치를 봐야 하냐'

몇 년 전 입주민을 상대로 금연에 대한 안내방송을 하고 흡연세대의 민원 전화를 받아야 했다. 흡연세대에서 '내 집에서도 마음대로 담배를 피울 수 없다면 도대체 어디에서 담배를 피우라는 것이냐'며 '내 집에서 내가 담배를 피우는 것도 눈치를 봐야 하냐'며 강력한 항의를 한 것이다.

그 후 전 세대를 대상으로 하는 금연안내방송은 더 이상 하지 않는다. 다른 대안으로 찾은 방법 중의 하나가 해당 민원이 들어온 세대의 윗층과 아래층을 시작으로 그 라인 전 세대에 유선으로 흡연에 대한 유무를 확인하고 민원 사항에 대한 안내를 하고 이에 대한 자제를 부탁하는 것으로 해결하기 시작했다. 이 방법은 실제로 입주민 전체를 상대로 방송을 하고 안내문을 부착하는 것보다 훨씬 좋은 효과를 거두고 있다.

그러나 위의 사례에서 주의할 점이 있다. 절대로 전화를 받는 세대에 단정해서 전화를 해서는 안 된다. "해당 동의 라인에서 민원이 발생했는데 정확히 몇 호에서 발생한지는 모른다. 그래서 그 라인 전체에 전화를 하고 있다"는 식의 방법을 선택해야 또 다른 민원이 발생하지 않을 것이다.

위의 사례에서와 같이 흡연으로 인한 입주민 간의 분쟁이 발생하면 입주민 공동생활구역 내에서의 금연요청 안내문을 게시판에 부착하거나 안내방송을 실시하는 대처 자세는 그로 인한 2차적인 분쟁을 발생시키는가 하면 그 실효성 또한 미흡하였다. 보건복지부에서는 이의 해결을 위하여 「국민건강증진법」에 그 해결방안을 제시하였다.

개정된 「국민건강증진법」 제9조 제5항에 따르면 특별자치시장·특별자치도지사·시장·군수·구청장은 「주택법」 제2조 제3호에 따른 공동주택의 거주 세대 중 2분의 1 이상이 그 공동주택의 복도, 계단, 엘리베이터 및 지하주차장의 전부 또는 일부를 금연구역으로 지정하여 줄 것을 신청하면 그 구역을 금연구역으로 지정하고, 금연구역임을 알리는 안내표지를 설치하여야 한다. 이 경우 금연구역

지정 절차 및 금연구역 안내표지 설치 방법 등은 보건복지부령으로 정하며, 금연구역에서 흡연을 한 자에게는 10만 원 이하의 과태료를 부과한다고 하였다(국민건강증진법 제34조 제3항).

이러한 법 조항이 공동주택 내에서 발생하는 흡연으로 인한 분쟁의 해결책이 되어주기를 기대해 본다.

3. 쓰레기 배출로 인한 분쟁

쓰레기를 버리는 과정에서 발생하는 분쟁 또한 다양하다. 그중 분리수거를 하지 않는 경우, 쓰레기종량제봉투를 사용하지 않는 경우, 음식물 쓰레기를 분리수거할 때 제대로 하지 않음으로 인해 입주민 모두에게 피해가 되는 경우, 또 고층세대에서 화단이나 주차장으로 쓰레기를 무단 투척하는 경우 등 다양한 형태로 나타나고 있다. 다음의 사례들은 쓰레기 종량제를 제대로 시행하지 않는 입주민들을 상대로 해결했던 사례와 고층세대에서 쓰레기를 무단으로 투척했을 때의 위험성과 함께 해결사례를 통해 쓰레기 배출과정에서의 분쟁의 해결책을 찾아보고자 한다.

사례 7 재활용품은 분리수거함에! 일반쓰레기는 규격봉투에!

"소장님 내가 잘못했으니까! 엘리베이터 내부에 있는 사진 좀 떼어주세요. 창피해서 나갈 수가 없어요. 쓰레기를 일부러 그렇게 버린 게 아니고 어쩌다 보니 실수로 그런 것이에요. 다음부터는 잘 버릴 테니 얼른 좀 떼어주세요."

2013년 6월 입주 초부터 문제가 되었던 쓰레기 무단투기를 근절하고자 불법투기 장면을 캡처한 CCTV 현장 사진을 공개하겠다는 안내문을 게시했다. 그리고 실제로 사전에 공고한 대로 7월 1일부터 다음과 같은 안내와 함께 사진을 공개했다.

> 분리수거 없이 쓰레기 무단투기
> CCTV 현장사진 공개(2013.7.1.)
> -주민 여러분의 양해와 협조 거듭 부탁드립니다.

안내문이 게시되는 것에 대해 몇몇 주민들은 '설마 공개하겠어!'라는 생각이었는지도 모르겠다. 대부분의 주민들은 분리수거를 잘 해주었지만 여전히 습관적으로 분리수거를 하지 않거나 규격봉투를 사용하지 않는 세대들이 있었으니 말이다. 물론 어쩌다 실수를 한 분도 있었을 것이다. 실제로 게시한 첫날은 퇴근 후 핸드폰이 빗발쳤다. 실수였다며 엘리베이터 내부에 붙어 있는 사진을 떼어 달라는 주민들의 부탁으로 말이다.

2주일이 넘게 오전 시간 내내 쓰레기 처리장을 돌며 불법 쓰레기를 찾아냈다. 버려진 봉투와 분리수거함을 뒤졌다. 그렇게 찾아낸 불법쓰레기는 사무실로 가져왔다. 어느 세대에서 버렸는지에 대한 단서를 찾아야 했다. 사무실 바닥에 신문지를 깔고 모두 뒤 엎은 다음 장갑을 끼고 일일이 확인 작업을 했다. 그렇게 해서 단서가 발견되면 해당 세대로 전화를 했다. 불법으로 쓰레기를 버리셨다고 이번에는 안내드리지만 다음번에는 신고할 수밖에 없다는 안내를 한 후 버려진 쓰레기는 다시 가져가서 규격봉투에 담아서 버리라고 했다.

버려진 쓰레기봉투에서 아무리 찾아도 단서가 나오지 않는 경우도 있었다. 그런 쓰레기들은 또 몇 시간씩 CCTV를 검색했다. 그렇게 찾아내어 얼굴을 가린 채 엘리베이터 내부에 사진을 공개했다. 망신을 주고자 하는 건 아니었다. 누군가는 당신이 한 일을 알고 있다는 걸 인지시켜 주고 싶었던 생각이었다. 두 번 다시 실수로라도 불법으로 쓰레기를 버리는 일이 없게 하기 위한 목적이었다.

사진을 부착할 때는 음식물 쓰레기를 비닐봉투 채 버리는 사람들도 적발해서 붙였다. 비닐봉투 등을 음식물 쓰레기 수거통에 같이 넣으면 안 된다. 음식물 쓰레기는 다시 작업을 거쳐 동물들이 먹는 사료 등으로 재생산되기도 한다고 한다.

살아 있는 동물에게 비닐봉투가 들어간 사료를 먹일 수는 없지 않겠는가! 그렇다 보니 일일이 누군가가 다시 선별해서 빼내야 한다는 것이다. 버리는 사람이 조금만 주의해 주면 그런 수고로움을 하지 않아도 된다는 말이다.

그뿐만 아니라 음식물 쓰레기를 버릴 때는 물기를 최대한 제거하고 버려야 각 세대에서 부담하는 처리 비용도 줄어들게 되어 있다. 음식물 쓰레기는 그 버려진 양의 무게를 측정해서 비용이 산정되기 때문이다. 미처 생각하지 않고 나 편한 대로만 행동을 하게 되면 우리 집에서 버린 쓰레기로 인해 이웃 주민들의 처리비용이 올라갈 수 있다. 그 사소한 행동 하나가 남에게 피해를 주게 되는 것이다.

음식물 쓰레기와 관련해서는 또 있다. 불법으로 버리지 않겠다고 생각해서 음식물 쓰레기를 일반쓰레기 규격 봉투 안에 넣는 것도 잘못된 행동이다. 음식물 쓰레기를 일반쓰레기 규격봉투에 넣어서 버린 후 처리장에서 적발이 되면 쓰레기를 실은 차량이 진입도 못하고 다시 아파트로 되돌려 보내질 수도 있다. 절대로 음식물을 일반쓰레기 규격봉투 안에 넣어서 버리면 안 된다. 모든 쓰레기는 정확하게 분리해서 버려야 한다.

미처 의식하지 못하고 한 사소한 행동 하나 때문에 다수의 선량한 주민들이 피해를 보게 될 수도 있다.

출처: 유나연, 2017

위 사례처럼 얼굴을 공개할 때에는 초상권침해라는 법적분쟁이 일어날 수 있으니 그 점에 있어서는 주의를 기울여야 하지만 실제로 이후 쓰레기를 불법으로 버리는 세대는 절반 이상 줄어들었다.

사례 8 고층에서 소주병 등 쓰레기 무단투척

10층 세대의 에어컨 실외기 위로 지속적으로 쓰레기가 쌓이기 시작했다. 쓰레기는 실외기 위에만 쌓이는 것이 아니었다. 실외기 위에는 휴지나 가벼운 물건들이 쌓였으나 지상화단으로는 다양한 쓰레기들이 투척되었다.

습관적으로 휴지나 담배꽁초, 가벼운 쓰레기를 창문 밖으로 버리던 세대에서는 이제 배달음식을 먹고 난 잔해물을 비롯하여 음식물과 소주병까지 종류를 가리지 않고 버리기 시작했다. 다행히 쓰레기 투척으로 인한 위험 상황이 발생하지는 않았지만 고층에서 쓰레기를 무단으로 창문 밖으로 던지다 사람이 맞을 경우 운이 없으면 사망에 이를 수도 있다.

이러한 위험을 안고 있는 고층에서의 쓰레기 투척은 절대로 하지 말아야 하는 행동이다. 이 쓰레기 무단투척 세대는 주차장 감시용으로 최상층에 설치되어 있던 감시카메라를 검색한 결과 찾을 수 있었다. 쓰레기를 무단으로 투척한 사람은 13층에 거주하는 고등학생이 부모 몰래 저녁시간 배달음식을 시켜먹거나 술을 마시고 증거 인멸을 위해 창밖으로 쓰레기를 투척한 것으로 확인되었다.

위 사례 이후 더 이상 창문 밖으로 쓰레기를 투척하는 일은 발생하지 않았으나, 전 세대를 대상으로 창문 밖으로 쓰레기를 비롯한 무단 투척행위에 대한 불법성과 위험성에 대하여 지속적인 안내방송과 함께 홍보를 하고 있다.

아래의 사례는 쓰레기를 버린 사례는 아니지만 고층에서는 실수로라도 가벼운 쓰레기 등을 창문 밖으로 투하하면 안 되는 이유에 대해 설명하고자 고층에서 물건이 투하되었을 때의 위험성을 제시하고자 한다.

사례 9 10층서 떨어진 1.5kg 아령, 75kg 충격의 '묻지마 흉기'

2015년 10월 경기 용인에서 50대 여성이 길고양이 집을 만들다 초등학생이 아파트 옥상에서 던진 벽돌에 맞아 숨졌다. 지난해 12월 경기 의정부에서는 고층에서 떨어진 얼음덩어리에 맞아 네 살배기 아이가 응급실로 실려 갔었다. 가장 최근인 지난 19일 낮 12시 50분쯤엔 경기 평택 아파트 10층에서 떨어진 1.5kg짜리 아령에 주차하고 내리던 입주민 A(50·여)씨가 어깨와 등을 맞아 어깨뼈 골절이라는 중상을 입었다. 이튿날엔 충남 천안 한 아파트 단지에서 30㎝ 길이 부엌칼이 느닷없이 아래로 던져졌다.

출처: 이소연, 서울신문, 2018.5.21.

위 사례의 평택 아령 투척사건의 범인은 7세의 어린아이였다. 투척사건이 발생하게 되면 법적인 처벌이 문제가 된다. 그동안 모든 투척사고를 일으킨 가해자를 밝혀냈지만 대부분 14세 미만 청소년이여서 형사적 처벌을 받지 않았다. C양 역시 아령을 고의로 던졌다고 해도 만 10세 미만 '범법소년'에 해당돼 아무런 형사적 처벌을 받지 않는다(서울신문, 2018.5.21.).

형사처벌을 받지 않는다고 해서 민사적 책임마저 없는 것은 아니다. 청소년을 감독할 법적 의무가 있는 가해 청소년들의 부모 등 보호자는 치료비, 위자료 등 일체의 민사상 손해배상을 해야 한다(서울신문, 2018.5.21.).

위의 사례와 같이 고층에서 가벼운 물건을 투하하였을 때도 차량이 파손될 정도의 위험성이 있다. 실제로 충북 청주의 한 아파트 단지에서 초등학생들이 물풍선 낙하 실험을 하다 주차돼 있던 승용차 2대가 파손되었다(KBS NEWS, 2016.1.14.). 가벼운 물풍선도 차량을 파손할 정도의 위험성을 내포하고 있다. 하물며, 소주병 등의 쓰레기를 투하하는 행위는 누군가의 생명까지 위협할 수 있을 정도로 위험한 행동이다.

이러한 행동을 하는 사람들은 정신적으로 문제가 있는 사람이거나 청소년인 경우가 대부분이다. 가정에서 문제가 있는 사람은 적당한 조치를 취해야 할 것이며, 청소년들에게는 쓰레기나 기타 물건 등을 창문 밖으로 투하했을 때의 위험성을 충분히 알려 그러한 행동을 하지 않도록 지속적인 교육이 필요하다고 하겠다.

'나 하나쯤이야'라는 생각으로 쓰레기를 불법으로 버리는 것은 쾌적한 환경에서 생활할 권리가 있는 공동주택에 거주하는 다른 입주자들에게 불쾌감을 심어줄 수 있다. 개인주의를 버리고 스스로 솔선수범하고 이웃을 배려하는 자세가 필요하겠다.

4. 층간 누수로 인한 분쟁

공동주택의 특수한 구조상 우리집 바닥은 아랫집의 천장이다. 그렇다 보니 우리집 화장실 바닥에 설치되어 있는 배관설비에 누수가 발생을 하게 되면 그로 인한 책임소재 분쟁이 일어나기도 한다. 다음 사례는 위·아래층간에 일어날 수 있는 구분소유와 책임소재에 관한 사례이다.

사례 10 화장실 바닥 설비는 내 것이다.

"우리 아랫집 화장실 천장으로 누수가 된다는데 관리사무소에 연락을 했더니 나더러 공사를 하라는 거야. 이게 말이 돼? 우리 집도 아닌데 내가 누수가 되는지 어떻게 아느냐 말이야. 내가 공사해야 되는 거야?"

평소 잘 알고 지내던 친한 언니에게 연락이 왔다. 아랫집 화장실 천장으로 누수가 되는데 그걸 왜 본인이 해야 하느냐고 묻는 것이다. 관리사무소에서 처리를 하는 것이 맞지 않느냐고 물어왔다. 언니는 집을 본인이 짓지도 않았고 더군다나 화장실 배수배관은 눈에 보이지도 않는다는 것이다.

많은 사람들이 공통된 생각을 하고 있을 것이다. 집은 사업 주체에서 지었고 내 눈에도 안 보이고 또한 우리 집에는 피해가 전혀 없는데 '내가 왜?'라고 생각하는 사람들이 많을 것이다. 그러나 아파트도 우리가 사서 쓰는 가전제품이나 자동차 등과 똑같이 생각해보면 답이 나온다. 우리가 사용하는 가전제품에는 A/S 기간이라는 것이 있다. 품목에 따라 1년, 2년, 3년 등 다양하다.

언니에게 나는 이렇게 답변해주었다.

"언니가 공사해야 하는 게 맞아. 이유를 간단하게 설명해줄게. 언니 집에서 냉장고랑 세탁기 등 가전제품 구입해서 사용하지? 그때 운이 좋으면 10년을 사용해도 고장이 없지만 정말 운이 없을 때는 무상서비스 기간이 딱 지나고 고장이 나는 경우가 있잖아. 냉장고랑 세탁기를 언니가 만든 것도 아니고 그 안에 있는 부품이 눈에 보이는 것도 아닌데? 고장 났을 때는 어떻게 해?"

"내 돈 들여 A/S 받지"

"그래, 그렇지. 뭐 A/S 기간이 딱 지나고 고장이 나면 좀 억울한 경우도 있긴 하지만 어쨌든 내가 내 돈으로 고칠 수밖에 없거든. 아파트도 똑같아. 내가 짓지도 않았고 눈으로 보이지도 않지만 화장실 바닥에 붙어 있는 배관은 내가 사용하는 내 것이지. 그래서 공정별로 하자 보수 기간이라는 게 있는데 설비파트는 보통 2년 정도 되거든. 그런데 언니 아파트는 입주한 지 꽤 지났잖아. 하자 보수 기간이 지났을 거야. 그래서 언니가 부담해야 되는 거야…."

"그러게. 듣고 보니 그 말이 맞긴 한데. 좀 억울하긴 하다."

출처: 유나연, 2017

보이지 않는 곳이라고 해서 내 것이 맞긴 하지만 고치지 않겠다? 이런 일은 있을 수 없다. 그로 인해 이웃주민이 피해를 볼 수도 있기 때문에 반드시 수리를 해야 한다. 아파트는 많은 사람들이 함께 살아가는 공동체 공간이다. 정확히 알고 나도 남도 피해 보는 일이 없도록 서로 배려하며 더불어 살아가야 한다(유나연, 2017).

5. 반려동물로 인한 분쟁

최근 애완동물에 대한 관심이 증가하면서 애완동물을 가족의 일원이라 하여 반려동물이라 부르고 있다. 공동주택 내에서 반려동물들을 사육하는 세대가 증가하면서 그에 따른 다양한 문제들이 발생되지만 법적제재나 규제가 없기 때문에 그 피해는 공동주택에 거주하는 입주민들의 몫이 되고 있다.

공동주택에서 반려동물이 주는 피해로는 시간대를 구분하지 않고 짖어대는 반려견으로 인한 소음문제, 화단 등 공공의 장소에 무분별한 배설물 방치, 사람에 대한 공격과 함께 발정기를 맞은 반려묘들의 짝 찾는 소음도 이웃주민에게 피해를 주고 있다.

반려동물로 인한 사고 역시 상당한 것으로 드러났다. 한국소비자원에 따르면 대표적인 '물림' 사고의 경우 2014년 676건, 2015년 1,488건, 2016년 1,019건 접수된 것으로 나타났다. 2016년 감소했지만 1,000건 이상이다. 현행 동물보호법상 반려동물 외출 시 목줄 등 기본적인 안전조치를 해야 한다. 배설물 수거 역시 의무지만 제대로 지켜지지 않고 있는 게 현실이다(NEWS POST, 2017.8.31.).

다음은 목줄을 하지 않은 반려견에 의해 발생한 실제 피해사례이다.

사례 11 한일관 대표, 목줄 안 한 이웃집 프렌치불독에 물려 패혈증으로 사망

20일 JTBC에 따르면 서울 신사동 소재 한일관 대표인 김모씨는 지난달 30일 압구정동 모 아파트에서 이웃이 기르는 개에 물린 지 사흘 만에 숨졌다. 보도에 따르면 당시 김씨는 가족 2명과 함께 타고 있었지만 엘리베이터 문이 열리자마자 목줄을 하고 있지 않던 이웃집 프렌치 불독에 정강이를 물렸다. 김씨는 이후 병원 치료를 받았지만 결국 패혈증으로 숨진 것으로 전해졌다. 유족들은 법적 대응을 준비 중인 것으로 알려졌다.

출처: 서울신문, 2017.10.20.

위와 같은 사건이 발생하게 되면 실제 견주는 법적 책임을 면하기 힘들어 보인다. 다음 사례는 반려견의 물림사고에 대한 견주의 법적책임사례이다.

사례 12 반려견의 물림사고에 대한 견주의 법적책임

1. 주인과 산책하던 반려견이 행인에게 갑자기 달려들어 전치 6주 진단 사고
   - 입마개 등 안전조치 주의의무 불이행으로 벌금 400만 원 선고
2. 카페에서 키우는 개가 손님을 물어 다치게 한 경우
   - '개조심' 문구 부착 미이행 등 부주의로 벌금 100만 원 선고
3. 맹견이 집 근처를 지나던 주민을 문 경우
   - 해당 맹견의 기질에 대한 주의의무 불이행으로 금고 1년 6개월 선고 후 법정구속
4. 목줄이 풀려 지나던 여성을 문 경우
   - 형사처벌과 별도로 치료비 지급판결
5. 사유지에서 행인을 물어 전치 6주 상해 발생
   - 1심은 벌금형, 2심은 피해자 주의의무 불이행으로 과실이 크다며 무죄선고

출처: 강아지와 자유인의 행복공간, 2017.11.1. http://wdfpark.tistory.com/1667

위의 사례처럼 법적인 책임이 발생하는 부분만을 의미하는 것은 아니다. 반려동물에 대한 생활분쟁을 해소하기 위해서는 먼저 반려견을 사육하는 소유주는 소음으로 야기될 수 있는 이웃 간의 분쟁이 발생하지 않도록 주의하고, 공공장소에서의 책임감 있는 배설물 수거, 목줄착용과 입마개 등 보호자들이 자발적으로 안전조치를 취하여 가족처럼 사랑하고 아끼는 만큼 반려동물의 행동에 대한 책임감을 가져야 할 것이다.

6. 주차로 인한 분쟁

한정되어 있는 주차공간에 늘어나는 입주민들의 차량으로 인한 주차문제는 앞으로 더 심각해질 것으로 예상된다. 그런 과정에서 주차문제를 어떻게 하면 현명하게 해결할 것인가는 앞으로 우리 사회의 큰 과제로 남을 것이다.

다음의 사례는 타인을 배려하는 주차문화에 대해서 소개하고자 한다.

사례 13 타인을 배려하는 주차문화

"어제 저녁 전기실 앞 통로에 주차한 차량 때문에 민원이 많이 들어왔다고 합니다. 주민들이 소장님, 회장님 전화번호를 물어 오시는 분들이 많았다고 하네요."

2014년 12월 어느 겨울날 아침 출근길부터 많이 춥겠다는 것이 예상되었다.

본격적인 추위에 눈까지 내리기 시작했다. 아침 8시 35분 사무실로 들어서자마자 전일 당직근무자에게 인수인계를 받은 교대근무자가 투덜대고 있었다. 누군가 지하주차장에 또 개념 없이 주차를 했다. CCTV

를 검색해보니 주차를 해서는 안 되는 통로를 가로막았다. 그것도 늦은 시간도 아닌 저녁 7시 38분에 주차를 하고 올라가는 것이 확인이 되었다. 그 이후 다수의 민원이 접수되었고, 당직근무자는 이동주차를 요구하는 전화를 여러 차례 했다는 것이다.

그러나 차는 다음 날 아침 7시 30분이 넘어서야 이동을 했다. 그 사이 관리사무소에는 다수의 민원이 접수되었으니 직원들의 고생이 눈에 훤했다. 전기실 앞을 가로막으면 좌에서 우로 우에서 좌로 이동을 하려는 차들이 전혀 통행을 하지 못하게 된다. 앞으로 직진을 할 수 없으니 후진을 해서 돌아서 다른 쪽 라인으로 넘어가야 하기 때문에 절대로 주차를 하여서는 안 되는 위치이다.

그런데 해당 주민은 자신의 편의를 위해 다른 사람들의 불편쯤은 모른 채 한 것이다.

한 사람의 이기적인 생각으로 인해서 많은 입주민들이 불편을 겪었을 것은 불 보듯 자명한 일이다. 아무리 하찮은 일이라 하더라도 입주민들이 협조해주지 않는다면 관리사무소에서는 어찌할 방법이 없다. 출근하자마자 민원을 해결해야 했다. 전화번호를 물어 온 주민들에게 전화를 걸어 상황을 설명해야 했다. 우리의 입장을 이해해 주셔서 다행이었지만 그렇지 않았다면 그냥 변명에 지나지 않았을 것이다.

한겨울철에는 아파트 지하주차장은 늘 전쟁이다. 차량 한 대 주차할 수 있는 공간만 있으면 너나 할 것 없이 지하주차장에 주차하려 하기 때문이다.

주차를 할 때도 반드시 지켜져야 하는 몇 가지 원칙이 있다. 다른 차량의 이동에 방해가 될 만한 곳은 절대 주차를 해서는 안 된다. 예를 들어 지하주차장 입구라든지 통로 입구에는 절대 주차를 해서는 안 된다. 안전에 많은 영향을 미치기 때문이다.

출처: 유나연, 2017

위의 사례에서처럼 나의 잘못된 행동 하나로 인하여 다른 다수의 입주민들이 불편을 호소할 수 있다. 지정된 주차구역 외에 주차를 할 때에는 반드시 타인의 입장을 먼저 고려해야 할 것이다.

7. 생활분쟁의 확대로 인한 2차 분쟁

입주민 간의 분쟁이 원만하게 해결되지 않을 경우에는 2차적인 분쟁이 발생했을 때 그의 해결을 더욱더 어렵게 만드는 경우들이 있다. 아래의 사례는 위·아래층간에 층간소음으로 인한 분쟁이 원만하게 해결되지 않아 2차 층간 누수가 발생했을 때 대화의 단절과 함께 끝내는 아래층 세대에서 이사라는 극단적인 결과를 선택한 사례이다.

사례 14 층간소음의 분쟁으로 인한 갈등이 층간누수로 이어짐

8층 세대 화장실 천장에 얼룩이 발생하는 피해 사례가 접수되었다. 누수의 원인은 위층세대의 배수배관이 파열된 것이다. 그런데, 아주 간단하고 빠르게 처리가 될 수 있었던 이 일은 한 달이 넘는 시간 동안 서로의 감정의 골만 더 깊어진 채 처리가 늦어졌다.

8층 세대와 9층 세대는 층간소음으로 인해 몇 년간 지속적으로 감정의 골이 깊어져만 갔다. 그러다 어느 날 8층 세대의 화장실 천장에 얼룩이 지기 시작했다.

이 사건은 빠르고 간단하게 해결할 수 있는 문제였지만 두 세대간 층간소음 분쟁이 빠른 문제해결을 방해하고 더 복잡하게 만들었다.

입주초기 이 두 세대는 서로 관계가 나쁘지 않았다. 원만한 관계를 이어오던 이웃 간에 문제가 발생하기 시작한 것은 위층 세대의 딸이 결혼을 하고 그 손자가 태어나면서부터 시작되었다.

처음 층간소음에 대한 민원을 관리사무소에 하소연하기 시작한 아래층 세대는 더 이상 위층 세대와 대화를 하고 싶지 않다고 했다. 층간소음에 대한 주의를 부탁했는데 오히려 똑같이 아이를 키우는 입장에서 그것도 이해를 못하냐는 식의 반응에 불쾌함이 더 컸다고 했다. 마음이 상해 더 이상 직접 대화하고 싶지 않으니 관리사무소에서 해결해 줄 것을 요구했다.

위층 세대는 아이가 매일 오는 것도 아니고 주말에 어쩌다 가끔 데리고 와서 놀아주는데 그것도 이해해주지 못하고 아래층에서 거듭된 민원을 제기하니 불쾌하다는 것이다. 양측 모두 더 이상 직접대화를 원하지 않는다고 했다.

이후 당연히 양측 간의 불만의 소리를 접수하고 전달하는 중재의 역할은 관리사무소의 몫이다. 누구의 편도 들어줄 수 없는 관리사무소 입장에서는 난감했다.

어느 한쪽의 편을 들게 되면 자칫 관리사무소에서 모든 원망을 떠안아야 할지도 모를 일이기 때문이다. 위층은 위층대로 관리사무소에 찾아와 하소연을 했고 아래층은 아래층대로 지속적인 민원을 제기했다. 관리사무소에서는 솔직히 마땅한 방법이 없었다. 서로 직접적으로 부딪치기를 원하지 않는 양측세대의 이야기를 모두 들어주고 더 이상 감정의 골이 깊어지지 않도록 하기 위해 최대한 순화된 언어로 서로의 의견을 전달해 주는 것이 전부였다. 그러다, 엎친데 덮친격으로 화장실 배관 누수까지 발생한 것이다.

서로 간에 대화를 원하지 않던 양측에서는 관리사무소에 서로의 주장을 하기 시작했다. 아래층에서는 배수배관의 누수로 인한 피해에 대해 빠른 처리를 요구했고 위층세대에서는 상대적으로 느긋한 입장이었다. 양측의 입장을 전달하며 오가는 사이 두 달이라는 시간이 넘게 소요되었다. 그 사이에서 관리사무소만 난처한 상황이 지속되었다.

시간이 지연되기는 하였지만 층간누수는 해결되었다. 그러나 위아래층간의 감정의 골은 회복하질 못했다. 결국에는 더 이상 해결 방법을 찾지 못한 아래층 세대에서 다른 곳으로 이사를 선택했다. 많은 아쉬움이 남는 부분이다. 사람은 언제 어디에서 어떠한 인연으로 다시 만나게 될지 모르는 상황에서 서로 간에 웃는 얼굴로 헤어질 수는 없었을까!

이렇듯 입주자 간에 사소하게 시작된 분쟁들은 어느 한쪽에서도 양보하고 이해하지 않는다면 그 분쟁의 원인이 해소될 때까지 지속

될 수밖에 없다. 그러다 다른 분쟁이 발생한다면 갈등의 크기는 배가 되고 끝내 해결하지 못하게 되는 것이다.

공동주택에서 발생하는 생활분쟁들에 대해서 초기에 빠르게 해결해야 하는 이유일 것이다.

Ⅲ. 공동주택 생활분쟁의 해결방안

지금까지 공동주택에서 발생하고 있는 생활분쟁의 다양한 유형에 대해서 알아보았다.

국토교통부에서는 공동주택 관리와 관련된 분쟁에 보다 효과적으로 대처하고 입주민 간 생활분쟁을 신속하고 공정하게 해결하여 국민의 주거수준을 향상하기 위한 목적으로 중앙공동주택관리 분쟁조정위원회를 설립하였다. 그러나 그 안에서도 공동주택의 입주민들 간에 발생하는 생활분쟁의 근본적인 해결 방안을 찾기란 쉽지 않은 것이 현실이다.

그렇다면 그 해결방법은 공동주택에서 거주하고 있는 입주자들이 직접 찾아야 한다고 본다.

공동주택에서 지켜야 하는 것은 기초질서! 이 한 단어에 충분히 내포되어 있을 것이다. 그 기초질서란 주차장 이용, 타인에게 피해가 될 수 있는 공간에서는 담배를 피우지 않는 것, 엘리베이터나 계단 등 공용시설물을 깨끗하게 이용하는 것, 쓰레기 분리수거를 잘 하는 것, 층간소음을 최소화하는 것, 반려동물을 책임 있게 관리하는 것 등을 들 수 있을 것이다.

이러한 기초질서를 지키는 것은 개개인이 상식의 선을 지키기만 한다면 가능하다고 본다. 상식이란 사전적인 의미로 일반적인 사람이 다 가지고 있거나 가지고 있어야 할 지식이나 판단력이다. 이는 개개인이 살아온 환경, 성격, 인격, 가치관 등에 따라 개인차를 보일 수는 있겠으나 보통의 일반적인 사람들은 대부분 서로 통하는 기준일 것이다.

공동주택에 거주하는 입주민들이 이기적인 생각을 버리고 타인을 생각하는 조금의 배려만 가진다면 분쟁은 줄어들 것이다. 자신의 행동 하나로 인해 타인에게 불편을 주는 일이 없을까에 대한 고민을 한번쯤 해봐야 한다.

공동주택에서 살아가면서 사소한 듯 중요한 기초질서를 잘 지키는 것만으로도 사람 냄새 나는 더불어 살아가는 문화를 만들 수 있다고 기대한다. 나는 어떤 상식을 가지고 살아가고 있는가! 나는 어떤 상식이 기준이 되어 남들에게 피해를 주지 않고 살아가고 있는가! 같이 살아가는 공동체 문화에서 이기심을 버리고 타인을 배려하고 이해하는 마음을 조금만 가져본다면(유나연, 2017) 공동주택에서 발생하는 생활분쟁의 해결은 그리 어려운 일이 아닐 것이다.

바로, 공동주택에 거주하는 입주민들이 '나와 다른 사람의 입장을 바꾸어 생각'하는 역지사지의 마음자세로 타인을 배려하고 입주민 간 대화를 통해 서로를 이해하는 것이 그 해결방법이 될 수 있을 것으로 기대한다.

참고문헌

유나연(2017), 아파트 신뢰를 담다, 행복에너지

하성규 외(2017), 공동주택관리의 새로운 패러다임, 박영사

하성규 외(2015), 현대 공동주택관리론, 박영사

신재민·송효민·신윤석(2015), 공동주택의 생활 소음원별 특성 분석

경인일보, 강남 오피스텔 입주자, 경비원 2명 살해… "층간소음 민원 제기, 환청 들려", 2018.5.28.

서울신문, 한일관 대표 "목줄 안 한 이웃집 프렌치불독에 물려 패혈증으로 사망", 2017.10.20.

손현규, '층간소음의 오해'… 이웃집 창문에 돌 던진 40대 징역형, 연합뉴스, 2018.2.18.

우승민, 갈등 키우는 공동주택 애완견 사육, NEWS POST, 2017.8.31.

윤해웅, "층간소음 시끄럽다"… 위층 주민에 흉기 휘둘러, TV조선, 2018.2.15.

이소연, "10층서 떨어진 1.5kg 아령, 75kg 충격의 '묻지마 흉기", 서울신문, 2018.5.21

이은주, "설 명절, 어느 아파트 윗집과 아랫집의 아주 특별한 선물", 오마이뉴스, 2018.2.18.

함영구, "물풍선·돌멩이 고층에서 날벼락", KBS NEWS, 2016.1.14.

반려견, 물림사고시 견주책임 사례, http://wdfpark.tistory.com/1667
강아지와 자유인의 행복공간, 2017.11.1.

통계청, 인구주택총조사, 2016

국가소음정보시스템 http://www.noiseinfo.or.kr

「공동주택 층간소음의 범위와 기준에 관한 규칙」

「국민건강증진법」

CHAPTER

05

주택관리 종사자의 업무 만족도

— 강은택, 한국주택관리연구원 책임연구원 —

CHAPTER 05

주택관리 종사자의 업무 만족도

— 강은택, 한국주택관리연구원 책임연구원 —

Ⅰ. 서론

우리나라에서 아파트, 연립주택, 다세대주택 등 공동주택에 거주하는 사람들의 비중은 꾸준히 증가하고 있다. 먼저, 주택수 기준으로 살펴보면 1980년도에는 전체 주택 중 공동주택이 차지하는 비중은 10.1%로 나타났다. 이 수치는 1990년 31.2%로, 2000면 59.3%로, 2010년 71.6%로 나타났으며, 가장 최근연도인 2016년도에는 75.0%로 나타났다. 4개 주택 중 3개 주택은 아파트 등 공동주택으로 조사되었다. 반면 같은 기간 동안의 단독주택 비중은 1980년 87.5%에서 2016년 23.8%로 약 1/4 수준으로 감소하였다. 다음으로, 인구수 기준으로 살펴보면 아파트 등 공동주택의 비중은 1980년 7.0%에서 2016년 65.0%로 증가한 반면, 단독주택의 비중은 1980년 90.2%에서 2016년 28.7%로 감소한 것으로 나타났다. 여기에서 공동주택은 다가구 원룸, 주거용 오피스텔 등을 제외한 수치이기 때문에, 만약 원룸, 주거용 오피스텔 등을 공동주택의 범주에 포함시킨다면 공동주택에 거주하는 사람들의 비중은 더 높게 나타날 것이다.

그림 1 공동주택 비중 변화

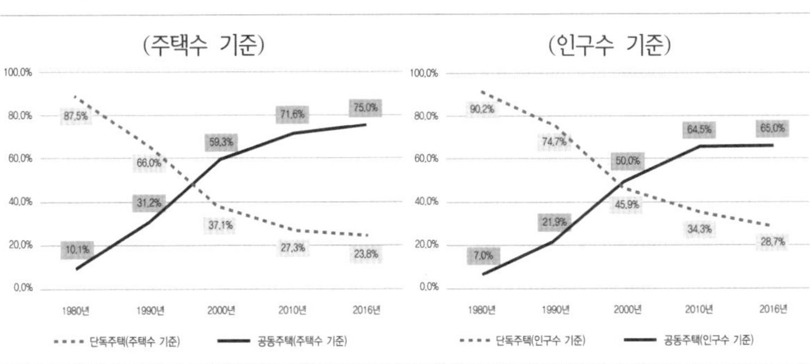

출처: 통계청, 주택총조사, 각 연도

그동안 단독주택, 공동주택 등에 거주하는 우리나라 사람들의 만족도, 행복도 등에 관해서 많은 연구가 진행되어 왔다. 일례로 한국노동패널조사 자료를 이용하여 우리나라 사람들의 행복도(5점 만점)를 측정한 연구에 의하면, 2002년 3.11점에서 2012년 3.40점으로 꾸준히 높아진 것으로 조사되었다.[1] 이러한 행복도를 거주하는 주택 유형별로 구분하여 살펴본 연구에 의하면, 단독주택에 거주하는 사람들의 평균 주거만족도는 3.29점인 반면, 아파트에 거주하는 사람들의 평균 주거만족도는 3.59점으로 나타났다.[2] 즉 최근 30년 동안 우리나라 사람들의 주택유형은 단독주택 거주에서 아파트, 연립주택, 다세대주택 등의 공동주택 거주로 크게 변화하였으며, 또한 단독주택에 거주하는 사람들에 비해 공동주택에 거주하는 사람들의 만족도가 더 높은 것으로 조사되었다.

1 마강래 · 강은택, "한국노동패널조사에 나타난 한국 도시민의 주관적 삶의 안녕감에 대한 고찰", 『도시 · 부동산정책 연구』, 중앙대학교 도시부동산연구소, 2015, 제3권 제1호, 44면.

2 강은택 · 정효미, "노인가구의 주거특성이 주거만족도에 미치는 영향", 『주거환경』, 한국주거환경학회, 2015, 제13권 제1호, 115면.

그렇다면 과연 우리나라 사람들의 대다수가 거주하는 아파트를 관리하는 종사자들은 행복할까? 이와 관련된 연구는 매우 부족한 실정이다. 간혹 몇몇 보고서에서는 아파트 경비원, 미화원들의 낮은 직무만족도, 열악한 고용환경 등을 밝히고 있지만, 아파트 종사자 전체를 대상으로 심층적인 연구 및 접근은 저조한 상황이다. 이러한 측면에서 본 서(書)에서는 아파트 등 주택을 관리하는 종사자들을 대상으로 이들의 만족도를 다양한 측면에서 살펴보았다. 아파트 등 주택관리 종사자들의 만족도가 높아진다면, 그곳에 거주하는 사람들에게도 긍정적인 영향을 끼칠 것으로 판단된다.

Ⅱ. 주택관리 종사자의 업무

주택관리 종사자는 관리사무소장, 관리과장, 경리, 시설, 경비, 청소 등 다양한 업무를 종사하는 근로자로 구성되어 있다. 서울특별시 공동주택 관리 종사자 현황 자료에서 아파트 관리 종사자 현황은 소장, 경리, 관리, 기계전기시설, 경비, 청소로 구분하여 조사를 진행하고 있으며, 「서울특별시 공동주택관리규약 준칙」의 별첨 서류에서는 관리소장, 관리과장, 기전실, 경리과장, 경리주임, 미화원, 경비 등으로 구분하고 있다. 한편 「공동주택관리법」에서는 주택관리 종사자를 세부적으로 분류하고 있지는 않은 실정이다. 다만 관리주체, 주택관리사, 경비원 등 근로자 등의 용어는 사용하고 있다. 이에 본 서(書)에서는 편의상 주택관리 종사자를 주택관리사(주택관리사보 포함)인 관리사무소장, 경리, 행정 업무를 담당하는 사무직원, 기계, 전기, 시설관리 업무를 담당하는 시설관리직원, 경비를 담당하는 경비원, 청소, 환경미화 업무를 담당하는 환경미화원으로 구분하여 살펴보았다.

주택관리 종사자들의 주요 업무는 다음과 같다. 먼저, 관리사무소장은 공동주택을 안전하고 효율적으로 관리하여 공동주택의 입주자 등의 권익을 보호하기 위하여 관리사무소의 업무를 지휘 및 총괄하는 역할을 수행한다. 「공동주택관리법」에서는 관리사무소장의 업무를 '① 입주자대표회의에서 의결하는 업무(공동주택의 운영 · 관리 · 유지 · 보수 · 교체 · 개량, 관리비 · 장기수선충당금이나 그 밖의 경비의 청구 · 수령 · 지출 및 그 금원을 관리하는 업무), ② 하자의 발견 및 하자보수의 청구, 장기수선계획의 조정, 시설물 안전관리계획의 수립 및 건축물의 안전점검에 관한 업무, ③ 관리사무소 업무의 지휘 · 총괄, ④ 그 밖에 공동주택관리에 관하여 국토교통부령으로 정하는 업무'로 제정되어 있다.

다음으로 사무직원은 주택단지 관리비 회계처리 업무, 각종 행정 및 서류 업무, 입주자 민원업무 등을 수행한다. 일반적으로 관리사무소에 상주하면서 업무를 수행한다. 다음으로 시설관리직원은 주택단지의 전기, 보일러 등 각종 시설을 관리하는 업무를 수행한다. 시설관리직원은 전기, 열관리, 가스, 위험물 등의 자격증을 소지한 종사자가 많으며, 주택단지에서 24시간 운영하는 시설을 안전하게 관리하기 위해서 야간에도 당직 등을 통해서 업무를 수행한다. 다음으로 경비원은 주택단지에서 입주자들의 생명과 재산을 보호하기 위한 업무를 수행한다. 다만, 실제로는 경비의 고유 업무 이외에도 택배관리, 분리수거, 주차관리 및 단속, 아파트 단지 안팎의 청소업무, 민원업무(이삿짐 나르기, 우편배달) 등의 업무가 일상화된 것으로 나타나고 있다.[3] 마지막으로 환경미화원은 주택단지 실내, 현관, 복도, 승강기, 계단, 공용 화장실 등의 청소 및 미화 업무를 수행한다. 일반적으로 다른 주택관리 종사자들보다 근로시간이 짧으며, 임금 수준이 낮은 것이 특징이다. 이와 같이 주택관리 업무는 종사자별로 다르게 나타나고 있으며, 각각 다른 업무를 수행하는 종사자별 만족도는 다음 장에서 구체적으로 살펴보았다.

Ⅲ. 주택관리 종사자의 만족도

본 장의 주택관리 종사자의 업무 만족도는 크게 두 가지 측면에서 살펴보았다. 먼저, 주택관리 종사자의 만족도를 살펴보는 것에 앞서, 일반적인 종사자의 만족도를 살펴보았다. 즉, 일반적인 종사자의 만족도 수준을 살펴본 후, 주택관리 종사자의 업무 만족도가 일반적인 종사자의 업무 만족도보다 높다면 왜 높은지, 낮다면 왜 낮은지 그 원인을 살펴보고자 하였다. 다음으로, 종사자의 업무 만족도를 전반적인 업무 만족도, 임금 만족도, 고용안정성 만족도, 근무환경 만족도, 근로시간 만족도, 인간관계 만족도 등으로 구분하여 살펴보았다. 이는 각 요인별 만족도가 주택관리 종사자 간에 차이가 있는지를 살펴보기 위함이다.

일반적인 종사자의 만족도는 한국노동연구원의 노동패널조사(KLIPS)

3 경비원은 경비의 고유 업무 외에도 주5회 이상 택배관리(71.5%), 분리수거(42.9%), 주차관리 및 단속(65.5%), 아파트 단지 안팎의 청소업무(67.0%), 민원업무(이삿짐 나르기, 우편배달 등)(39.8%)로 이러한 업무가 일상화된 것으로 나타났다(김준우 외, 2017).

자료를 사용하였다. 노동패널조사 자료는 우리나라에서 근로자의 가구특성, 근로환경, 경제적 특성 등을 가장 오랫동안 세부적으로 조사한 자료로 일반적인 종사자의 만족도를 살펴보는 데에는 가장 적절한 자료이다. 노동패널조사 자료에서 전반적인 업무 만족도 및 각 요인별 만족도는 5점 척도(매우불만족, 만족, 보통, 불만족, 매우불만족)로 구성되어 있기 때문에, 이를 100점 만점으로 환산하여 적용하였다.[4] 전반적인 만족도 수준이 '보통'으로 응답한 사람의 환산 만족도는 50점 정도로 볼 수 있다. 아울러 주택관리 종사자의 만족도는 한국주택관리연구원에서 2015년 12월~2016년 1월에 실시한 주택관리 종사자 근로실태 조사 자료를 사용하였다. 이 자료는 전국의 주택관리 종사자를 대상으로 기본현황, 근무환경, 애로사항, 임금수준 등을 조사한 국내 최초의 자료로 볼 수 있다. 주택관리 종사자 근로실태 조사 자료에서 조사된 만족도는 7점 척도(매우불만족, 불만족, 약간불만족, 보통, 약간만족, 만족, 매우만족)로 구성되어 있기 때문에, 노동패널조사 자료와 동일하게 100점 만점으로 환산하여 적용하였다.

본격적인 만족도 비교에 앞서, 일반적인 종사자(한국노동패널조사 19차 자료에서 추출)와 주택관리 종사자(하성규 외, 2017) 간의 기본적 특성을 비교한 결과는 다음의 <표 1>과 같다. 평균 연령은 일반적인 종사자는 45세, 관리사무소장 52세, 사무직원 45세, 시설관리직원 51세, 경비원 65세, 환경미화원 63세로 나타났다. 성별에서 남성 종사자의 비율은 일반적인 종사자 58%, 관리사무소장 65%, 사무직원 44%, 시설관리직원 99%, 경비원 99%, 환경미화원 10%로 나타

4 5점 척도 및 7점 척도를 100점 만점으로 환산하기 위해서는 "[(응답치-1)/(척도항목수-1)]×100"을 통해서 환산할 수 있다.

났으며, 월 평균 임금은 일반적인 종사자 245만 원, 관리사무소장 282만 원, 사무직원 205만 원, 시설관리직원 212만 원, 경비원 161만 원, 환경미화원 95만 원으로 나타났다. 이와 같이 각 종사자별 만족도를 비교하기 위해서는 각 종사자별 기본적인 특성의 차이를 염두에 두고 비교하는 것이 중요함을 알 수 있다.

표 1 일반적인 종사자와 주택관리 종사자 비교

구분	일반적인 종사자	주택관리 종사자				
		관리사무 소장	사무직원	시설관리 직원	경비원	환경미화원
연령(세)	45	52	45	51	65	63
성별 (남성비율)	58%	65%	44%	99%	99%	10%
월 평균 임금(만 원)	245	282	205	212	161	95

출처: 일반적인 종사자 - 한국노동패널조사 19차 자료에서 추출
주택관리 종사자 - 하성규 외, 2017

1. 일반적인 종사자의 업무 만족도

일반적인 종사자의 업무 만족도는 2016년(제19차) 노동패널조사 자료를 이용하였다. 업무 만족도는 전반적인 업무 만족도, 임금 만족도, 고용안정성 만족도, 근무환경 만족도, 근로시간 만족도, 인간관계 만족도로 구분하여 각각 살펴보았으며, 전체 근로자를 정규직 근로자와 비정규직 근로자로 구분하였다.

전반적인 업무 만족도는 전체 종사자 58.8점, 정규직 61.9점, 비

정규직 53.8점으로 나타났다. 일반적으로 예상했던 바와 같이 우리나라의 업무 만족도는 100점 만점 중 60점 아래로 조사되어, 직장인들의 업무에 대한 만족도가 그리 높지 않은 것으로 볼 수 있다. 또한, 정규직과 비정규직 간에는 약 8점 정도의 차이를 보이는 것으로 나타났다.

각 요인별 만족도를 살펴보면, 몇 가지의 흥미로운 점을 발견할 수 있다. 첫째, 5가지의 요인 만족도 중 임금 만족도의 수준이 가장 낮은 것으로 나타났다. 우리나라의 국민소득은 매년 상승세이며, 2018년도에는 1인당 국민소득이 3만 달러를 돌파할 것으로 예상되고 있다. 이처럼 소득이 높아졌음에도 불구하고, 임금 만족도가 가장 낮은 이유는 우리나라의 높은 소득불균형에서 찾을 수 있다. 임금 만족도는 본인의 절대적인 월급 수준보다도 본인과 가까운 사람의 월급보다 상대적으로 많은지 또는 적은지가 중요하기 때문이다. 그 결과 소득불균형이 높은 국가들에서는 일반적으로 국민들의 만족도가 낮게 나타나며, 반면 소득불균형이 낮은 국가들에서는 국민들의 만족도가 상대적으로 높게 나타난다. 일반적인 종사자의 낮은 임금 만족도는 우리나라의 소득불균형 수준을 반영하는 결과로 볼 수 있다.

둘째, 정규직과 비정규직 간의 만족도 차이가 가장 큰 요인은 고용안정성 만족도로 조사되었다. 정규직과 비정규직 간의 고용안정성의 차이가 크기 때문에, 본 분석에서도 이러한 결과를 확인하였다. 마지막으로 근무환경 만족도, 근로시간 만족도, 인간관계 만족도는 전체 종사자의 만족도 수준, 정규직과 비정규직 간의 차이는 비슷한 수준으로 조사되었다.

그림 2 일반적인 종사자의 업무 만족도

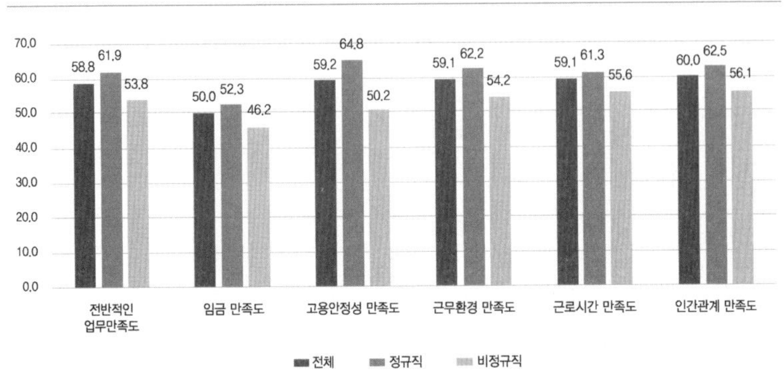

출처: 한국노동패널조사 19차 자료에서 추출

한편 일반적인 종사자의 직업별 만족도의 차이가 존재하는지 확인하기 위해서, 직업분류별 전반적인 업무 만족도를 살펴보았다. 다음의 <그림 3>에서 보는 바와 같이, 전체 종사자의 업무 만족도 58.8점을 기준으로, 이보다 높은 직업은 관리자, 전문가 및 관련 종사자, 사무 종사자로 나타났으며, 이보다 낮은 직업은 서비스 종사자, 판매 종사자, 농림어업 종사자, 기능원 및 관련 기능 종사자, 장치·기계 조작 및 조립 종사자, 단순노무 종사자로 나타났다. 일반적으로 취업자들의 선호도가 높은 직업들에서 업무 만족도가 높은 반면, 취업자들의 선호도가 낮은 직업들에서 업무 만족도가 낮은 것으로 조사되었다.

직업분류별 업무 만족도를 보다 세부적으로 살펴보면, 관리자 직업은 67.4점으로 가장 높은 것으로 나타났다. 반면, 농림어업 종사자 52.0점, 단순노무 종사자 53.1점으로 만족도가 가장 낮은 것으로 나타났다.

그림 3 직업분류별 전반적인 업무 만족도

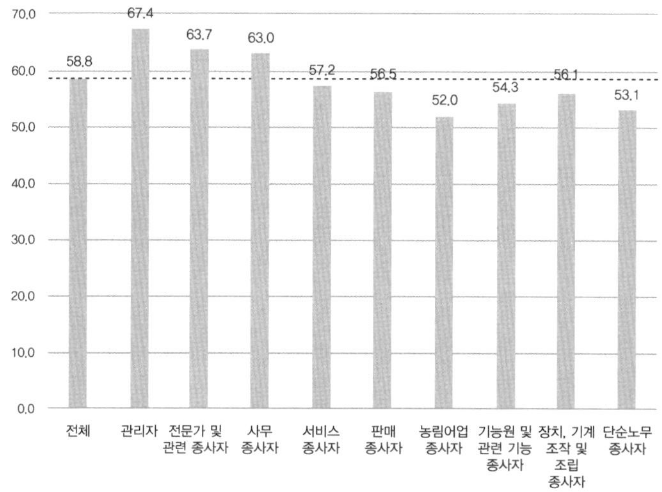

출처: 한국노동패널조사 19차 자료에서 추출

2. 주택관리 종사자의 업무 만족도

주택관리 종사자의 업무 만족도는 관리사무소장, 사무직원, 시설관리직원, 경비원, 환경미화원을 대상으로 전반적인 업무 만족도, 임금 만족도, 고용안정성 만족도, 근무환경 만족도, 근로시간 만족도, 인간관계 만족도를 살펴보았다. 또한 관리사무소장, 사무직원, 시설관리직원, 경비원, 환경미화원의 주택관리 종사자와 유사한 업무를 다루는 다른 직업 종사자들과의 만족도 수준을 비교하고자 하였다. 이는 앞서 살펴본 직업분류별 업무 만족도의 차이를 반영하기 위함이다.

즉, 주택관리 종사자와 다른 직업 종사자 간의 만족도를 비교하기 위해서 주택관리 종사자 각각을 한국표준직업분류(제6차 개정, 2007년) 대분류5상에서 속하는 직업군과 비교하였다. 예를 들면, 주택관리 종사자 중 관리사무소장은 한국표준직업분류 대분류의 관리자와, 사무직원은 한국표준직업분류 대분류의 사무 종사자와, 시설관리직원은 한국표준직업분류 대분류의 장치·기계 조작 및 조립 종사자와, 경비원 및 환경미화원은 한국표준직업분류 대분류의 단순노무 종사와 비교하였다. 이러한 비교과정은 과연, 주택관리 종사자가 다른 직업에 비해 업무 만족도가 어느 정도의 수준인지 밝히는 중요한 정보가 될 것이다.

1) 전반적인 업무 만족도

그림 4 전반적인 업무 만족도

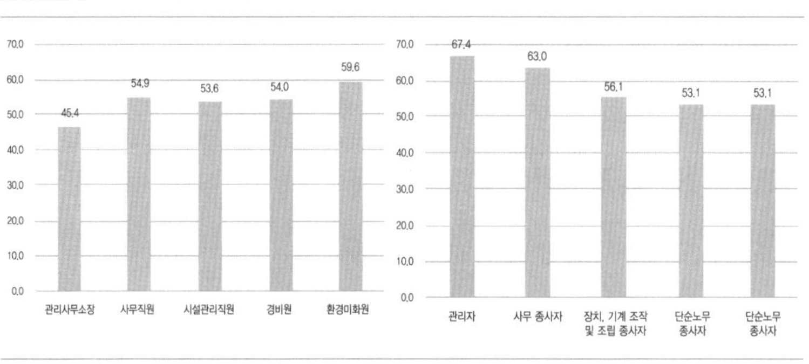

(⇑)주택관리 종사자 v.s. 일반 종사자(⇑)

---

5 한국표준직업분류(제6차 개정)의 대분류에서는 '1. 관리자, 2. 전문가 및 관련 종사자, 3. 사무 종사자, 4. 서비스 종사자, 5. 판매 종사자, 6. 농림어업 숙련 종사자, 7. 기능원 및 관련 기능 종사자, 8. 장치·기계 조작 및 조립 종사자, 9. 단순노무 종사자, A. 군인'으로 구성되어 있다. 한국표준직업분류는 2017년도에 제7차 개정이 진행되었지만, 본 조사에서는 노동패널조사 자료 및 주택관리 종사자 근로실태 조사 자료의 설문조사 시점을 고려하여 제6차 개정 자료를 적용하였다.

전반적인 업무 만족도를 주택관리 종사자와 일반적인 종사자(한국표준직업분류에서 대분류 직업)로 구분하여 살펴보았다. 먼저, 주택관리 종사자의 전반적인 업무 만족도는 관리사무소장 46.4점, 사무직원 54.9점, 시설관리직원 53.6점, 경비원 54.0점, 환경미화원 59.6점으로 조사되었다. 경비원 및 환경미화원의 업무 만족도가 낮을 것으로 예상되었지만, 주택관리 종사자 중에서는 상대적으로 높은 것으로 나타났다. 특히 환경미화원의 업무 만족도는 가장 높은 것으로 나타났다. 이러한 이유는 주택관리 종사자들의 직업군별 특성과 관련이 있을 것으로 판단된다. 앞선 자료에서 주택관리 종사자의 평균 연령을 살펴보면, 관리사무소장 52세, 사무직원 45세, 시설관리직원 51세, 경비원 65세, 환경미화원 63세로 나타났다. 경비원 및 환경미화원의 평균 연령은 상대적으로 높은 것으로 나타났다. 이들의 경우에는 상대적으로 취업이 어려운 계층으로, 취업 자체가 일정부분 만족도 증가를 가져오는 것으로 해석할 수 있다. 즉, 나이가 많은 노인의 업무 만족도는 월급수준, 근로환경 등 개별적인 내용보다는 일할 수 있는 고용 자체가 만족도를 높이는 것으로 볼 수 있다.

아울러 주택관리 종사자 중 전반적인 업무 만족도가 가장 낮은 종사자는 관리사무소장으로 조사되었다. 주택관리의 총괄 업무를 담당하는 관리사무소장의 만족도가 낮게 나타난 이유는 관리사무소장의 역할이 대외적으로는 입주민, 입주자대표회의, 관할 지자체 등을 상대해야 하고, 대내적으로는 직원, 경비원 및 환경미화원의 고충을 해결해야 하는 위치에서 상당한 업무 스트레스를 느끼는 것으로 볼 수 있다.

다음으로, 일반 종사자의 업무 만족도는 관리자 67.4점, 사무 종사자 63.0점, 장치 · 기계 조작 및 조립 종사자 56.1점, 단순노무 종사자 53.1점으로 조사되었다. 주택관리 종사자와 일반 종사자를 비교한 결과, 관리사무소장, 사무직원, 시설관리직원은 일반 종사자보다 업무 만족도가 낮은 반면, 경비원, 환경미화원은 일반 종사자보다 업무 만족도가 높은 것으로 나타났다. 보다 세부적으로 주택관리 종사자와 일반 종사자의 업무 만족도 차이는 관리사무소장 -21.0, 사무직원 -8.1, 시설관리직원 -2.5, 경비원 +0.8, 환경미화원 +6.5로 나타났다. 주택관리 종사자 중 관리사무소장, 사무직원은 유사한 업무를 수행하는 일반 종사자보다 업무 만족도가 현저히 낮은 것으로 볼 수 있다. 반면, 경비원과 환경미화원은 일반 종사자보다 만족도가 높은 것으로 나타났다. 이는 주택관리 종사자 중 경비원과 환경미화원은 상대적으로 연령이 높은 계층으로 고용 자체가 만족도를 높이는 것으로 볼 수 있다.

2) 임금 만족도

그림 5 임금 만족도

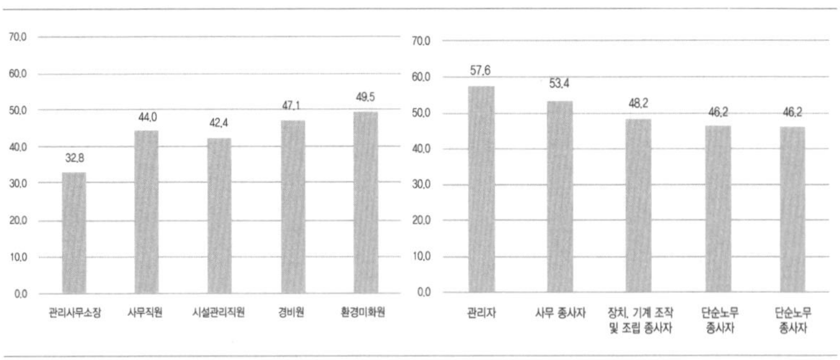

(⇑)주택관리 종사자 v.s. 일반 종사자(⇑)

이번에는 임금 만족도를 주택관리 종사자와 일반적인 종사자(한국표준직업분류에서 대분류 직업)로 구분하여 살펴보았다. 하성규 외(2017)의 연구에서 조사한 주택관리 종사자의 평균 월급은 관리사무소장 282만 원, 사무직원 205만 원, 시설관리직원 212만 원, 경비원 160만 원, 환경미화원 95만 원으로 나타났다. 반면 일반적인 종사자의 경우에는 245만 원으로 조사되었다.

주택관리 종사자의 임금 만족도는 관리사무소장 32.8점, 사무직원 44.0점, 시설관리직원 42.4점, 경비원 47.0점, 환경미화원 49.5점으로 조사되었으며, 흥미로운 몇 가지 사항을 발견할 수 있었다. 첫째, 각 주택관리 종사자별 임금 만족도는 앞서 살펴본 전반적인 업무 만족도보다 약 7~14점 정도 낮은 것으로 조사되었다. 이는 상대적으로 주택관리 종사자들은 본인들의 노동에 대한 임금 보상에 덜 만족하는 것으로 볼 수 있다. 둘째, 임금수준이 가장 높은 관리사무소장의 임금 만족도는 가장 낮은 것으로 조사된 반면, 임금수준이 가장 낮은 환경미화원의 임금 만족도는 가장 높은 것으로 조사되었다. 임금 만족도는 개인의 주관적인 응답을 통해서 얻어진 결과이기 때문에, 개인이 생각했던 임금수준보다 임금이 많으면 만족도는 높게 나타날 것이며, 반대로 개인이 생각했던 임금수준보다 임금이 적으면 만족도는 낮게 나타날 것이다. 이러한 결과는 비록 관리사무소장의 임금수준은 환경미화원보다는 월등히 높은 수준임에도 불구하고, 본인이 생각하는 수준보다는 낮기 때문에 상대적으로 임금 만족도가 낮게 조사된 것으로 볼 수 있다. 이에 반해 환경미화원의 임금수준은 관리사무소장보다는 낮은 수준이지만, 고용 자체가 기여하는 긍정적 효과로 인하여 다른 주택관리 종사자보다는 임금 만족도가 높은 것으로 조사되었다. 이러한 환경미화원의 결과는 경비원에서도 유사하게 나타나고 있다. 경비원의 경우에도 상대적으로 임금수준은 낮지만, 임금 만족도 수준은 관리사무소장, 사무직원, 시설관리직원보다 높게 나타났다.

주택관리 종사자와 일반 종사자의 임금 만족도를 비교하여 살펴보기 위해서 일반 종사자의 임금 만족도를 살펴본 결과, 관리자 57.6점, 사무 종사자 53.4점, 장치·기계 조작 및 조립 종사자 48.2점, 단순노무 종사자 46.2점으로 조사되었다. 일반 종사자의 경우에도 주택관리 종사자와 마찬가지로 전반적인 업무 만족도에 비해 임금 만족도가 더 낮은 것으로 조사되었다. 또한 주택관리 종사자와 일반 종사자의 임금 만족도 차이는 관리사무소장 -24.8, 사무직원 -9.4, 시설관리직원 -5.8, 경비원 +0.9, 환경미화원 +3.3으로 나타났다. 전반적인 업무 만족도에서와 마찬가지로 주택관리 종사자 중 관리사무소장, 사무직원, 시설관리직원은 유사한 업무를 수행하는 일반 종사자보다 임금 만족도가 낮은 반면, 경비원과 환경미화원은 일반 종사자보다 임금 만족도가 높은 것으로 나타났다.

3) 고용안정성 만족도

그림 6 고용안정성 만족도

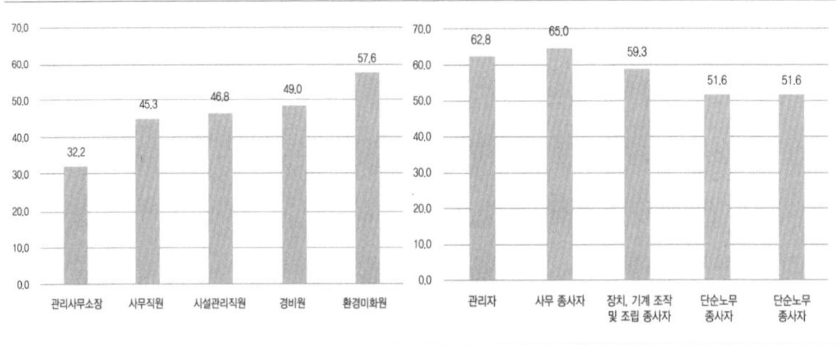

(⇑)주택관리 종사자 v.s. 일반 종사자(⇑)

다음으로 고용안정성 만족도를 주택관리 종사자와 일반적인 종사자(한국표준직업분류에서 대분류 직업)로 구분하여 살펴보았다.

주택관리 종사자의 고용안정성 만족도는 관리사무소장 32.2점, 사무직원 45.3점, 시설관리직원 46.8점, 경비원 49.0점, 환경미화원 57.6점으로 조사되었다. 고용안정성 만족도에서 흥미로운 점은 첫째, 고용안정성 만족도 또한 전반적인 업무 만족도보다 약 2~14점 정도 낮은 것으로 조사되었다. 특히 관리사무소장의 경우에는 임금 만족도보다도 고용안정성 만족도가 더 낮은 것으로 나타났다. 이는 관리사무소장의 근로계약 기간이 대부분 1년 또는 1년 미만으로 계약하는 고용 불안정성이 심각한 직종이라는 것을 잘 보여주는 결과이다. 둘째, 환경미화원의 고용안정성 만족도가 가장 높은 것으로 나타났다. 주택관리 종사자 중 환경미화원은 여성의 비중이 높으며, 하루 평균 근로시간이 8시간 미만인 경우가 대부분이다. 그렇기 때문에 고용안정성 만족도가 낮을 것으로 예상하였지만, 분석결과 예상과는 반대로 높게 나타났다. 이는 여성의 노동참여와 남성의 노동참여 간의 상이한 특성이 원인일 것으로 예상되지만, 보다 명확한 해석을 위해서는 추가적인 연구가 필요할 것으로 판단된다.

주택관리 종사자와 일반 종사자의 고용안정성 만족도를 비교한 결과 환경미화원을 제외한 관리사무소장, 사무직원, 시설관리직원, 경비원의 고용안정성 만족도는 일반 종사자보다 낮은 것으로 나타났다. 일반 종사자의 고용안정성 만족도는 관리자 62.8점, 사무 종사자 65.0점, 장치·기계 조작 및 조립 종사자 59.3점, 단순노무 종사자 51.6점으로 나탔으며, 주택관리 종사자와 일반 종사자의 고용안정성 만족도 차이는 관리사무소장 -30.6, 사무직원 -19.7, 시설관리직원 -12.5, 경비원 －2.6, 환경미화원 ＋6.0으로 나타났다. 앞서 전반적인 업무 만족도, 임금 만족도보다도 고용안정성 만족도는 주택관리 종사자와 일반 종사자 간의 차이가 더 큰 것으로 조사되었다. 이는 주택관리 종사자는 관리업체 변경 등으로 불안정한 고용환경에 노출된 결과로 볼 수 있다.

4) 근무환경 만족도

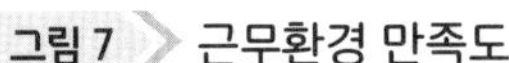

그림 7 근무환경 만족도

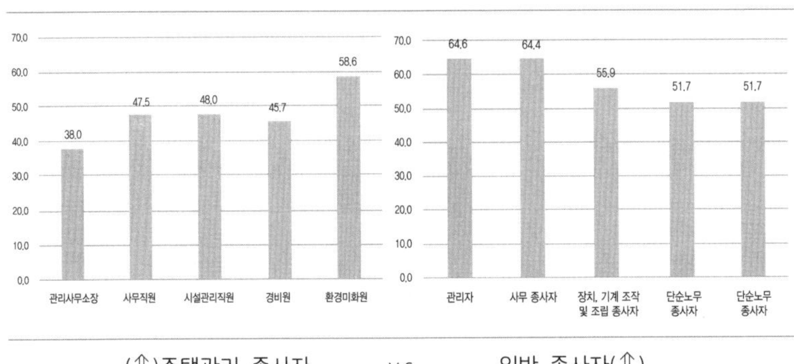

(⇑)주택관리 종사자 v.s. 일반 종사자(⇑)

다음으로 근무환경 만족도를 주택관리 종사자와 일반적인 종사자(한국표준직업분류에서 대분류 직업)로 구분하여 살펴보았다.

주택관리 종사자의 근무환경 만족도는 관리사무소장 38.0점, 사무직원 47.5점, 시설관리직원 48.0점, 경비원 45.7점, 환경미화원 58.6점으로 조사되었다. 주택관리 종사자의 근무환경 만족도에서 주목할 부분은 첫째, 근무환경 만족도는 앞서 살펴본 전반적인 업무 만족도보다 낮은 것으로 조사되었다. 특히 근무환경에서는 경비원의 만족도가 상대적으로 낮게 조사되었다. 주택관리 종사자 중 근로시간이 가장 긴 경비원[6]의 근로환경 문제는 난방, 냉방, 좁은 휴게공간 및 식사공간 등 여러 언론사를 통해서 보도된 바 있다. 그 결과로 경비원의 근로환경 만족도가 낮은 것으로 볼 수 있다. 둘째, 관리사무소장의 근무환경 만족도는 가장 낮은 반면, 환경미화원의 근무환경 만족도는 가장 높은 것으로 나타났다. 아마도 관리사무소장의 낮은 근무환경 만족도는 열악한 관리사무소 근무환경이 영향을 미쳤을 것으로 예상되며, 환경미화원의 높은 근무환경 만족도는 상대적으로 짧은 근로시간이 영향을 미쳤을 것으로 예상된다.

주택관리 종사자와 일반 종사자의 근무환경 만족도를 비교한 결과 환경미화원을 제외한 관리사무소장, 사무직원, 시설관리직원, 경비원의 근무환경 만족도는 일반 종사자보다 낮은 것으로 나타났다. 일반 종사자의 근무환경 만족도는 관리자 64.6점, 사무 종사자 64.4점, 장치·기계 조작 및 조립 종사자 55.9점, 단순노무 종사자 51.7점으로 나타났으며, 주택관리 종사자와 일반 종사자의 근무환경 만족도 차이는 관리사무소장 -26.5, 사무직원 -17.0, 시설관리직원 -7.9, 경비원 -5.9, 환경미화원 +7.0으로 나타났다. 앞의 내용과 마찬가지로 근무환경 만족도 또한 주택관리 종사자는 일반 종사자보다 낮은 것으로 나타났다. 이는 경비실, 관리사무소 등 열악한 근무환경이 일정 부분 영향을 미치는 것으로 볼 수 있다.

---

6 하성규 외(2017)의 연구에 의하면 경비원의 하루 근로시간은 16.9시간으로 조사되었다. 반면, 환경미화원의 하루 근로시간은 6.1시간, 사무직원의 하루 근로시간은 8.0시간, 시설관리직원의 하루 근로시간은 14.2시간으로 조사되었다.

5) 근로시간 만족도

그림 8 근로시간 만족도

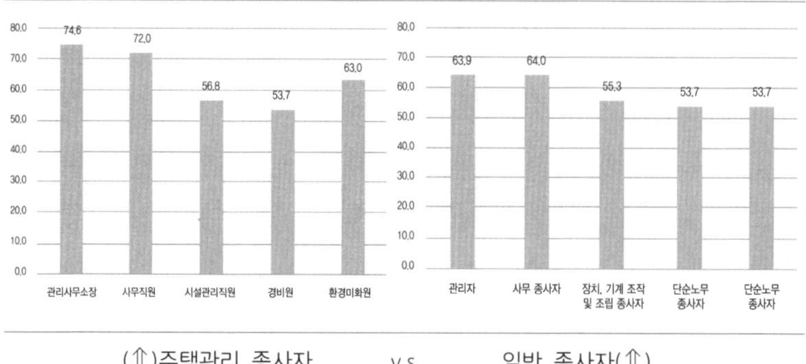

(⇑)주택관리 종사자 v.s. 일반 종사자(⇑)

종사자의 근로시간 만족도를 주택관리 종사자와 일반적인 종사자(한국표준직업분류에서 대분류 직업)로 구분하여 살펴보았다. 참고로 하성규 외(2017)의 연구에서 조사한 주택관리 종사자의 주간 근로시간은 관리사무소장 41시간, 사무직원 41시간, 시설관리직원 59시간, 경비원 64시간, 환경미화원 34시간으로, 종사자 간의 근로시간 차이가 큰 것으로 나타났다.

주택관리 종사자의 근로시간 만족도는 관리사무소장 74.6점, 사무직원 72.0점, 시설관리직원 56.8점, 경비원 53.7점, 환경미화원 63.0점으로 조사되었다. 근로시간 만족도에서 흥미로운 부분은 다음과 같다. 첫째, 근로시간 만족도는 전반적인 업무 만족도, 임금 만족도, 고용안정성 만족도, 근무환경 만족도보다 더 높은 것으로 나타났다. 이는 상대적으로 근로시간 측면에서는 만족도가 양호한 것으로 볼 수 있다. 둘째, 관리사무소장, 사무직원, 환경미화원의 근로시간 만족도는 상당히 양호한 것으로 조사되었다. 이는 상대적으로 짧은 근로시간을 반영한 결과로 볼 수 있다. 반면, 시설관리직원, 경비원은 상대적으로 긴 근로시간으로 인하여 근로시간 만족도가 높지 않는 것으로 조사되었다. 셋째, 관리사무소장의 근로시간 만족도는 다른 만족도보다 상당히 높은 것으로 나타났다. 관리사무소장의 전반적인 업무 만족도 46.4점, 임금 만족도 32.8점, 고용안정성 만족도 32.2점, 근무환경 만족도 38.0점으로 매우 낮은 만족도 수준을 보이는 것으로 나타난 반면, 근로시간 만족도는 74.6점으로 나타나, 근로시간만큼은 만족하면서 근무를 하는 것으로 볼 수 있다.

주택관리 종사자와 일반 종사자의 근로시간 만족도를 비교한 결과 경비원을 제외(경비원은 일반 종사자와 유사한 수준으로 나타남)한 주택관리 종사자는 일반 종사자보다 근로시간 만족도가 더 높은 것으로 나타났다. 앞에서 살펴본 전반적인 업무 만족도, 임금 만족도, 고용안정성 만족도, 근무환경 만족도에서는 주택관리 종사자가 일반 종사자보다 낮은 것으로 나타났지만, 본 연구의 조사결과 근로시간 만족도는 일반 종사자보다 높은 것으로 나타났다. 보다 세부적으로 주택관리 종사자와 일반 종사자의 근로시간 만족도 차이는 관리사무소장 +10.7, 사무직원 +8.0, 시설관리직원 +1.5, 경비원 0.0, 환경미화원 +9.3으로 나타났다. 상대적으로 평균 근로시간이 짧은 관리사무소장, 사무직원, 환경미화원에서 일반 종사자와의 차이가 큰 것으로 조사되었다.

6) 인간관계 만족도

그림 9 인간관계 만족도

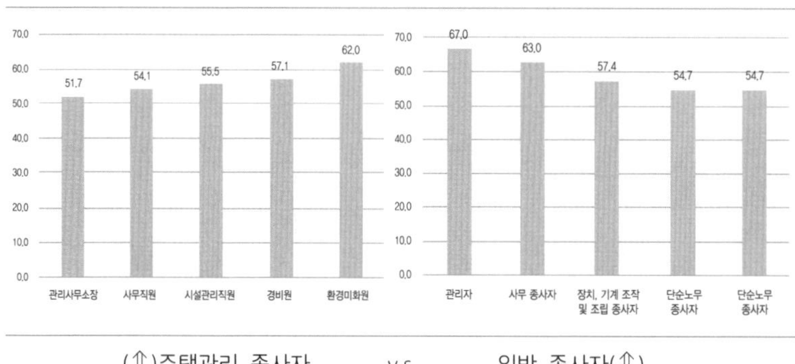

(⇑)주택관리 종사자 v.s. 일반 종사자(⇑)

인간관계 만족도는 직장생활에서 사람들 간의 관계를 통해 형성되는 만족도를 말하며, 주택관리 종사자의 경우에는 직장동료, 입주민, 입주자대표회의 등과의 관계를 통해서 형성되는 만족도를 말한다. 종사자의 인간관계 만족도를 주택관리 종사자와 일반적인 종사자(한국표준직업분류에서 대분류 직업)로 구분하여 살펴보았다.

주택관리 종사자의 인간관계 만족도는 관리사무소장 51.7점, 사무직원 54.1점, 시설관리직원 55.5점, 경비원 57.1점, 환경미화원 62.0점으로 조사되었다. 인간관계 만족도가 가장 낮은 종사자는 관리사무소장으로 나타났으며, 가장 높은 종사자는 환경미화원으로 조사되었다.

주택관리 종사자와 일반 종사자의 인간관계 만족도를 비교한 결과 관리사무소장, 사무직원, 시설관리직원은 일반 종사자보다 만족도가 낮은 반면, 경비원, 환경미화원은 일반 종사자보다 만족도가 높은 것으로 나타났다. 세부적으로 만족도 차이는 관리사무소장 -15.3, 사무직원 -8.9, 시설관리직원 -1.9, 경비원 +2.4, 환경미화원 +7.3으로 나타났다.

Ⅳ. 소결

주택관리 종사자의 만족도는 매우 낮은 것으로 조사되었다. 전반적인 업무 만족도를 살펴보면, 관리사무소장 46.4점, 사무직원 54.9점, 시설관리직원 53.6점으로 일반적인 종사자들보다 약 2.5~21.0점 낮은 것으로 조사되었다. 또한 전반적인 업무 만족도뿐만 아니라, 임금 만족도, 고용안정성 만족도, 근무환경 만족도 등도 상대적으로 낮은 것으로 나타났다.

우리나라의 대다수 사람들이 아파트 등 공동주택에 거주한다는 점으로 볼 때, 우리나라 사람들이 안전하고 편하게 거주하는 것에 기여하고, 공용시설물 등을 관리하는 종사자들의 업무 만족도가 일반적인 종사자들보다 크게 낮다는 것은 시사점이 크다고 볼 수 있다. 주택관리 종사자들의 만족도가 왜 낮은지, 이를 개선하기 위해서는 앞으로 어떠한 노력들이 필요한지에 관한 추가적인 연구가 필요한 시점이다. 아파트 공동체의 상생을 위해서는 그 무엇보다도 아파트 주민들의 행복한 주거생활을 위해 보이지 않는 곳에서 묵묵히 일하고 있는 주택관리 종사자들에 대한 세심한 관심에서부터 시작될 수 있기를 기대한다.

참고문헌

강은택 · 정효미(2015), 노인가구의 주거특성이 주거만족도에 미치는 영향, 주거환경, 13(1), pp. 109−121

김준우 · 김용구 · 전동진(2017), 아파트 경비근로자 실태와 개선방안−부평구 아파트 의무 관리대상과 비의무 관리대상을 중심으로, 인천학연구, 26, pp. 309−329

마강래 · 강은택(2015), 한국노동패널조사에 나타난 한국 도시민의 주관적 삶의 안녕감에 대한 고찰, 도시 · 부동산정책 연구, 3(1), pp. 39−65

하성규 · 이창로 · 정수영 · 이상임 · 박정빈 · 김주현 · 남우근(2017), 아파트 노동자의 현실: 우리도 행복하게 일할 수 있을까?, 부연사

통계청, 주택총조사 http://kosis.kr

한국표준직업분류, 2007

「공동주택관리법」

「서울특별시 공동주택관리규약 준칙」

CHAPTER

06

공동주택 내 부당간섭의 실태와 개선방향

— 한영화, 한영화 법률사무소 대표변호사 —

CHAPTER 06

공동주택 내 부당간섭의 실태와 개선방향

— 한영화, 한영화 법률사무소 대표변호사 —

Ⅰ. 서론

각양각색의 사람이 모인 사회에서는 일방통행이 아닌 쌍방통행인 수많은 관계로 연결된다. 삶의 터전인 공동주택 역시 사람들이 모여 살고 있는 '작은 사회'이다 보니 끊임없는 쌍방통행이 진행 중이다.

이러한 쌍방통행을 규율하는 사회적 약속으로서, 법, 관리규약 등이 존재하고 있지만, 실상을 들여다보면 소위 '갑질'이라고도 불리는 부당간섭 등 '법치(法治)'가 아닌 '인치(人治)'가 만연하고 있는바 공동주택 또한 예외가 아니다.

이에 국회에서는 '입주자대표회의의 위법·부당한 간섭·지시가 있어도 인사상 불이익(해임 등)을 이유로 이에 따를 수밖에 없는 것이 현실'임을 전제로,[1] 2016. 8. 12.부터는 「공동주택관리법」 제65조에 입주자대표회의의 관리사무소장의 업무에 대한 부당간섭 배제라는 규정이 신설되기까지 하였고 2017. 9. 22.부터는 근로자에게 부

1 허태수, "관리사무소장에 대한 입주자대표회의의 부당간섭 배제", 『공동주택관리법안 검토보고』, 국토교통위원회, 2014, p. 65.

당한 지시를 하거나 명령을 하여서는 아니 된다는 개정까지 이루어져 시행 중에 있지만, 여전히 답보 상태로서 '공동'주택에서 '공존'주택으로 한 걸음 더 나아가기 위한 제반의 노력이 절실하다.

궁극적으로는 존재 자체로 귀한 사람을 향해, '소 잃고 외양간 고치기' 전 '외양간 고치고 소 안 잃기'의 관점에서, 공동주택 내 부당간섭의 실태와 개선방향에 관하여 함께 소통해보고자 한다.

Ⅱ. 공동주택 내 부당간섭의 실태

이미 발생한 부당간섭으로 인하여 소를 잃은 마음 자체를 온전히 치유할 수 없다는 게 몹시 유감이지만, 관심이라는 시작을 반으로 이어질 다음 걸음에 분명 의미가 있으리라 믿으며, 이하에서는 민·형사상 주요 판결을 통하여 '왜 소를 잃어왔는지' 공동주택 내 부당간섭의 실태를 면밀히 살펴보기로 한다.

1. 부당간섭 관련 민사상 주요 판결

1) 입주자대표회의 구성원의 주택관리업자에 대한 직원 교체 요구

(1) 입주자대표회의 회장이 독단적으로 주택관리업자에게 관리사무소장 교체 요구

입주자대표회의는 주택관리업자가 공동주택을 관리하는 경우에는 주택관리업자의 직원인사·노무관리 등의 업무수행에 부당하게 간섭하여서는 아니됨에도 불구하고(구 「주택법 시행령」 제51조 제5항) 입주자대표회의 회장이 입주자대표회의 심의 없이 회장의 직위를 이용하여 독단적으로 주택관리업자에게 관리사무소장의 교체를 여러 차례 요구하는 등의 행위를 한바, 이는 관리규약상 고의·중과실 등으로 관계규정을 위반한 때에 해당하여 정당한 해임사유가 있다고 판시함(전주지방법원 2008. 4. 11. 선고 2007가합4921 판결).

(2) 입주자대표회의의 부당한 주택관리업자의 직원 교체 요구 시 이에 따른 비용은 이를 책임지기로 약속한 입주자대표회의 구성원이 부담

입주자대표회의와 주택관리업자 A회사 사이의 공동주택관리 위·수임 계약서 제4조 제3항에 "입주자대표회의 구성원 과반수나 과반수의 입주민이 특정 직원의 교체를 요구한 경우 A회사는 이유 없이 2개월 이내에 교체해야 한다"라고 기재돼 있고 같은 계약서 제5조 제4항에 "A회사가 직원과 관련, 노동법 및 근로기준법상 채권, 채무 발생 시 모두 A회사에 귀속되고 A회사의 책임과 부담이 된다"라고 기재돼 있는 사실은 인정되나, 위 계약서 중 입주자대표회의가 부적격자로 판단하는 직원에 대한 교체 요구에 관한 내용이 기재돼 있는 제4조 제2항의 취지 및 공동주택 관리계약의 취지와 계약의 이행에 요구되는 신의성실의 원칙 등을 고려해볼 때 입주자대표회의가 부당하게 관리직원 교체 요구를 해 그에 따른 비용이 발생할 경우에도 이를 A회사가 부담한다고는 볼 수 없을 뿐만 아니라 입주자대표회의와 동별 대표자 B가 근로계약상 사업자 지위에 있지 않고 관리사무소 직원들의 근로계약상 당사자가 A회사더라도 동별 대표자 B가 이미 근로계약상 발생할 수 있는 모든 비용을 책

임지기로 약속해 입주자대표회의가 이를 A회사에게 알리고 A회사가 관리사무소 직원들에 대한 인사조치를 단행한 이상, 이로 인한 비용은 동별 대표자 B가 부담해야 한다고 판시함(대법원 2014. 11. 27. 선고 2014다53288 판결).

(3) 관리사무소장, 주택관리업자의 업무에 부당간섭한 입주자대표회의 회장의 해임사유 인정

「공동주택관리법」 제65조 제1항은 입주자대표회의(구성원을 포함한다)는 관리사무소장의 업무에 부당하게 간섭하여서는 아니된다고 규정하고 있고, 이 사건 아파트 관리규약 제14조 제2항은 입주자대표회의와 관리주체 상호 간에 업무를 부당하게 간섭하는 것을 금지하고 있으며, 같은 조 제3항은 「공동주택관리법」 제65조에 따라 입주자대표회의는 관리사무소장의 업무에 부당하게 간섭하는 것을 금지하고 있으므로 입주자대표회의 구성원이 주택관리업자의 업무수행에 부당하게 간섭하는 것은 해임투표의 발의사유에 해당하는데, 입주자대표회의 회장은 이 사건 아파트 C동 앞 상수도관이 낡아 파열되는 사고가 발생하자 관리사무소장이 휴일에 택시를 타고 누수현장에 나타나 사고를 수습하고 상수도사업본부에 상수도파열로 인한 누수분 감액을 신청해 상수도요금 삼백팔십팔만구천백이십원(3,889,120원)을 감액받도록 노력했음에도 입주자대표회의 등에서 관리사무소장이 상수도파열에 대해 늦장 대처를 함으로써 공사비 일백삼십만 원(1,300,000원)을 과다 지출하게 만들었다고 주장했고 관리사무소장이 입주자대표회의 직인을 도용해 회장의 승인 없이 공고문에 날인했다거나 급여가 1년에 1회 인상돼야 함에도 2회 인상

됐다고 하는 등 허위사실을 유포하는 방법으로 관리사무소장의 정상적인 업무를 방해했고, 「공동주택관리법」 제5조 제2항, 같은 법 시행령 제3조는 공동주택 관리방법의 결정 또는 변경은 입주자대표회의 의결로 제안하고 전체 입주자 등의 과반수가 찬성하거나 전체 입주자 등의 10분의 1 이상이 제안하고 전체 입주자 등의 과반수가 찬성으로 정한다고 규정하고 있고, 같은 법 제7조 제2항과 같은 법 시행령 제5조 제3항은 입주자 등은 기존 주택관리업자의 관리 서비스가 만족스럽지 못한 경우 전체 입주자 등 과반수의 서면동의에 따라 새로운 주택관리업자 선정을 위한 입찰에서 기존 주택관리업자의 참가를 제한하도록 입주자대표회의에 요구할 수 있다고 규정하고 있으며, 같은 법 시행령 제14조 제5항은 입주자대표회의는 주택관리업자가 공동주택을 관리하는 경우에는 주택관리업자의 직원인사·노무관리 등의 업무수행에 부당하게 간섭해서는 아니된다고 규정하고 있으므로 주택관리업자와 사이에 체결된 공동주택에 관한 위·수탁 관리계약을 해지하거나 그 내용의 변경을 요구하는 경우에도 최소한 입주자대표회의 의결과정을 거치거나 전체 입주자 등의 의사를 물어 결정해야 하는 것으로 봄이 상당하고, 이러한 절차 없이 독단적으로 주택관리업자에게 계약내용의 변경을 요구하거나 직원인사·노무관리 등의 업무수행에 부당하게 간섭해서는 아니되는데, 입주자대표회의 회장은 입주자대표회의 의결과정이나 이 사건 아파트 입주자 등의 의견수렴절차를 거치지 않은 채 이 사건 아파트 위탁관리회사 사무실을 방문해 관리사무소장에 대한 교체를 요구했고 이후로도 위탁관리회사에게 '2016. 12. 31.까지 아파트 관리사무소장을 교체해줄 것을 건의하며 관철되지 않을 경우 구청 민원접수 등 제반조치를 강구하겠다'고 협박하는 내용의 문서를 보내는 등의 방법으로 주택관리업자의 직원인사 · 노무관리 등의 업무수행에 부당하게 간섭하는 등 입주자대표회의 회장에 대한 해임사유 중 주된 부분은 관리사무소장의 업무에 부당하게 관여하고 독단적으로 계약을 해지하려 했다는 것인데 이 부분 해임사유가 명백히 인정된다고 판시함(광주지방법원 2017. 4. 12. 선고 2017카합50123 결정).

2) 입주자대표회의 구성원의 관리과장 대리에 대한 취업방해

관리과장 대리는 이 사건 아파트 관리사무소를 그만둔 뒤 D아파트 관리사무소에 취직하려고 하였는바 그 취업을 위한 이력서를 작성하면서 이 사건 아파트 관리사무소에 근무한 경력을 기재하였고 이에 D아파트 관리사무소 측에서는 이 사건 아파트 입주자대표회의 쪽에 관리과장 대리의 경력을 조회하였는바 이 사건 입주자대표회의 회장 E는 D아파트 관리사무소 측에게 관리과장 대리가 아파트관리위원회의 징계위원회에 상정된 이력이 있을 뿐 아니라 그 인간성에도 문제가 있다는 내용의 메일을 보내는 등 관리과장 대리의 취업을 방해하기 위한 행위를 하였고 이로 인하여 관리과장 대리에게 손해가 발생하였음을 넉넉히 추단할 수 있으므로, 입주자대표회의 회장 E 및 그 사용자인 입주자대표회의는 연대하여 관리과장 대리에게 입주자대표회의 회장 E의 위와 같은 취업방해 행위로 인하여 관리과장 대리가 입은 상당한 정신적 고통을 금전으로나마 위자할 의무가 있다고 판시함(대구지방법원 2010. 7. 23. 선고 2009가단57351 판결).

3) 입주자대표회의 구성원의 관리사무소장에 대한 모욕

동별 대표자는 수원지방법원 안산지원 앞 화단에서 방송기자와 인터뷰를 하는 도중 이 사건 아파트 노인회 회원 5명 등이 있는 앞에서 위 기자에게 "그런데 회장이 되고, 동대표 회장이 되고, 부녀 회장이 되면 파워가 막강하잖아요. 그러니까 자기가 위태로운 거예요, 소장이 비리가 너무 많기 때문에 너무 잘못한 게…….."라고 말하였고 위 발언은 방송프로그램을 통하여 보도된바 법원은 위 동별 대표자에게 모욕죄의 유죄를 인정하고 병합된 다른 죄책들과 합해 벌금 100만 원을 선고하여 판결이 확정된 사실에 의하면, 동별 대표자는 관리사무소장이 아파트 소장직을 수행하면서 비리를 저질렀다는 사실이 밝혀진바 없음에도 파급력이 큰 방송사와 인터뷰를 하면서 마치 관리사무소장이 많은 비리를 저질렀다는 취지로 말하여 모욕하였고 이로 인하여 관리사무소장이 정신적 고통을 받았을 것임은 경험칙상 분명하다 할 것이므로 동별 대표자는 금전으로나마 이를 위자할 의무가 있다고 판시함(수원지방법원 2010. 12. 21. 선고 2010나20508 판결).

4) 입주자 등의 경비원에 대한 폭행 등

주민은 평소 자기 아파트 앞 놀이터에서 아이들의 떠드는 소리로 인하여 망인을 비롯한 경비원들과는 물론이고 아이들의 부모들과도 잦은 마찰이 있어왔고 경비원으로 일하던 망인은 주민과의 마찰 때문에 아파트 관리사무소장에게 경비초소를 다른 곳으로 옮겨달라고 요구하기도 하였으나 받아들여지지 않았는데, 주민은 지하주차장

입구에서 동네 아이들이 놀이터에서 시끄럽게 하는데도 경비원인 망인이 이를 제지하지 않는다는 이유로 망인에게 불만을 제기한 것이 발단이 되어 서로 말 다툼을 하던 중 망인에게 "야이, 씨발. 경비니 뭐하는 거고. 니가 하는 게 뭐 있노!"라고 욕설을 하며 손으로 가슴을 치고 멱살을 잡고 정문 경비실로 끌고 갔고 계속해서 "경비가 그런 것도 안 하고 뭐했냐!"라고 말하며 다시 망인의 가슴을 수회 쳤으며 그로 인하여 망인에게 약 2주간의 치료를 요하는 경추부 염좌 등의 상해를 입게 하자, 망인은 주민들과 자녀들 앞으로 '주민께 용서를 빕니다. 아무 잘못 없이 폭력을 당하고 보니 머리가 아파 도저히 살 수가 없어 이런 결정을 하게 되었습니다. 아무 잘못이 없는 나에게 경비가 무엇하는 경비냐는 말과 폭력을 당하고 보니 내가 왜 그런 폭력을 당해야만 하는지 머리가 돌 지경입니다. 차후 경비가 이런 언어폭력과 구타를 당하지 않게 해주세요. 언어폭력과 폭행을 당해본 본인은 어디 가서 하소연합니까. 주민 여러분, 내 잘못이 있다면 나를 용서하시고 아파트 경비가 언어폭력과 폭행당하지 않게 해주세요.', '아들, 딸 내 말 잘 듣고 생활하는 데 지장이 없도록 하라. 세상을 살다 보면 좋은 일 나쁜 일 많다. 아빠가 아무것도 하지 못하고 세상을 떠난다 해도 모든 것을 용서하고 살아라. 아빠가 언어폭력과 폭력을 당해 머리가 아파 살 수가 없다. 경비가 무엇하는 경비냐는 말이 내 머리를 떠나지 않는구나. 내 머리가 터지기 전에 먼저 저리 가고 싶구나. 마지막 엄마 잘 모시고 잘 살기 바란다.'는 내용의 각 유서를 남기고 근무지 아파트의 옥상에서 뛰어내려 사망한바, 주민의 폭행 등이 망인에게 정신적 충격이나 육체적 고통을 주었다고 하더라도 나아가 망인으로 하여금 자살을 결의

하게 하고 이를 실행해 옮기도록 한다는 것은 통상적으로 예측하기 어렵다고 할 것이고 주민이 망인에게 폭행 등을 가하게 된 원인, 그 경위 및 정도 등 모든 사정 등에 비추어 보면 주민의 폭행 등과 망인의 자살 사이에 상당인과관계가 있다고 보기는 어려우나, 다만, 주민의 폭행 등과 망인의 자살 사이에 상당인과관계가 없다고 할지라도 주민이 평소 별다른 근무상의 잘못이 없는 망인에게 잦은 항의를 해왔고 급기야 폭행을 가하여 상해를 입게 하였을 뿐만 아니라 고령인 망인의 멱살을 잡아 상급자에게로 끌고 가는 등 육체적 고통뿐만 아니라 모멸감 등의 심적인 고통을 가함으로써 결국 망인뿐만 아니라 그 가족들에게도 상당한 정신적 고통을 주었다고 할 것이므로 주민은 그로 인하여 망인 및 그 가족들이 입은 정신적 손해를 배상할 책임이 있다고 판시함(창원지방법원 2012. 1. 19. 선고 2010가합11378 판결).

5) 입주자대표회의 구성원의 관리사무소장에 대한 폭행 및 부당고소 등 권리남용

고소·고발 등을 함에 있어 피고소인 등에게 범죄혐의가 없음을 알았거나 과실로 이를 알지 못하는 경우 그 고소인 등은 그 고소·고발로 인해 피고소인 등이 입은 손해를 배상할 책임이 있다 할 것인바 이때 고소·고발 등에 의해 기소된 사람에 대해 무죄의 판결이 확정됐다고 해 그 무죄라는 형사판결 결과만으로 그 고소인 등에게 고의 또는 과실이 있었다고 바로 단정할 수는 없고 고소인 등의 고의 또는 과실의 유무에 대한 판단은 선량한 관리자의 주의를 표준으로 해 기록에 나타난 모든 증거와 사정을 고려해 판단해야 하며(대법원 1996. 5. 10. 선고 95다45897 판결, 대법원 2007. 10. 11. 선고 2006다33241 판결 등 참조), 부당고소로 인해 피고소인 등이 그에 대응하기 위해 변호사선임비용을 지출하게 됐다면 고소인 등은 위 비용을 상당하다고 인정되는 범위 내에서 배상할 의무가 있는바(대법원 1977. 4. 12. 선고 76다2491 판결, 대법원 2009. 6. 23. 선고 2007다3650 판결 등 참조), 입주자대표회의 회장 F는 관리사무소장을 상해죄로 고소한 후 수사기관에서 피해자로서 관리사무소장이 입주자대표회의 회장 F를 밀어 상해를 가했다고 적극적으로 허위사실을 진술하고 형사사건 법정에 증인으로 출석해서도 같은 취지로 증언한 사실, 그러나 관리사무소장은 위 상해사건에 관해 무죄판결을 받아 그 판결이 확정된 사실, 입주자대표회의 회장 F는 위 재판 진행 중 재판부에 탄원서, 진정서 등을 제출해 '관리사무소장에게 폭행당해 평생 동안 다리를 절면서 살아가야 하는 불구자신세가 됐다'는 취지로 주장한 사실, 입주자대표회의 회장 F가 관리사무소장을 폭행할 당시 촬영된 CCTV 녹화영상에 의하면 관리사무소장이 걸어가던 중 뛰어온 입주자대표회의 회장 F가 관리사무소장의 멱살을 잡고 흔든 후 끌고 가는 장면이 나타나는 사실 등을 위 법리에 비춰 살펴보면 다른 특별한 사정이 없는 한 입주자대표회의 회장 F의 고소내용은 객관적 진실에 부합하지 아니하는 것으로서 고소 당시부터 고소내용이 객관적 진실에 부합하지 아니해 관리사무소장에게 범죄혐의가 없음을 알았다고 할 것이어서 부당고소로 인한 불법행위책임을 부담한다고 할 것이므로 입주자대표회의 회장 F는 관리사무소장이 위 형사사건에서 변호사선임비용으로 지출한 비용을 배상할 의무가 있을 뿐만 아니라, 앞서 인정한 바와 같이 입주자대표회의 회장 F는 관리사무소장의 멱살을 잡는 등 폭행한 점, 오히려 관리사무소장이 입주자대표회의 회장 F를 폭행해 평생 병신신세가 됐다는 내용으로 허위, 과장된 내용의 인쇄물을 게시하거나 유포한 점, 관리사무소장을 상해죄로 부당고소한 점, 배임, 업무상 배임죄로 고소한 건에 대하여도 모두 혐의없음 처분을 받은 점 등 관리사무소장을 괴롭히기 위한 수단으로서 권리를 남용해 고의로 고소 등을 제기한 것이라고 봄이 상당하고 이와 같은 권리남용은 불법행위를 구성하므로 입주자대표회의 회장 F는 이로 인해 관리사무소장이 입은 정신적 손해를 배상할 책임이 있다고 판시함(대구지방법원 2016. 10. 14. 선고 2016가단101027 판결).

6) 입주자대표회의 구성원, 입주자 등의 과도한 질책 등으로 인한 관리사무소장, 경비원의 사망

(1) 입주자대표회의 회장의 질책 등으로 인한 관리사무소장의 사망

「산업재해보상보험법」에서 말하는 업무상 재해라 함은 근로자가 업무수행 중 업무에 기인하여 발생한 근로자의 부상, 질병, 신체장애 또는 사망을 뜻하는 것이므로 업무와 재해 발생 사이에 인과관계가 있어야 하지만 재해가 업무와 직접 관련이 없는 기존의 질병이더라도 업무상 과로가 질병의 주된 원인에 겹쳐서 질병을 유발 또는 악화시켰다면 인과관계가 있다고 보아야 할 것이고 인과관계의 유무는 보통 평균인이 아니라 당해 근로자의 건강과 신체조건을 기준으로 판단하여야 하며 그 인과관계는 반드시 의학적, 자연과학적으로 명백히 입증하여야만 하는 것은 아니고 근로자의 취업 당시의 건강상태, 발병 경위, 질병의 내용, 치료의 경과 등 제반사정을 고려할 때 업무와 질병 또는 그에 따른 사망과의 사이에 상당인과 관계가 있다고 추단되는 경우에도 그 입증이 있다고 보아야 할 것이고 따라서 과로의 내용이 통상인이 감내하기 곤란한 정도이고 본인에게 그로 인하여 사망에 이를 위험이 있는 질병이나 체질적 요인이 있었던 것으로 밝혀진 경우에는 과로 이외에 달리 사망의 유인이 되었다고 볼 특별한 사정이 드러나지 아니하는 한 위 업무상 과로와 신체적 요인으로 사망한 것으로 추정함이 경험칙과 논리칙에 부합한다 할 것인바(대법원 1999. 2. 9. 선고 98두16873 판결, 대법원 1994. 6. 28. 선고 94누2565 판결 등 참조), 망인의 기본적인 업무 자체는 아파트 관리사무소장으로서 근무하는 사람들이면 할 수 있는 정도이나, 망인의 사망 당시 이 사건 아파트는 입주한 지 1년이 조금 넘은 신규 아파트였기 때문에 하자보수 관련 민원이 많이 발생하였고 그에 따라 하자보수대상물의 파악 및 하자시설물에 대한 우선 보수시설물 파악, 하자보수 관련 회의 주관 등 수많은 추가적 업무들을 수행하여야만 했고 그 밖에도 아파트 단지 내의 조경사업을 효율적으로 진행하기 위하여 조경교육 등을 틈틈이 받아 매우 고되고 힘든 근무생활을 하였고 근무시간도 출·퇴근시간을 포함하여 하루 9시간 정도였으며 위와 같은 추가적 업무들을 수행하느라 휴일근무 및 늦은 시간까지의 야근을 자주 하면서 육체적 피로가 누적되었을 뿐만 아니라, 이 사건 아파트의 하자보수 관련 민원이 많이 제기되면서 입주자대표회의 회장으로부터 질책을 받는 등의 잦은 마찰, 이 사건 아파트 시공사와의 마찰 등으로 인하여 극심한 정신적인 스트레스를 받은 나머지 이 사건 재해를 당한 사실을 넉넉히 인정할 수 있는 점, 망인이 고혈압의 질환을 가지고 있어서 약물 치료를 받았던 점, 망인이 휴일근무 후 퇴근하여 자택에서 쉬던 중 쓰러져 병원으로 이송하면서 사망한 점, 심근경색 등과 같은 심장질환에서는 과로나 심한 스트레스 등이 치명적인 증상을 유발할 수 있는 점 등 제반사정을 고려하여 보면, 망인의 위와 같은 과로 및 스트레스가 심근경색 등 심장질환을 직접적으로 야기하였거나 심장질환의 주된 원인과 겹쳐서 질병을 유발하였던 것으로 볼 수 있고 그렇지 않더라도 기존의 질병인 고혈압이 과로 및 스트레스로 인하여 자연적인 진행속도 이상으로 급격히 악화되어 망인이 사망하였다고 할 것이므로, 망인의 관리사무소장으로서의 업무와 심장질환 또는 그에 따른 사망과의 사이에 상당인과관계가 있다고 추단되어 업무상 재해에 해당한다고 판시함(청주지방법원 2009. 2. 12. 선고 2008구합964 판결).

(2) 입주자의 괴롭힘 등으로 인한 경비원의 사망

사용자는 근로계약에 수반되는 신의칙상의 부수적 의무로서 피용자가 노무를 제공하는 과정에서 생명, 신체, 건강을 해치는 일이 없도록 물적 환경을 정비하는 등 필요한 조치를 강구하여야 할 보호의무를 부담하고 이러한 보호의무를 위반함으로써 피용자가 손해를 입은 경우 이를 배상할 책임이 있는바(대법원 1999. 2. 23. 선고 97다12082 판결 등 참조), 망인은 G동에서 경비원으로 근무하는 동안 주민 H로부터 심한 정신적 스트레스를 받았고 위 스트레스가 원인이 되어 망인의 우울증이 더욱 악화된 것으로 보이는 점, G동은 주민 H의 경비원들에 대한 과도한 괴롭힘으로 인해 경비원들 사이에 근무 기피지로 널리 알려진 곳이었고 관리주체 역시 이러한 사정을 인지하였던 것으로 보이는바 관리주체는 근무기피지에 근무하는 망인의 애로사항 등에 대해 좀 더 세심하게 신경 써야 할 필요성이 있었던 점, 망인은 망인의 상사에게도 주민 H로 인해 과도한 스트레스를 받고 있으니 근무지를 옮겨 달라고 요청하기도 하였으나 상사는 적극적인 보호조치를 취하기보다는 망인의 사직을 권유한 점, 망인에 대한 안전배려의무를 부담하고 있는 관리주체는 망인의 상황이 악화되지 않도록 근무부서를 변경하는 등의 적절한 조치를 취하여야 할 주의의무가 있다 할 것인데도 별다른 조치를 취하지 않은 점, 근로복지공단은 망인이 입주민과의 심한 갈등으로 인한 업무상 스트레스로 자살에 이르게 되었다는 점을 근거로 업무상 재해에 해당한다고 인정한 점 등을 종합하면, 이 사건 사고는 주민 H의 위법한 가해행위와 관리주체의 피용자인 망인에 대한 보호의무 위반으로 인한 과실이 경합하여 발생한 것이므로, 주민 H 및 관리주체에게는 공동불법행위로 인한 손해배상책임이 있다고 판시함(서울중앙지방법원 2017. 3. 10. 선고 2014가단5356072 판결).

2. 부당간섭 관련 형사상 주요 판결

1) 입주자대표회의 구성원이 관리사무소 내 문서손괴

입주자대표회의 회장은 아파트 관리사무소 사무실에서 관리사무소가 보관 중이던 문서 1장을 "쓸데없는 짓들 하고 있다."며 찢어버림으로써 그 효용을 해한바, 아파트 입주자대표회의 회장이라 하여 아파트 관리사무소 또는 입주자대표회의 소유라 할 문서를 함부로 손괴할 권한이 있다고 볼 수 없으며 특히 당시 입주자대표회의 회장과 관리사무소장 또는 아파트 입주자대표회의 감사 등과의 사이에 분쟁이 있는 상황에서 입주자대표회의 회장이 자신에게 불리한 내용을 담고 있는 것으로 보이는 이 사건 문서가 입주자대표회의에 상정되는 것을 막기 위하여 이 사건 문서를 삭제한 사정을 엿볼 수 있어 입주자대표회의 회장이 당시 이를 손괴하더라도 죄가 되지 않는다고 오인하였거나 그 오인에 정당한 이유가 있다고 보기도 어려우므로, 문서손괴죄 등으로 벌금 200만 원의 형을 선고함(대전지방법원 논산지원 2003. 1. 30. 선고 2002고단89 판결).

2) 입주자 등이 경비원, 관리사무소장에 가한 상해

(1) 입주자가 경비원들에 가한 상해

주민이 경비실 앞에서 그곳 경비원에게 지하주차장에서 차를 주차하면서 지갑을 분실하였다면서 CCTV로 확인을 요청하였는데 CCTV를 확인한 경비원으로부터 사각지대로 확인하기 어렵다는 말을 듣자 "너희가 책임을 져야 하는 것이 아니냐!"며 시비를 걸면서 우측 손바닥으로 경비원의 뺨과 턱 부위를 3회 때리고 좌측 손등으로 우측 뺨을 2회, 우측 손바닥으로 좌측 뺨을 3회 각각 때렸고 계속하여 위 경비원에게 "책임자를 불러, 총괄이 누구냐!"며 책임자를 부르도록 하여 다른 경비원을 전화로 부르는 경비원의 뒤통수를 손바닥으로 3회 때리고 경비원의 전화기를 빼앗아 다른 경비원에게 "네가 책임자야, 씹새끼야, 빨리 내려와!"라고 소리를 질러 다른 경비원을 위 경비실로 오도록 하였는데 경비실에 온 다른 경비원으로부터 지갑을 분실하였다는 지점이 CCTV로 확인이 되지 않는 사각

지대라는 설명을 들었음에도 "너희는 도대체 하는 일이 뭐냐, 너희는 살인이 나도 방치할거냐!"라며 다른 경비원의 멱살을 잡고 수회 밀치고 손가락을 입속에 집어넣어 후비고 손으로 얼굴을 수회 때리는 등 경비원들을 구타하여 약 3주간의 치료가 필요한 우측 턱관절 염좌를, 약 2주간의 치료가 필요한 경추 염좌 등의 상해를 각각 가한바, 경위가 어쨌든 이 사건 범행은 사회적으로 신방받는 신분인 주민이 자신의 아파트 경비원인 피해자들을 상당 시간에 걸쳐 일방적으로 폭행한 것으로서 그 죄질 및 범정이 가볍지 않고 피해자들과 사이에 합의가 이루어지지 않은 점 등의 불리한 정상, 그 밖에 주민의 연령, 성행, 가족관계, 가정환경, 범행의 동기와 수단, 범행 후의 정황 등 양형 조건들을 종합하여 상해죄로 징역 4월, 집행유예 1년, 사회봉사명령 80시간을 선고함(서울중앙지방법원 2016. 1. 14. 선고 2015고단6839 판결).

(2) 입주자가 경비원에 가한 상해

주민이 이 사건 아파트 I동 앞길에서 경비원이 길에 청소도구인 쓰레받기를 놓아 두어 통행에 방해가 된다는 이유로 쓰레받기를 걷어찬 다음 경비원이 항의한다는 이유로 양손으로 멱살을 잡고 머리를 1회 때리고 머리채를 잡아 넘어뜨린 후 양손으로 머리를 잡아 수회 내리찍어 뒤통수를 바닥에 부딪치게 한 후 경비원이 주민의 옷을 잡고 제지하자 양손으로 경비원의 머리를 잡고 소나무에 머리를 수회 부딪치게 함으로써 경비원에게 약 14일간의 치료가 필요한 두피 좌상 등을 가한바, 주민이 별다른 이유 없이 경비원의 머리를 때리고 넘어뜨린 후 머리를 잡아 바닥에 내리찍는 등으로 폭행하여 경비원에게 두피 좌상 등을 가한 행위는 경비원에게 중한 상해를 가할 수도 있는 매우 위험한 행위인 점, 다른 피해자들에게도 사소한 이유를 들어 폭행을 가한 점, 피해자들에 대하여 아무런 피해 회복 조치가 이루어지지 않은 점, 이 사건 각 범행 외에도 비슷한 시기에 특별한 이유 없이 폭행을 한 범죄사실로 여러 차례 약식명령을 발령받은 바 있는 점 등의 불리한 정상, 그 밖에 양형 조건을 고려하여 상해죄 등으로 징역 1년 6월의 형을 선고함[서울남부지방법원 2016. 7. 13. 선고 2016고단1548, 2021(병합) 판결].

(3) 입주자가 관리사무소장에 가한 상해

주민이 관리사무소장의 안경을 벗긴 뒤 손바닥으로 얼굴 부위를 때려 넘어지게 한 후 계속하여 넘어진 관리사무소장의 등, 허벅지 부위를 발로 수회 차 피해자로 하여금 약 8주간의 치료를 필요로 하는 안와골절, 비골골절 등의 상해를 가한 것으로 폭행의 태양, 상해의 정도 등에 비추어 죄책이 가볍지 않은 점, 관리사무소장과 합의에 이르지 못했고 관리사무소장은 처벌을 원하고 있는 점 등의 불리한 정상, 그 밖에 동별 대표자의 연령, 성행, 환경, 가족관계, 범행의 동기, 범행의 수단과 결과, 범행 후의 정황 등 모든 양형 요소를 종합하여, 주민에 대하여 상해죄로 징역 8월, 집행유예 2년, 사회봉사명령 120시간을 선고함(수원지방법원 2018. 5. 3. 선고 2017노6069 판결).

3) 입주자 등이 가한 상해로 인한 경비원의 사망

주민 J, K는 형제지간으로서 공모하여 이 사건 아파트 L동 앞길에서 술에 취한 상태에서 주차금지구역에 승용차를 주차하려고 하다가 경비원으로부터 제지받자 이에 화가 나 주민 J는 손으로 경비원의 얼굴을 수회 때리고 발로 피해자의 몸을 수회 걷어차고 주민 K는 손으로 경비원의 머리 부위를 수회 때리다가 땅에 넘어진 경비원을 약 10m가량 끌고 간 뒤 발로 경비원의 머리 부위를 수회 밟는 등 경비원에게 외상성 축삭성 뇌손상 등을 가하여 경비원을 뇌부종 및 다발성 장기 부전으로 사망에 이르게 한바, 이 사건 범행은 주민 J, K가 술을 마신 후 아파트의 주차금지구역에 무리하게 주차를 하려고 하다가 그 아파트 경비원이 이를 제지하자 단지 자신들의 주차를 제지한다는 이유만으로 합세하여 경비원을 무자비하게 폭행한 후 자신들의 공동 폭행으로 인하여 피를 흘린 채 쓰러져 있는 경비원을 구호하지 아니하고 그대로 방치한 채 범행 현장을 이탈하여 경비원을 사망에 이르게 한 것으로서 범행의 경위와 태양 등에 비추어 죄질이 매우 불량한 점, 주민 J, K의 이 사건 범행으로 인하여 자신의 업무를 성실히 수행하던 경비원이 고귀한 생명을 잃었고 그 유족들은 사랑하는 가족을 범죄로 인해 잃은 정신적 충격과 고통을 겪게 되는 등 범행의 결과가 매우 중한 점, 그럼에도 불구하고 주민 J, K는 법정에 이르기까지 자신들의 잘못을 진정으로 반성하는 모습을 보이지 않고 있는 점, 유족들과 합의된 바 없는 점 등에 비추어 볼 때 피고인들을 모두 엄벌에 처함이 마땅한 점 등의 불리한 정상, 그 밖에 주민 J, K의 직업, 성행, 가정환경, 범행 후의 정황 등 제반 양형 조건들을 모두 고려하여, 주민 J, K에 대하여 상해치사죄로 각 징역 5년의 형을 선고함(의정부지방법원 2012. 1. 6. 선고 2011고합355 판결).

3. 주요 판결을 통해 본 부당간섭의 실태

이상에서의 주요 판결을 통해 살펴보면, 공동주택 내 부당간섭의 실태로는 크게 민사상 입주자대표회의 구성원의 주택관리업자에 대한 직원 교체 요구, 입주자대표회의 구성원 또는 입주자 등의 관리사무소 직원에 대한 취업방해, 모욕, 폭행 및 부당고소 등 권리남용을, 형사상 입주자대표회의 구성원 또는 입주자 등이 관리사무소 내 문서손괴, 관리사무소 직원에 가한 상해 등을 들 수 있으나 이마저도 빙산의 일각에 불과할 뿐이다.

심지어 이는 얼핏 보더라도 법리 이전에 순리라고 봄이 상당함에도 불구하고 오죽 지키지 않았으면 입법을 통해 명시적으로 규정까지 마련해두고 있는 실정이다.

이를테면, 앞서 본 판시사항 등에 기재된 바와 같이 「공동주택관리법」 제65조 제1항의 경우 입주자대표회의(구성원을 포함한다)는 관리사무소장의 업무에 부당하게 간섭하여서는 아니됨을, 같은 조 제6항의 경우 입주자 등, 입주자대표회의(구성원을 포함한다) 등은 경비원 등 근로자의 처우개선과 인권존중을 위하여 노력하여야 하며 근로자에게 업무 이외에 부당한 지시를 하거나 명령을 하여서는 아니됨을, 같은 법 시행령 제14조 제5항의 경우 입주자대표회의는 주택관리업자가 공동주택을 관리하는 경우에는 주택관리업자의 직원인사·노무관리 등의 업무수행에 부당하게 간섭해서는 아니됨을 각 규정하고 있다. 또한 「형법」상에 규정된 폭행(제260조 제1항), 상해(제257조 제1항), 모욕(제311조), 문서손괴(제366조) 등의 죄뿐만 아니라 「근로기준법」상으로도 사용자는 사고의 발생이나 그 밖의 어떠한 이유로도 근로자에게 폭행을 하지 못한다는 폭행의 금지 규정(제8조) 등이 있을 정도이다.

위와 같이 적어도 입법적으로는 이미 명시된 규정까지 존재한다는 점에 비추어 볼 때, 과연 '왜 소를 잃어왔는지'에 대한 근본적인 고찰의 일환으로, 애당초 '인치(人治)'가 아닌 '인간(人間)'을 향한 최소한의 관심과 존중의 마음을 지니고 이를 실천하는 태도의 중요성은 새삼 아무리 강조해도 지나치지 않겠다.

Ⅲ. 공동주택 내 부당간섭의 개선방향

그렇다면 '어떻게 외양간을 고쳐 더 이상 소를 잃지 않을 수 있을까'.

선행적으로는 앞서 본 '인치(人治)'가 아닌 '인간(人間)'을 향한 최소한의 관심과 존중의 마음 그리고 이를 지니고 실천하는 걸음이 최우선이 되어야 한다.

그러나 이를 온전히 기대하기란 그동안 소를 잃어온 부당간섭의 실태만 보더라도 여간 쉽지만은 않은 이상, 이하에서 구체적으로 보는 바와 같이 '인간(人間)'을 중심에 둔 현장에 알맞은 개선방향을 병행적으로 고려할 필요가 있다.

1. 상생문화: 동행

「서울특별시 성북구 동행 활성화 및 확산에 관한 조례」 제2조 제1호는 "동행(同幸)"이란 함께 행복한 상생문화로써 "사회적 약자"의 인권과 복지증진을 위해 노력하는 주민주도형 모델을 말한다고 규정하고 있고, 같은 조 제3호는 동행계약서란 각종 계약서의 당사자를 갑과 을이 아닌 함께 행복하자는 의미의 동(同)과 행(幸)으로 표기하고 대등한 지위에서 계약관계를 규정하여 상생하는 취지로 만들어진 계약서를 말한다고 규정하고 있다.

위와 같은 상생문화로서의 "동행(同幸)"의 취지를 참조하여, 공동주택 내 근로계약서, 위·수탁관리계약서 등에도 당사자를 갑과 을이 아닌 동(同)과 행(幸)으로 표기하는 등 상생을 향한 상호신뢰의 약속을 담고 이를 함께 준수해 나가는 노력은 가치 있는 초석이 되리라 믿는다.

실제로 계약서상 경비노동자 고용 보장을 위한 조항을 추가하는 등 "동행(同幸)"의 형식에서 더 나아가 실질적으로도 임금 삭감 대신 낮게 설정된 냉장고 온도를 올리고 여름 두 달을 제외한 10개월 동안 에어컨 전기 코드를 뽑거나 TV는 절전 모드로 바꾸는 등 전기료 아끼기에 나섰을 뿐만 아니라 절전 확대를 위해 에너지 자립마을을 신청해 선정되어 시로부터 지원금을 받는 등 상생을 위한 노력을 통해 고용 보장이라는 "동행(同幸)"을 구현한 사례[2]를 통해 희

---

2 심진용, "아파트 주민들이 전기 아껴서 경비원 임금 올리고 고용 보장", 경향신문, 2014. 11.28.
http://news.khan.co.kr/kh_news/khan_art_view.html?artid=201411280600045&code=940702#csidx0d6a435179669b7939e17205e83ccf2(최종방문일 2018.5.19.).

망을 보며 부디 이러한 문화가 널리 전파되고 선순환으로 이어지기를 바란다.

2. 상호평가: 소통

「주택관리업자 및 사업자 선정지침」 [별표 2] 제9호는 계약기간이 만료되는 기존 사업자(같은 지침 [별표 7]의 사업자로서 공사 사업자는 제외한다)의 사업수행실적을 관리규약에서 정하는 절차에 따라 평가하여 다시 계약이 필요하다고 「공동주택관리법 시행령」 제14조 제1항에 따른 방법으로 입주자대표회의에서 의결(임대주택의 경우 임대사업자가 임차인대표회의와 협의)한 경우 수의계약을 할 수 있다고 규정하고 있다. 「공동주택관리법」 제18조 제1항에 따라 입주자 등이 관리규약을 정할 때 참조하는 시·도 관리규약의 준칙상 사업수행실적 평가항목 및 기준(경비, 미화) 예시를 보면 가령 「서울특별시 공동주택관리규약 준칙」 제59조 제1항, [별지 제10호 서식]은 경비원의 경우 복장(복장을 제대로 갖추고 근무에 임하는지), 친절도(경비업무와 관련 문의 시 친절하게 답변을 하는지), 성실도(근무시간 내 업무에 성실히 임하고 있는지), 사고대처(경비구역 내 사고 발생 시 매뉴얼에 따라 신속히 대처하였는지)를, 미화원의 경우 복장(복장을 갖추고 청소업무를 수행하고 있는지), 친절도(청소업무와 관련하여 주민이 문의할 시 친절하게 답변을 하는지), 청결도(공동주택 내 청소구역에 대하여 항상 깨끗하고 청결하게 유지하고 있는지), 용품관리(청소용품 사용 중이나 사용 후에 정리정돈 및 관리를 잘하고 있는지)를, 경비나 미화 용역사업자의 경우 교육(현장 방문하여 근무상태를 점검하고 교육하였는지), 충원(퇴사 시 후임자를 3일 이내 충원하였는지), 처우개선(성실히 근무에 임할 수 있도록 복리 및 처우개선을 위하여 노력하고 있는지), 용역금액(재계약 용역금액이 적정한지)이 각 평가항목 및 기준으로서 각 배점은 총 50점으로 동등하고, 사업수행실적을 평가하여 계약기간이 만료되는 기존 사업자의 평가점수가 80점 이상을 받을 경우 입주자대표회의에서 구성원 과반수 찬성으로 의결하여 재계약할 수 있다.

이는 「공동주택관리법」 제65조 제6항에 입주자 등, 입주자대표회의 및 관리주체 등은 경비원 등 근로자에게 근로자의 처우개선과 인권존중 등을 위하여 노력하여야 한다고 규정하면서, 같은 조 제7항에 경비원 등 근로자는 입주자 등에게 수준 높은 근로 서비스를 제공하여야 한다고 규정하고 있는 것과 같은 맥락에서, 기준을 토대로 노사간 상호평가가 이루어진다는 점에 특히 주목할 수 있는바, 이처럼 쌍방통행인 관계에서는 어느 일방이 아닌 상호 간극을 메우려는 적극적·지속적인 소통의 자세가 뒷받침이 되어야겠다.

3. 상호균형: 공감

「산업안전보건법」 제26조의2에 따르면 사업주는 주로 고객을 직접 대면하는 등의 업무에 종사하는 근로자에 대하여 고객의 폭언, 폭행, 그 밖에 적정 범위를 벗어난 신체적·정신적 고통을 유발하는 행위로 인한 건강장해를 예방하기 위하여 필요한 조치를 하여야 하는바, 사업주는 고객의 폭언 등으로 인하여 근로자에게 건강장해가 발생하거나 발생할 현저한 우려가 있는 경우 업무의 일시적 중단 또는 전환 등 필요한 조치를 하여야 하고 이러한 조치를 하지 아니한 자에게는 1천만 원 이하의 과태료를 부과하며(같은 법 제68조 제2호의2), 근로자는 사업주에게 위 조치를 요구할 수 있고 사업주는 이러한 요구를 이유로 해고, 그 밖에 불리한 처우를 하여서는 아니 되며 이를 위반한 자는 1년 이하의 징역 또는 1천만 원 이하의 벌금에 처하는(같은 법 제72조 제4항 제1호의2) 고객의 폭언 등으로 인한 건강장해 예방조치를 규정하고 있다.

이와 유사한 맥락에서 앞서 이미 살펴본 「공동주택관리법」 제65조에 따르면 입주자대표회의(구성원을 포함한다)는 관리사무소장의 업무에 부당하게 간섭하여서는 아니 되고, 입주자대표회의가 관리사무소장의 업무에 부당하게 간섭하여 입주자 등에게 손해를 초래하거나 초래할 우려가 있는 경우 관리사무소장은 시장·군수·구청장에게 이를 보고하고 사실 조사를 의뢰할 수 있으며, 시장·군수·구청장은 위 사실 조사를 의뢰받은 때에는 즉시 이를 조사하여야 하고 부당하게 간섭한 사실이 있다고 인정하는 경우 입주자대표회의에 필요한 명령 등의 조치를 하여야 하는바, 입주자대표회의는 위 보고나 사실 조사 의뢰 또는 명령 등을 이유로 관리사무소장을 해임하거나 해임하도록 주택관리업자에게 요구하여서는 아니 되고 이를 위반하여 관리사무소장을 해임하거나 해임하도록 주택관리업자에게 요구한 자에게는 1천만 원 이하의 과태료를 부과하는(같은 법 제102조 제2항 제8호) 관리사무소장의 업무에 대한 부당간섭 배제 등을 규정하고 있다.

그러나 이상에서 본 민·형사상 판시사항 등의 기재에 따르면, 부당간섭은 입주자대표회의(구성원을 포함한다)뿐만 아니라 '입주자 등'으로 인한 경우도 있고 관리사무소장을 비롯하여 경비원 등 '관리사무소 직원'의 업무에 대한 부당간섭 역시 함께 존재한다는 점에서,

공동주택관리법상 부당간섭 배제의 주체와 객체의 범위를 확대해 나갈 필요성이 상당하다.

나아가 「산업안전보건법」상 고객의 폭언 등으로 인한 건강장해 예방조치 규정과의 입법적 조화 측면에서, 「공동주택관리법」상 부당간섭 배제 규정의 경우에도 시장·군수·구청장으로부터의 명령 등 조치를 따르지 아니한 자에게는 1천만 원 이하의 과태료를 부과하고, 해임하거나 해임하도록 주택관리업자에게 요구한 경우뿐만 아니라 그 밖에 불리한 처우를 한 자는 1년 이하의 징역 또는 1천만 원 이하의 벌금에 처하는 규정을 마련하는 방향도 고려해볼 수 있다.

이상과 같이 현장공감대를 기반으로 한 지속적인 입법적 보완 노력과 병행하여, 행정적으로 앞서 본 "동행(同幸)"을 구현한 좋은 사례와 같이 잘한 경우에는 '당근'을, 사법적으로 잘못한 경우에는 민사상 해임사유나 위자료 등 손해배상책임 인정, 형사상 양형 고려 시 최소한 부당간섭 정도에 상응하는 '채찍'을 통한, 입법·행정·사법적 균형을 이루어 나가야겠다.

Ⅳ. 결론

'인간(人間)'을 영어로는 'Human being'이라고 표현하는바, 단순한 being(존재)에서 더 나아가 'Well-being'을 향한 마음을 대부분 지니고 있다.

이상에서 본 바와 같이 공동주택이라는 '작은 사회'에는 입주자 등, 입주자대표회의 구성원, 관리사무소장, 관리사무소 직원 등 각양각색의 사람들이 공동체로 모여 살고 있는바, 모두가 무엇이라고 지칭되기 이전에 어떠한 사람인가를 곰곰이 떠올려보면 '사람과 삶의 터전을 가치 있게 보살피는 사람', 즉 'Well-being'을 실현해 나가고 있는 사람들이라는 점에서 공통된다고 본다.

그러나 먹거리, 볼거리 등에 있어서의 'Well-being'에는 흔쾌히 투자하면서도, 일상에서 빼놓을 수 없는 'Well-being'을 실현해 나가고 있는 공동주택 내 사람들간의 관계는 정작 보살피려는 관심조차 소홀히 해온 것은 아닐까. 특히나 자살 등 사망에까지 이른 경우를 보면 공동체(共同體)이기 이전에 공동심(共同心) 자체의 부재가 여실히 드러난다.

"참 좋은 사람은 그 자신이 이미 좋은 세상이고, 사람 속에 들어 있고 사람에서 시작된다"는 박노해 시인의 '다시'라는 시의 시구처럼, 관계에서의 갑을(甲乙)이 아닌 존재자체로 갑(甲)인 한 분 한 분의 사람 그리고 삶으로서의 더불어 만남이, 소홀히가 아닌 소중히 값진 새날들로 이어지길 무조건적으로 함께 기원한다.

참고문헌

허태수(2014), 관리사무소장에 대한 입주자대표회의의 부당간섭 배제, 공동주택관리법안 검토보고, 국토교통위원회, p. 65

심진용기자, "아파트 주민들이 전기 아껴서 경비원 임금 올리고 고용 보장", 경향신문, 2014.11.28.

「공동주택관리법」
「근로기준법」
「산업안전보건법」
「산업재해보상보험법」
「서울특별시 공동주택관리규약 준칙」
「서울특별시 성북구 동행 활성화 및 확산에 관한 조례」
「주택관리업자 및 사업자 선정지침」
「주택법」
「형법」
대법원 2014. 11. 27. 선고 2014다53288 판결
광주지방법원 2017. 4. 12. 선고 2017카합50123 결정
대구지방법원 2010. 7. 23. 선고 2009가단57351 판결
대구지방법원 2016. 10. 14. 선고 2016가단101027 판결
대전지방법원 논산지원 2003. 1. 30. 선고 2002고단89 판결

서울남부지방법원 2016. 7. 13. 선고 2016고단1548, 2021(병합) 판결
서울중앙지방법원 2016. 1. 14. 선고 2015고단6839 판결
서울중앙지방법원 2017. 3. 10. 선고 2014가단5356072 판결
수원지방법원 2010. 12. 21. 선고 2010나20508 판결
수원지방법원 2018. 5. 3. 선고 2017노6069 판결
의정부지방법원 2012. 1. 6. 선고 2011고합355 판결
전주지방법원 2008. 4. 11. 선고 2007가합4921 판결
창원지방법원 2012. 1. 19. 선고 2010가합11378 판결
청주지방법원 2009. 2. 12. 선고 2008구합964 판결

CHAPTER

07

입주민과 관리주체의 갈등 : 부당해고를 중심으로

— 김미란, 법무법인 산하 수석변호사 —

CHAPTER 07

입주민과 관리주체의 갈등 : 부당해고를 중심으로

— 김미란, 법무법인 산하 수석변호사 —

Ⅰ. 들어가며

글을 쓰는 일이든, 말을 하는 일이든 변호사의 일은 결국 설득이다. 내 의뢰인을 위한 설득, 소장(訴狀)을 쓰거나 답변서를 쓰는 일, 변론을 준비하면서 내는 온갖 서면들, 그 모든 글은 내 의뢰인을 위해 판사를 설득하려고 써 내려가는 것이다. 법정에서 변호사가 쏟아내는 무수히 많은 말들, 그 구구절절한 이야기의 목적 역시 동일하다. 내 의뢰인의 주장이 옳다는 그 설득의 이면은 대체로 상대방의 주장이 그르다는 결론과 닿아 있게 마련이다. 그래서일 것이다. 비록 정중한 말투나 문체라 하더라도 결국은 상대방을 찌르는 칼과 다름없으므로 법정에 나도는 글이든 말이든 날카로울 수밖에 없다. 그래서인지 변호사에게 상대방을 찌르지 않아도 되는 말이나 글은 조금은 낯설지만 더없이 귀한 기회로 여겨진다. 신문의 칼럼 한 부분, 인터뷰의 한 자락, 오늘의 이 지면 같은 것 말이다. 더구나 내 의뢰인만을 위한 것이 아니라 상생을 위한 모색이라니, 참으로 매력적이다.

사법시험을 준비하면서 공부한 법 과목들 중에 가장 중요한 것은 헌법, 민법, 형법이었다. 그러나 내가 변호사로서 활동하는 내내 가장 많이 보아온 법은 「주택법」, 「집합건물의 소유 및 관리에 관한 법률」이었고, 「공동주택관리법」이 제정된 이후에는 그것을 가장 많이 훑어보게 된다. 그 이유는 내가 아파트를 비롯한 공동주택이나 집합건물 관련 분쟁을 주로 다루는 변호사이기 때문일 테지만 특별법이라는 것의 특징 때문이기도 하다. 특별법이란 것이 워낙 특별히 고려할 여러 사정들을 감안해 제정되는 것들이라 일선에서 가장 먼저 적용되는 것은 일반법이 아니라 특별법일 수밖에 없는 것이다.

대부분의 분쟁은 해당 분야의 특징이나 그 분야에서 발생하는 분쟁의 양상에 들어맞게 제정된 특별법들로 해결되곤 하는데, 간혹 그것만으로 여의치 않을 때에는 결국 일반법까지 거슬러 올라가기도 한다. 어찌 되었건 공동주택, 집합건물을 둘러싼 분쟁을 해결하기 위해 특별히 법을 제정할 정도이니 그 분쟁의 양상이 남다른 것만은 사실일 것이다.

그런데 최근 공동주택 관련 분쟁을 다룰 때 살펴야 할 특별법으로 「근로기준법」이 등장하곤 한다. 과연 무슨 일이 벌어지고 있는 것일까?

Ⅱ. 부당해고에 관한 입주민과 관리주체의 갈등

공동주택을 둘러싼 여러 분쟁에 등장하는 주체는 크게 나누면 세 가지 정도이다. 입주민의 권리와 이익을 대변하는 동별 대표자들로 구성된 의사결정단체인 입주자대표회의, 실질적으로 관리업무 전반의 업무를 실행하는 관리주체, 그리고 이를 지도·감독하는 지방자치단체이다. 서로 협력하면서 제 역할을 다할 때에는 시너지를 최대화할 수 있는 이 주체들이 서로 불협화음을 내며 갈등의 골이 깊어지면서 각종 분쟁이 발생하게 되는 것이다. 이 가운데 입주자대표회의와 관리주체 사이에서 벌어질 수 있는 최대 갈등은 '부당해고'가 아닐 수 없다. 이하에서는 이와 관련된 주요 사례를 살피면서 이 문제를 풀어가는 법적 해결 방식에 대한 개략적인 내용을 설명하고, 이 법적 해결 방법 너머의 상생의 길을 함께 모색해 보고자 한다.

1. [사례 1] 관리방식 변경을 통한 직원 해고의 적법 여부[1]

1) 사실관계

이 사건 아파트 입주자대표회의는 관리방식을 기존의 자치관리방식에서 위탁관리방식으로 변경하였다. 이에 따라 이 사건 아파트 입주자대표회의는 위탁관리업체를 선정하였고, 관리사무소 직원들에 대한 개별 면담을 통해 관리사무소장을 제외한 나머지 모두와는 새로운 근로계약을 체결하였다. 새로운 근로계약을 체결하지 못한 관리사무소장 A는 관리방식 변경으로 인한 근로계약 자동 해지를 통지받게 되었다.

1 대법원 2011. 3. 24. 선고 2010다 92148 판결

2) 사건의 진행경과

이에 A는 해고무효 확인을 구하는 소를 제기하였다. 이에 대해 이 사건 입주자대표회의는 해고에 해당되지 않을 뿐만 아니라 해고에 해당되더라도 경영상 이유에 의한 정리해고로서 정당하고, 정리해고가 아니라 해도 정당한 이유 있는 해고에 해당한다고 다투었다.

3) 법원의 입장

(1) 원심의 판단

원심은 A의 주장을 받아들여, 원고 승소 판결을 하였다. 이 사건 아파트 입주자대표회의가 A에 대해서는 별다른 조치 없이 알아서 새로운 직장을 구하라면서 해고를 통지했고, 위탁관리업체는 A의 근로계약이 종료되기 전에 이미 이 사건 아파트 관리사무소장으로 내정해 놓은 사람이 있었으며 A에게 관리업무 인수인계 요구를 하면서도 관리사무소장의 고용승계에 관한 사항이 없었던 점 등을 종합하면 A에 대해서는 고용을 승계시킬 의사가 없었다고 보이고, A의 해고를 피하기 위한 어떠한 노력도 하지 않았다고 보았다. 결국 A에 대한 정리해고는 무효라고 판단한 것이다.

(2) 대법원의 판단

그러나 대법원의 판단은 달랐다. 대법원은 원심이 A에 대한 해고 통지를 정리해고에 해당한다고 본 점은 동일하게 판단하였으나 이 사건 아파트 입주자대표회의가 해고 회피 노력을 다하지 않았다고 본 원심 판단에 대해서는 법리 오해 등의 위법이 있다고 보았다.

정리해고란 긴급한 경영상 필요에 의하여 기업에 종사하는 인원을 줄이기 위하여 일정한 요건 아래 근로자를 해고하는 것으로서 기업의 유지·존속을 전제로 그 소속 근로자들 중 일부를 해고하는 것을 가리킨다. 이와 달리 사용자가 사업을 폐지하면서 근로자 전원을 해고하는 것은 기업경영의 자유에 속한 것으로서 정리해고에 해당하지 않고, 그 해고에는 정당한 이유가 있는 한 유효하다.

이 사건처럼 공동주택의 입주자들이 공동주택을 자치관리에서 위탁관리방식으로 변경하는 것은 사업의 폐지로 볼 수 없고, 그로 인한 관리직원의 해고는 경영상 필요에 의한 정리해고로 봄이 마땅하다.

「근로기준법」 제24조 제1항 내지 제3항에 따르면 사용자가 경영상 이유에 의하여 근로자를 해고하려면 긴박한 경영상의 필요가 있어야 하고, 해고를 피하기 위한 노력을 다해야 하며, 합리적이고 공정한 기준에 따라 그 대상자를 선정해야 하고, 해고를 피하기 위한 방법과 해고의 기준 등을 근로자의 과반수로 조직된 노동조합 또는 근로자대표에게 해고실시일 50일 전까지 통보하고 성실하게 협의하여야 한다.

여기서 해고를 피하기 위한 노력을 다한다는 것은 경영방침이나 작업방식의 합리화, 신규채용의 금지, 일시휴직 및 희망퇴직의 활용 및 전근 등 사용자가 해고범위를 최소화하기 위하여 가능한 모든 조치를 취하는 것을 의미하고, 그 방법과 정도는 확정적·고정적인 것이 아니라 당해 사용자의 경영위기 정도, 정리해고를 실시해야 할 경영상 이유, 사업의 내용과 규모, 직급별 인원상황 등에 따라 달라지는 것이다.

대법원은 아파트 입주자대표회의가 관리방식을 위탁관리로 변경하면서 관리사무소장을 비롯해 관리사무소 직원 전원을 정리해고하였는데, 이들 중 취업을 원한 직원들은 모두 위탁관리업체에 고용된 반면, 관리사무소장은 그 업체와 고용계약을 체결하지 못한 것은 관리방식에 불만을 품고 스스로 이를 거부한 탓이고, 이 사건 아파트 입주자대표회의로서는 위탁관리업체로 하여금 A를 관리사무소장으로 고용하도록 부탁하는 등 노력함으로써 해고 회피 노력을 다하였다고 보았다.

사정이 이러함에도 불구하고 위탁관리업체가 새로운 관리사무소장을 내정한 사실 등을 이유로 이 사건 아파트 입주자대표회의가 해고 회피 노력을 다하지 않았다고 본 원심 판결을 위법하다고 본 것이다.

4) 의의

근로계약 종료 사유는 근로자의 의사나 동의에 의하여 이루어지는 퇴직, 근로자의 의사에 반하여 사용자의 일방적 의사에 의하여 이뤄지는 해고, 근로자나 사용자의 의사와는 관계없이 이루어지는 자동소멸 등으로 나눌 수 있다.

그중 해고란 실제 사업장에서 불리는 명칭이나 절차에 관계없이 근로자의 의사에 반하여 사용자의 일방적 의사에 의하여 이루어지는 모든 근로계약관계의 종료를 뜻한다.

이 사례는 아파트 입주자대표회의가 관리방식을 변경하면서 항상 생기는 고용승계 문제와 관련해 관리방식 변경은 사업장 폐지에 해당되지 않으므로 근로자 전원을 해고하는 것은 기업경영의 자유 영역에 속한 것이 아니고, 정리해고에 해당한다는 점을 분명히 하였다는 점에서 큰 의의가 있다.

2. [사례 2] 해고당하였으나 무효 확인을 다투는 사이 정년에 도달, 소송의 결과는?[2]

1) 사실관계

A는 관리사무소장으로 근무하던 아파트의 입주자대표회의로부터 해고 통지를 받았다(이하 '이 사건 해고'라 약칭). 이 사건 아파트 입주자대표회의는 관리사무소 업무에 대하여 특별 감사를 실시하였는데, A에 대해 주택관리사 자격 없이 관리사무소장의 업무를 수행한 점, 장기간 재정보증서 및 자격증 사본의 비치 의무를 이행하지 않은 점, 입주자대표회의의 승인 없이 입주자대표회의의 권한을 침해하며 임의로 결정하여 업무를 수행한 점 등이 지적되었다. 이에 이 사건 아파트 입주자대표회의는 A를 징계 해고하기에 이른 것이다.

2) 사건의 진행경과

A는 입주자대표회의로부터 해고통지를 받은 즉시 재심을 청구하였으나 아무 이유 없이 재심을 위한 임원회의나 입주자대표회의를 소집한 사실이 없어 해고절차상 하자가 있고, 징계사유도 입주자대표회의가 주장하는 내용은 사실이 아니며 일부 징계사유가 인정되더라도 이를 이유로 해고하는 것은 재량을 일탈한 것이므로 이 사

---

2 광주고등법원 2012. 11. 14. 선고 2011나 5003(본소) 해고무효확인등
광주고등법원 2012. 11. 14. 선고 2012나 2070(반소) 부당이득금반환

건 해고는 무효라고 주장하였다.

A는 억울함을 풀기 위하여 이 사건 해고의 무효 확인을 구하는 소를 제기하면서 무효확인 외에도 부당해고 이후의 임금지급을 청구하였다. 그런데 그만 이를 다투는 사이 정년에 도달하게 되었다.

3) 법원의 입장

(1) 해고무효 확인을 구하는 부분-확인의 이익이 없어 소 각하

확인의 소는 소의 적법요건으로서 확인의 이익이 필요하고 이를 결한 때에는 부적법 각하하게 된다. 확인의 이익이 있으려면 소를 제기한 자의 권리 또는 법적 지위에 현존하는 위험이나 불안을 제거하기 위해 확인 판결이 필요하고, 그로 인하여 그 법률관계가 즉시 확정할 필요가 있을 뿐만 아니라 그것이 가장 유효하고도 적절한 수단이어야 한다(대법원 2013. 12. 12. 선고 2013다 30196 판결 등 참조). 따라서 현존하는 위험이 아닌 과거의 법률관계나 권리관계의 확인을 구하는 경우에는 확인의 이익이 인정되지 않는다.

근로자에 대한 면직처분이 실질적으로 해고에 해당하므로 무효라는 확인을 구하는 경우 이와 같은 해고 무효 확인의 소는 사용자와의 사이에 이루어진 근로계약상 지위를 회복하고자 하는 것이 그 목적이다. 따라서 사실심 변론종결 당시 이미 인사규정에 의하여 당연해직사유인 정년이 지났다면 근로자로서의 지위를 회복하는 것은 불가능하게 된다(대법원 1996. 10. 11. 선고 96다 10027 판결 등 참조).

A는 해고무효확인을 다투는 도중 정년에 도달하였고, 정년에 도달한 이상 근로계약상의 지위를 회복할 수 없게 되었다. 결국 무효

확인의 소의 적법요건을 갖추지 못하였다는 이유로 해고무효확인을 구하는 소는 부적법 각하되었다.

(2) 임금지급청구 부분-인용

① 해고무효확인을 구하면서 해고 이후의 임금지급을 청구하는 경우는 해고의 유효인지, 무효인지 여부가 임금지급청구의 당부를 판단하는 전제가 된다. 법원은 A가 정년에 달하여 해고무효확인을 구할 확인의 이익은 없다고 보았으나 부당해고에 해당한다고 판단하여 그에 따른 임금지급청구는 인용하였다.

② 이 사건 해고의 효력-무효

법원은 A를 징계해고에 이르게 한 징계사유를 하나씩 살펴가면서 판단하였다.

우선 무자격자로서 업무를 수행한 부분에 대하여 법원은 A가 관리사무소장으로 임명될 당시 주택관리사보 자격증만 소지하고 있어 500세대 이상 공동주택의 경우 주택관리사를 관리책임자로 두도록 한 「공동주택관리령」의 규정[3]을 위반한 사실을 인정하였다. 그러나 이후 A가 주택관리사 자격을 취득하여 7년여 기간 동안 관리사무소장으로 정상 근무한 점을 고려하면 초기 5년여 기간 동안 주택관리사 자격 없이 관리사무소장 업무를 수행한 사정을 해고사유로 삼을 수는 없다고 보았다.

---

3 공동주택관리령 제25조 제1항 제2호(1999. 1. 29. 개정, 대통령령 16093호, 그 이후 위 조항이 유지되다가 공동주택관리령이 2003. 11. 29. 폐지되면서 주택법 시행령 제72조 제2호에 같은 내용이 신설되었음. 이후 공동주택관리법이 제정되었고, 동법 제64조 제1항, 동법 시행령 제69조 제1항에서 같은 취지로 규정하고 있음.)

다음으로 재정보증서 및 자격증 사본 미제출에 대해서는 이 사건 아파트 관리규약 및 관리규정에 위반한 것으로서 징계사유에는 해당한다고 보았다. 또한 입주자대표회의 권한을 침해하였는지 여부에 대해서도 입주자대표회의 승인 없이 통신사와 광단국 설치계약을 체결하면서 장비설치와 관련된 공간 등을 무상으로 제공한 점 등도 징계사유에 해당된다고 보았다.

그러나 입주자대표회의의 승인 없이 헌옷 수거계약을 체결하였는지 여부에 대해서는 입주자대표회의의 묵인하에 계약이 이루어졌고, 그 수익 역시 A가 개인적으로 소비한 것으로도 볼 수 없다면서 징계사유로 볼 수 없다고 판단하였다.

또한 A가 아무런 권한 없이 사무장 및 직원의 출산 휴가에 따른 대체 근로자와 근로계약을 체결한 것인지에 대해서도 관리규정에 따르면 사무장은 소장 추천에 의해 임원회에서 임명하고, 직원 역시 소장이 임명하도록 되어 있으며 입주자대표회의의 가결을 거쳐 승인한 사실에 비춰 보면 입주자대표회의의 권한을 침해한 것으로 볼 수 없다고 보았다.

해고는 사회통념상 고용관계를 계속할 수 없을 정도로 근로자에게 책임 있는 사유가 있는 경우에 행해져야 그 정당성이 인정된다. 이때 사회통념상 당해 근로자와의 고용관계를 계속할 수 없을 정도인지 여부는 당해 사용자의 사업 목적과 성격, 사업장의 여건, 당해 근로자의 지위 및 담당 직무의 내용, 비위행위의 동기와 경위, 이로 인하여 기업의 위계질서가 문란하게 될 위험성 등 기업질서에 미칠 영향, 과거의 근무태도 등 여러 가지 사정을 종합적으로 검토하여 판단하여야 한다(대법원 2003. 7. 8. 선고 2001두 8018 판결 등 참조).

법원은 문제된 징계사유 가운데 재정보증서 및 자격증 사본 미제출, 입주자대표회의 승인 없이 통신사와 계약을 체결한 일에 대하여 징계사유에 해당한다고 보았다. 그러나 재정보증서 사본 미제출 행위에 대해서는 재정보증서를 받아 관리주체에게 보관시킬 책임을 입주자대표회의 감사에게 지우고 있으므로 관리사무소장인 A만의 잘못으로 보기 어렵고, A가 즉시 이 문제를 치유한 점, 비록 입주자대표회의의 승인 없이 계약을 체결하기는 하였으나 개인적 이득을 위해서가 아니라 입주자의 편의를 위하여 무상으로 부지를 제공한 것일 뿐이고 이후 그 하자 역시 치유한 점 등에 비춰 이 같은 징계사유가 해고의 원인이 되는 징계사유에는 해당되지 않는다고 보았다.

결국 법원은 해고의 원인이 된 징계사유가 사회통념상 근로관계를 유지시킬 수 없을 정도로 A에게 책임 있는 사유에는 해당되지 않는다고 보았고, 이 사건 해고는 징계양정의 재량권을 일탈 또는 남용한 것으로서 위법하여 무효라고 본 것이다.

③ 취업규칙상 '평균임금의 200%' 규정의 법적 성질: 위약벌

이 사건 아파트 취업규칙에 따르면 '징계에 의해 해고를 당한 직원이 노동부 노동위원회 및 법원의 판결에 의해 부당해고로 판정되었을 때 징계로 인해 출근하지 못한 기간의 임금에 대하여 출근시 당연히 받을 수 있었던 평균 임금의 200%와 그 기간에 직원에게 지급된 상여금 등의 일체를 즉시 지급한다'고 규정하고 있다.

앞서 본 바와 같이 이 사건 해고가 무효인 이상 입주자대표회의는 A에게 위 규정에 따라 이 사건 해고 다음 날부터 정년에 해당하는 날까지 평균 임금의 200% 상당 금원을 지급할 의무가 있다.

입주자대표회의는 평균 임금의 200% 보상은 손해배상액의 예정에 해당하므로 감액하여야 한다고 주장했으나 법원은 위약벌의 성질을 갖는 것으로 판단했다.

이와 같은 보상규정이 도입된 경위와 개정 과정, 보상금 규정의 내용과 형식에 비춰 보면 '평균 임금의 200% 보상'이란 입주자대표회의의 부당해고를 억제함과 아울러 해고가 부당하다고 판명될 경우 근로자를 신속히 원직 복귀시키도록 간접적이나마 강제하기 위한 뜻으로 만들어졌다고 본 것이다(대법원 2008. 11. 27. 선고 2007다1166 판결 등 참조).

이와 같이 위 규정은 부당해고에 대한 제재인 동시에 원직복직 의무 해태에 따른 위약벌의 성질을 갖는 것이므로 법원은 손해배상액의 예정으로서 감액하여야 한다는 아파트 입주자대표회의 측의 주장을 배척했다.

법원은 평균임금에 대하여 관리규약 등에서 별도로 규정한 것이 없다면 근로기준법상의 그것에 따라야 하는데, 임금이란 사용자가 근로의 대상으로 근로자에게 임금, 봉급 기타 어떠한 명칭으로든지 지급하는 일체의 금품을 말한다. 또한 평균임금이란 이를 산정해야 할 사유가 발생한 날 이전 3개월 동안에 당해 근로자에게 지급된 임금 총액을 그 기간의 총 일수로 나누는 금액을 말한다.

결국 평균 임금 산정의 기초가 되는 임금 총액에는 사용자가 근로의 대상으로 근로자에게 지급하는 금품으로서 근로자에게 계속적·정기적으로 지급되고 단체협약, 취업규칙, 급여규정, 근로계약, 노동관행 등에 의하여 사용자에게 그 지급의무가 지워져 있는 것은 그 명칭 여하를 불문하고 모두 포함된다(대법원 2004. 11. 12. 선고

2003다 264 판결 등 참조).

4) 의의

위 사례를 통해 부당해고로 인한 법적 효과를 두루 살펴볼 수 있다. 사용자가 근로자를 부당하게 해고하는 경우 그에 따른 법적 효과는 크게 두 가지로 나눌 수 있다. 하나는 근로관계 회복에 따른 근로자의 복직 문제, 또 다른 하나는 해고 기간 동안 근로자가 입은 손해를 배상하는 문제이다.

복직의 문제는 노동위원회를 통한 행정적 구제나 민사소송을 통한 사법적 구제 방식으로 해결되곤 한다. 다만, 위 사례처럼 사실심 변론 종결 당시 정년 도달 등과 같이 사실상 복직이 불가능한 상태라면 해고 무효의 확인을 구하는 것이 과거의 법률관계 확인을 구하는 것에 다름 아니어서 부적법 각하된다.

해고 기간 동안 근로자가 입은 손해의 배상 문제는 해고 이후의 임금 청구와 위자료 청구로 나눌 수 있을 것이다. 근로자가 노무를 제공하지 못한 것이 부당해고와 같이 오로지 사용자의 책임 있는 사유에 기인한 것일 때 그 보수를 청구할 수 있다는 것은 채무불이행에 따른 손해배상책임과 같은 구조이다(「민법」 제538조 제1항 전단). 또한 대다수 학설과 판례는 근로자가 부당해고 기간 중 다른 곳에서 근무하여 얻은 수입이 있다면 이는 상환하여야 하므로 중간수입 공제를 인정하면서도(「민법」 제538조 제2항), 「근로기준법」 제46조를 적용해 휴업수당 한도 내에서는 중간수입공제 대상으로 삼을 수 없다는 입장이다(대법원 1991. 12. 13. 90다 18999, 대법원 1993. 11. 9. 선고 93다 37915 판결 등 참조).

부당해고에 따른 위자료와 관련해 법원은 징계해고가 정당하지 못해 무효로 판단되었다는 사정만으로 그것이 곧바로 불법행위를 구성한다고 단정할 수 없다고 보았다. 원칙적으로는 부당해고로 판단되어 해고의 무효가 확인되면 해고 기간 동안 받지 못한 임금을 돌려받는 정도로 부당해고로 인한 손해가 보전된다고 보는 것이다. 그러나 사용자가 근로자를 징계해고 할 만한 사유가 전혀 없음에도 오로지 근로자를 사업장에서 몰아내려는 의도로 고의로 명목상의 해고사유를 만들거나 내세워 징계라는 수단을 동원해 해고한 경우 등은 달리 보아야할 것이다. 또한 해고의 이유로 지목된 사실이 사실은 해고 사유에 해당되지 않거나 해고 사유로 삼을 수 없다는 것이 객관적으로 명백하고 조금만 주의를 기울이면 알 수 있는 정도였다면 그것을 이유로 징계해고로 나아간 것은 징계권 남용이 우리의 건전한 사회통념이나 사회 상규상 용인될 수 없는 것이 분명한 때에 해당된다. 이런 경우는 단순한 부당해고와는 차원을 달리하므로 위법하게 상대방에게 가한 정신적 고통에 대해서도 위자하여야 할 불법행위를 구성하게 된다.

이와 같이 단순히 그 해고를 법률상 무효라 하여 해고 전의 상태로 돌아간다 하더라도 해고가 소급적으로 소멸하거나 해소되는 것이 아니므로 그동안 지급받지 못한 임금을 받게 되더라도 그것만으로 불법행위에 의한 정신적 고통의 손해가 완전히 치유되지 않는 경우에 인정된다(대법원 1996. 10. 12. 선고 92다 43586 판결 등 참조).

3. [사례 3] 해고당한 관리사무소장의 귀환, 그 내막은?[4]

1) 사실관계

이 사건 아파트 근로규정에 따르면 직원의 근무정년은 만 55세로 하되, 정년이 도래한 직원 중 능력이 있다고 판단되는 경우에는 이사회 의결을 거쳐 1년 미만 단위로 60세까지는 고용 · 연봉계약직으로 채용하도록 규정하고 있다.

관리사무소장 A는 만 55세에 이르러 곧 정년에 달하게 되었는데 이사회 의결을 거쳐 재계약하기로 하였고(이하 '1차 이사회의 결정'이라 약칭), 입주자대표회의에 해당 내용이 보고되었다. 비록 이사회 의결은 거쳤으나 아직 입주자대표회의의 의결은 없는 상태였고, 종전 근로 계약은 계약기간이 만료됨에 따라 그 무렵 계약기간을 소장이 만 55세가 되는 해의 생일 월의 분기 말까지로 한 근로계약서를 작성하였다. 그런데 그 후 개최된 이사회에서 A를 재채용할 것인지에 관하여 다시 논의가 이루어졌고, A가 업무를 태만하게 하고, 대표자의 지시 사항을 거부하였다는 점을 들어 기존의 이사회 의결, 즉 A를 재패용하기로 한 안건을 무효로 처리하였다(이하 '2차 이사회의 결정'이라 약칭). 이사회의는 근로규정에 의거 A를 정년퇴직 처리하기로 의결하였고, A는 결국 입주자대표회의와 근로계약을 체결하지 못하고 정년퇴직된다는 사실을 통보받게 되었다.

---

4 광주지방법원 순천지원 2014카합92(보전처분)
광주지방법원 순천지원 2014가합742(본안)

2) 사건의 진행경과

A는 관리사무소장의 임면은 입주자대표회의 의결사항이고, 당초 이사회 의결을 거쳐 재채용하기로 입주자대표회의에서 의결되었으므로 추후 이사회에서 재차 이를 논의하여 자신을 면직하도록 한 것은 무효라며 자신에 대한 면직처분의 효력을 정지해 줄 것(면직처분효력정지가처분)과 이사회의 결의 및 면직처분의 무효 확인을 구하면서 면직 처분된 날부터 복직 시까지 급여 상당의 손해를 배상하라면서 소를 제기하였다(결의 및 면직처분 무효 확인의 소).

3) 법원의 입장

(1) 면적처분 효력 정지 가처분-기각결정

A는 1차 이사회의 결정 이후 개최된 입주자대표회의에서 A의 재채용에 대해 의결되었다고 주장했으나 법원은 달리 보았다. 당시 입주자대표회의에 1차 이사회의 결정이 보고되기는 하였으나 당시 회의록을 보면 다른 안건에 대해서는 찬반 표결이 명시적으로 기재된 것과 달리 A에 대한 정년 연장 안건에 대해서는 그런 기재가 전혀 없었던 점을 근거로 그와 같은 입주자대표회의 의결은 없었다고 본 것이다. A는 입주자대표회의가 A를 재채용하기로 의결하였으므로 정당한 사유 없이 이를 번복해서는 아니 된다는 점을 전제로 주장을 전개하고 있는데, 법원은 A가 주장하는 바와 달리 입주자대표회의의 의결은 없다고 본 것이다.

법원은 더 나아가 이 사건 아파트 이사회에서 A를 관리사무소장으로 1년간 더 연임시키기로 의결했더라도 이는 입주자대표회의의 내부 결정에 불과하므로 입주자대표회의가 A와 근로계약을 체결할 의무가 대외적으로 생긴다고 보기 어렵다고 보았다. 따라서 이사회에서 A를 재채용하기로 한 내부결정을 번복하였을 뿐이므로 입주자대표회의가 정년에 달한 A를 재채용할 의무는 없다고 본 것이다.

(2) 화해권고결정으로 마무리된 본안

법원은 법리를 떠나 분쟁의 공평한 해결을 위한다면서 A 이후 채용되었던 관리사무소장의 계약기간이 만료되면 A를 관리사무소장으로 고용하되, 계약기간을 1년으로 하도록 화해권고결정을 하였다. 이 화해권고결정을 양 당사자가 기간 내에 이의신청하지 않아 그대로 확정되었다.

4) 의의

위 사례는 실제로 저자가 다루었던 사건이다. 당시 저자는 아파트 입주자대표회의를 대리하여 이 사건들을 진행하였다. 보전처분 사건을 진행하면서 입주자대표회의의 의결이 없었다는 점을 부각시켰고, 꽤 의미 있는 결정을 도출하여 승소할 수 있었다. 입주자대표회의가 A를 재채용하기로 승인하는 의결을 하지 않은 이상, 입주자대표회의 내부기관에 불과한 이사회의 결정은 언제든지 번복 가능한 것이고, 입주자대표회의가 A와 근로계약을 체결할 의무 역시 없다고 본 것이다. 그런데 본안을 진행하면서 사정이 변하였다. 입주자대표회의의 임원이 변경되었고, 일부 동별 대표자들은 입주자대표회의의 구성원임에도 불구하고 재판에 나와 A에게 유리한 증언을 하기도 하였다. 뭐랄까, 공기가 달라진 것이다.

결국 이 사건은 보전처분에서 A가 패소하였음에도 불구하고 본안에서는 입주자대표회의가 굳이 A와 재채용에 대해 다투지 않겠다는 입장으로 선회하면서 화해로 끝나게 된 것이다.

Ⅲ. 상생을 위해, 어디부터 시작해야 할까?

일전에 공동주택관리 개선방안 토론회에 발제자로 참여한 적이 있다. 입주자대표나 입주민들의 과도한 갑질이 사회 문제로 부각되면서 관리주체 업무의 고유성, 관리주체에 대한 부당한 간섭 배제 등에 대한 논의가 심도 있게 진행되었다. 그때 여러 분야의 권위자들이 토론자로 초청받았는데, 그중 한 토론자의 이야기가 기억에 남는다. 정확히 어떤 말이었는지 기억난다기보다는 그 뉘앙스가 기억난다. 공동주택관리법상의 부당간섭배제 조항을 거론하면서 과연 우리나라의 어떤 직역(職域)이 이렇게 과분한 대접을 받느냐는 것이었다.

그때 저자는 그 말 속에 담긴 이 직역, 이 분야에 대한 몰이해가 안타깝고, 왠지 억울해져서 그 자리에서 반박하고 싶은 마음이 무척 치솟았었다. 과하게 보호받는 직역이 아니라 그런 선언이 필요할 정도로 부당한 간섭이 많은 현실을 좀 알아달라고 말이다. 그러나 그런 하소연이 무슨 소용이 있을 것인가. 이 분야를 잘 모르는 이들에게는 부당간섭배제조항이 허울 좋은 방패처럼 보이지만 실제로는 그 실효성조차 의문을 품게 되는 것이 오늘의 현실이다. 선언

자체로도 의미가 있다고 여길 수 있겠지만 제도를 만들거나 규정을 만들 때에는 그보다 훨씬 유용하게 쓰이기를 기대한 것이리라.

이제와 생각해 보면 그간 우리나라에 쌓여온 제도는 꽤 잘 정비되어온 것이다. 비극적이거나 자극적 사건을 둘러싼 여론에 힘입어 수없이 많은 특별법이 제정되었지만 알고 보면 기존의 법체계에 없는 것은 거의 없다. 필요하다면 개정하여 손을 보아도 될 일이었던 적이 많다. 입주민과 관리주체 사이의 갈등 역시 이를 풀어내는 제도나 법률의 구멍 때문에 이를 해결하지 못하는 일은 사실상 없다. 우리나라는 이미 사용자와 근로자 사이의 갈등 문제를 해결할 수 있는 제도를 어느 정도는 완비된 상태로 갖추고 있고, 그 절차를 따라가다 보면 결론에 다다르게 된다.

그러나 송사도 불사하는 일, 이기든 지든 끝까지 가겠다는 불굴의 의지는 막상 그 결론에 도달했을 때 상처뿐인 승리로 남는 경우가 많다. 결말이 초라할 수 있다는 점은 수많은 사례로 방증할 수 있을 것이다.

따라서 갈등이 심화되어 분쟁이 생기기 전에 이를 예방하는 것이 무엇보다 중요하다. 여러 가지 관련 제도와 법령의 내용, 유사 분쟁 사례의 해결 모습을 널리 알리고, 업무를 수행하면서 유관기관이나 전문가의 자문을 받아보는 올바른 관행이 자리 잡아야 할 것이다. 무엇보다 분쟁의 끝은 어느 일방의 승리나 패배로 끝나지 않고 모두의 상처로 귀결되는 일이 많은 이상, 서로를 조금씩 돌아보는 여유, 그것이 상생의 시작이 아닐까 싶다.

참고문헌

성기문(1998), 부당해고, 부당노동행위, 해고 등 무효확인청구의 소의 관계: 구제이익, 소의 이익과 관련하여, 행정소송실무연구회

이종복(1993), 민법 제538조와 근로기준법 제38조와의 관계, 사법관계와 자율: 이종복 교수 논문집

이홍재(1992), 부당해고 구제수단에 있어서의 몇 가지 문제, 서울대노동법연구 2(1)

정진경(1992), 부당해고와 위자료, 서울대노동법연구

이우진(2016), 부당해고 근로자의 보호에 관한 연구－경제적 손해의 전보를 중심으로, 한국부패학회보 21(1)

「공동주택관리령」

「근로기준법」

「민법」

대법원 1991. 12. 13. 90다18999

대법원 1993. 11. 9. 선고 93다37915 판결

대법원 1996. 10. 11. 선고 96다10027 판결

대법원 1996. 10. 12. 선고 92다43586

대법원 2003. 7. 8. 선고 2001두8018 판결

대법원 2004. 11. 12. 선고 2003다264 판결

대법원 2008. 11. 27. 선고 2007다1166 판결

대법원 2011. 3. 24. 선고 2010다92148 판결

대법원 2013. 12. 12. 선고 2013다30196 판결

광주고등법원 2012. 11. 14. 선고 2011나5003(본소) 해고무효확인등

광주고등법원 2012. 11. 14. 선고 2012나2070(반소) 부당이득금반환

광주지방법원 순천지원 2014카합92 (보전처분)

광주지방법원 순천지원 2014가합742 (본안)

PART
03

아파트 공동체의 나아갈 길

CHAPTER 08 아파트 주거서비스, 공동체 활성화의 초석
CHAPTER 09 공동체 문화의 새로운 도약
CHAPTER 10 입주자대표회의 운영·윤리교육에 대한 소고
CHAPTER 11 주택관리 업무의 확장과 전환

CHAPTER

08

아파트 주거서비스, 공동체 활성화의 초석

— 최병숙, 전북대학교 교수 —

CHAPTER 08

아파트 주거서비스, 공동체 활성화의 초석

— 최병숙, 전북대학교 교수 —

민간임대아파트인 기업형 임대주택 공급에서 주거서비스를 운운하였을 때 낯설게 다가왔던 주거서비스는 이제 그리 낯선 개념이 아니라 이미 삶에 스며든 익숙한 개념이 되고 있다. 주거서비스는 사는 집(buying)에서 사는 집(living)으로 주택공급 중심의 생각이 삶의 터전이라는 생각으로 바뀌는 주택시장의 상황 변화와 함께 확대 발전한 개념이다. 주택에 대한 인식이 '소유에서 거주'로 변화하고 '삶의 질'에 대한 관심이 높아지면서 지금까지 주거취약 계층을 중심으로 지원해 오던 주거복지는 주거서비스로 그 개념이 진화하였다. 1인 가구나 신혼부부 가구를 위하여 주거지원 서비스가 결합된 주택이 행복주택과 같은 공공임대주택에서 시작하여 뉴스테이의 민간 기업형 임대주택으로 확대해 나가는 것이 그 예이다. 기존의 아파트에서도 공동체 지원으로 이웃과의 교류가 활발히 이루어져 살기 좋은 아파트라는 개념 속에 주거서비스의 의미가 스며들고 있고, 신규아파트 분양 광고나 홍보에도 주거서비스를 제시하며 주택시장이 주거서비스 시장으로 진화하고 있다. 얼마 전 수요자들의 삶의 질을 높인 건설사를 중심으로 열린 '2018 대한민국 주거서비스' 시상(2018. 5. 23)[1]이

1 주거서비스 시상은 커뮤니티, 디자인, 친환경, ICT신기술, 스마트홈, 조경, 그린홈, 설계, 주거

라는 명칭을 보아도 주거서비스의 용어는 새로운 주거문화의 정착을 알리는 신조어가 되고 있다.

Ⅰ. 주거서비스란 무엇인가

1. 주거서비스의 의미

주거서비스는 '주거'와 '서비스'[2]가 결합된 용어로서 단어 자체가 말해주듯 주거를 중심으로 서비스를 제공받는 것이다. 주거서비스(housing service 또는 dwelling service)는 가구(household)라는 소비자가 주택으로 대표되는 정주공간의 물리적 매개체를 통해 거주행위과정에서 제공받을 수 있는 모든 서비스를 의미하며, 주관적인 개념이 아니라 객관적인 서비스 재화를 의미한다(대우건설, 2018; 윤주현 외, 2005).

주거서비스는 주택에서 정주하는 생활의 의미를 담고 있는 주거를 어떤 관점에서 바라보는가에 따라 다양한 의미와 범주에서 보다 세분화하여 주거서비스를 정의할 수 있다. 주거기본법, 주택정책이나 저소득층을 위한 주거복지 분야에서의 주거서비스 및 주거지원서비스, 산업차원에서의 주거서비스, NCS(국가직무표준) 차원에서의 주거서비스, 그리고 주거서비스와 유사하게 사용되고 있는 주거지원서비스로 살펴볼 수 있다(박경옥 외, 2017; 권오정 · 최병숙, 2017).

토탈서비스의 9개 부문으로 추진되었다(자료: http://news.mt.co.kr/mtview.php?no=2018052317092078175 (2018. 5. 28. 검색)).

2 서비스의 사전적 의미는 생산된 재화(財貨)를 운반 · 배급하거나 생산 · 소비에 필요한 노무를 제공하는 일이다(국립국어원 표준국어대사전).

2. 주거기본법 · 주택정책의 주거서비스

주거기본법(시행 2015. 12. 23)은 국민의 주거안정과 주거수준의 향상에 이바지하는 것을 목적(제1조)으로 하며, 주거권(housing right)을 보장(제2조)하고 있다. 여기서 주거권은 국민이 물리적 · 사회적 위험으로부터 벗어나 쾌적하고 안정적인 주거환경에서 인간다운 주거생활을 할 권리이며, 이를 보장하기 위하여 국가의 주거정책이 수립 · 시행되고 이를 토대로 국민이 전달받는 것이 주거서비스이다. 주거정책은 하드웨어적 측면(주택공급, 주거환경 정비, 노후주택 개량)과 소프트웨어적 측면(주거비 지원, 쾌적하고 안전한 관리, 주거약자의 안전하고 편리한 주거생활 영위 지원, 건전한 주택산업 유도 등)의 주거서비스 내용을 포함하고 있다. 그리고 국가, 지자체, 공공기관에서는 주거복지 추진을 위하여 전문인력(예: 국가공인민간자격 주거복지사)을 배치하여 상담, 주거급여, 취약계층 주거실태조사, 공공임대주택의 운영 및 관리, 정책대상자 발굴, 네트워크 구축 등을 통해 주거서비스를 제공할 수 있도록 하고 있다. 그러므로 정책차원의 주거서비스는 양적 · 질적 지표,[3] 주거비부담 지표,[4] 주거안정성 지표[5]로 서비스의 정도를 측정하며, 이는 주거복지의 달성을 판단하는 데도 사용된다(박경옥 외, 2017; 윤주현 외, 2006; 최은희 외, 2008).

---

3 양적지표(주택보급률, 1인당 주거면적), 질적지표(건축경과년수, 3인 이상 단칸방 거주가구 비율, 주거만족도(주택상태, 주거환경)).

4 주거비부담 지표: PIR(Price to Income Ratio), RIR(Rent to Income Ratio)

5 주거안정성 지표: 자가점유율, 평균거주기간(년), 강제이동 비율

3. 주거복지의 주거서비스, 주거지원서비스

주거복지 부문에서 공공임대주택공급, 주거비 보조, 주택개량 지원 등 지금까지 우리나라의 주거지원 프로그램은 물리적 주택 중심의 하드웨어에 중점을 두어 왔고, 정책대상 가구가 지역사회에서 주거기반을 갖추고 안정적이고 독립적으로 생활해 갈 수 있도록 필요한 소프트웨어 측면의 서비스 고려가 미흡하였다. 이에 거처로서의 주택뿐 아니라 안전하고 독립적인 삶을 보장하는 보다 넓은 개념으로서 주택의 복지적 역할을 강화할 필요성이 제기되었고, 정책대상 가구의 주거안정, 자립성강화, 지역사회 통합 등의 측면에서 주거정책의 효과 제고에 기여하고자 주거지원서비스가 모색되었다(김혜승, 2016).

주거지원서비스는 저소득가구의 주거안정을 지원하는 기존의 주거지원 프로그램 전반(공공임대주택공급, 주택자금대출지원 등)을 포괄하여 모든 정책수단을 광의의 의미로 정의하였다. 그리고 물리적 주택공급은 배제하면서 주거안정을 지원하는 소프트웨어 측면의 서비스를 협의의 의미로 정의하였고, 내용은 주거지원 프로그램과 관련된 정보를 제공하고 상담을 통해 주거의 탐색, 정착, 유지를 지원하는 측면이다. 또한, 독립적 생활이 가능하도록 일상생활기술을 제공하는 서비스, 지역사회에서 자립활동을 지원하기 위해 고용, 복지, 보건서비스 등과 연계되어야 하는 서비스도 소프트웨어 측면에 포함하고 있다(김혜승, 2016; 서종균, 2011; 남원석 외, 2010).

영국 주택관련 지원규정에서 주거지원서비스(housing related-support service)란 정주공간에서 독립적으로 살 수 있도록 개인의 능력을 유지, 발전시키기 위해 제공되는 서비스로 정의되고 있으며(대우건설, 2018), 주요 내용 범주로 주택의 개·보수, 주택의 확보 및 임차관계 유지를 위한 지원, 주거문제와 관련된 정서적 지지와 상담 등을 제시하고 있다(윤영호, 2016). 미국은 공공임대주택이나 주택 바우처를 받는 자들과 주거안정의 위협을 느끼는 노인, 장애인, 노숙자 등의 취약계층에게 가족관련 서비스, 이웃 간 갈등관리, 경제적 자립증대 지원, 건강증진 또는 의료지원, 자가주택 보유를 돕는 서비스 등의 주거안정을 위한 다양한 서비스를 주거지원 서비스 개념으로 보고 있다(김혜승, 2016).

4. 산업차원의 주거서비스

주택시장의 환경이 주택재고가 충족되어 수급안정을 이루고, 인구와 가구구조의 변화로 구매수요가 둔화되며, 경제성장 둔화로 주택구매력이 저하됨에 따라 시장이 주택가격의 장기안정세로 유지되고 신규공급과 분양시장이 축소되는 성숙화 모드로 변화하였다. 성숙화 시장에서 주거니즈(needs)는 소유의식이 약화되고 거주 중심의 주거소비에 따른 임대주택 수요증가, 주택거래 및 유통 적체로 인한 중개 및 유통기능의 중요성 확대, 중고주택 노후화와 가치하락에 따른 관리, 리모델링의 중요성 확대로 나타났다. 이에 주택 및 주거사업에서 건설 분양 이후 단계인 임대, 관리, 유통, 생활서비스, 리폼의 영역에 대한 중요성이 커지고, 여기서 서비스의 개념이 포함되며 주거서비스를 제시하고 있다. 즉, 산업계의 주거서비스는 주거의 토탈서비스 관점에서 계속 수익을 창출하는 관점으로 바라보며, 분양판매 이후 다양한 주거가치 실현을 위한 서비스형 임대, 전문적인 관리 서비스 제공, 주거생활 지원 서비스 제공, 평가 및 거래 중개 서비스 제공, 개보수 및 리모델링 서비스 제공 등으로 서비스 제공에 따른 수수료 수익의 개념이다. 주택시장의 변화를 우리나라보다 앞서 겪은 일본은 1999년 이후부터 지속적으로 민간임대사업의 활성화, 주택품질 제고, 맨션관리 활성화, 고령자 주거안정, 주거의 질적 관리 및 국민의 풍요로운 주거생활 영위를 위한 지원에 전념하고 있다. 이러한 일본의 주거정책 기조는 부동산서비스 부문에서 주거서비스 부문의 전문계열사가 설립[6]되어 (임대)관리, 입주자 서비스, 중개를 포괄하는 주거서비스가 이루어지고 있다. 그리고 배달, 수선, 택배 등의 주거생활서비스 사업도 연계하여 이루어지고 있다. 이처럼 산업차원의 주거서비스는 부동산서비스의 틀에서 새로운 수익기회와 장기적인 수익구조 확장의 개념으로 소프트웨어의 서비스를 결합한 수익창출과 고부가가치 창출개념으로 다루고 있다(김찬호, 2016).

5. NCS(국가직무표준)의 주거서비스

NCS의 주거서비스는 주택건설의 확대된 신산업 영역으로 보고 있으며, 주택 · 주거지 · 도시에 거주하는 사람의 생활편익을 증진하고 주거문제 해결을 통해 삶의 질 향상을 이끄는 활동으로 주택 하드웨어를 넘어 거주자 생활의 소프트웨어까지 포괄한 개념이다. 그리고 주거서비스 제공은 공공지원의 복지적 개념과 민간의 이윤창출 주거서비스 산업을 모두 포함하고 있다. NCS연구에서 주거서비

6 마쓰이부동산은 각 계열사 설립을 통해 운영하고, 마디와하우스공업은 다이와리빙컴퍼니를 설립하여 임대주택관리업으로 진출함.

스(대분류 제안)는 '거주자가 주거안정과 주거수준 향상을 위하여 지역사회 내에서 주택을 구매 · 임대하기 위한 과정과 주택에 거주하기 위하여 필요한 서비스'로 정의하였고, 그 내용은 주거공간 · 서비스 기획(주거공간개조, 주거서비스 코디), 주거관리서비스(주거성능 유지관리, 주택개량시공관리, 커뮤니티 지원관리, 생활지원 서비스관리), 주거복지서비스(주거정보 · 상담, 주거급여지원, 주거복지교육, 지역 주거복지 자원 네트워킹), 주거조사 · 분석 및 주거성능 · 서비스 평가(주거자원 조사 · 관리, 주거실태조사 · 분석, 주거성능평가, 주거서비스인증평가)로 구분, 제시하였다(박경옥 외, 2017). 2018년 현재 개발 중인 NCS(소분류: 주거서비스)는 주거서비스지원과 동일개념으로 '국민의 주거안정과 주거수준 향상을 위하여 물리적서비스, 경제적서비스, 생활서비스를 계획하고 지원하는 일'로 정의하고 있으며, 주거서비스 기획, 주거서비스공간 기획, 주거서비스 조사 분석, 주거서비스인증 관리, 주택자금지원 관리, 임차급여 주거서비스지원, 주거서비스정보체계운영, 주거서비스 상담, 주거생활서비스지원, 노후주택 개량지원, 수선유지급여 실행관리, 주거약자의 주택개조 지원, 주거서비스 자원네트워크 관리로 내용 범위를 진행하고 있다.

Ⅱ. 아파트 주거서비스

1. 뉴스테이 주거서비스인증제, 주거서비스 출발

행복주택 공공임대아파트에서 대학생과 신혼부부 대상 주거서비스 개념이 도입되기 시작하여 기업형 임대주택인 뉴스테이(New Stay)

사업에서 주거서비스 인증제도를 실시하면서 주거서비스가 확대되었다. 뉴스테이는 민간형태 임대아파트로 정책 패러다임의 전환적 의미와 더불어 중개나 관리 등의 측면에서도 냉난방이나 청소 등 일반적인 관리 수준을 넘어 다양한 서비스가 도입된 데 그 의미가 있다(주택저널편집팀, 2015).

뉴스테이는 이사, 육아, 청소, 세탁, 하자보수 등 서비스를 제공하는 중산층 대상의 기업형 임대주택 공급 사업으로 주거서비스의 개념을 도입하였다. HUG(주택도시보증공사) 지원으로 뉴스테이를 공급하는 건설사는 주거서비스 계획에 대하여 사업계획 초기에 사전 평가(예비인증)를 받고, 입주 후 주거서비스가 충실히 제공되는지를 모니터링(본인증)받는 '뉴스테이 주거서비스 인증' 제도[7]를 따르도록 하고 있다. 뉴스테이 주거서비스 인증 운영기준에서 정의하고 있는 "주거서비스"라 함은 거주하는 주택을 매개로 하여 일상적인 생활공간과 관련된 각종 편의기능을 제공하는 주택내부, 주택단지, 주변 환경과의 관계에서 입주자가 필요로 하는 커뮤니티시설, 보육시설, 체육시설 등 각종 편익시설 제공을 비롯하여 일생생활에서 필요로 하는 가사, 여가, 보육·돌봄 등 생활지원, 공동체 활동지원, 주택성능확보 및 유지·관리 등 주거생활에 필요한 서비스를 제공하는 것을 의미한다.

'뉴스테이 주거서비스 인증'이란 정부에서 마련한 평가항목에 따라 주거공간, 단지 내 편의시설, 생활지원 공동체 활동 지원을 평가

7 2016년 HUG출자 또는 보증지원을 통해 뉴스테이를 공급하는 건설사는 한국주택토지공사(LH) 또는 한국감정원으로부터 주거서비스인증을 받도록 하고 있다.

- 적용대상: 주택도시기금(HUG) 출자 또는 HUG의 보증지원을 희망하는 단지(의무), 그 외 주거서비스 인증을 희망하는 단지(자율)
- 인증시기: 예비인증(출자심사 전), 본인증(입주 1년 후, 주기적 인증 갱신)
- 인증기준: 100점 만점 중 70점 이상(핵심항목 60점 중 40점 이상)이면 인증부여

하고 진단하여 뉴스테이 주거서비스의 질적 수준을 향상시키고 입주민의 만족도를 높일 수 있도록 한 제도이다. 인증의 평가항목은 총 16개로 주택품질 유지를 위한 시설 및 관리체계부터 보육, 세탁 등 가사지원과 취미, 여가 등의 서비스까지 복합적인 분야를 포함하고 있다(표 1 참조). 이러한 평가항목은 뉴스테이의 주거서비스가 무엇인지 그리고 임대주택 신청자들에게는 제공되는 주거서비스의 내용과 수준을 사전에 쉽게 파악할 수 있게 하며, 신청자 모집 시 제시한 주거서비스의 이행 여부가 철저히 관리될 것임을 보여주는 것이다.

표 1 뉴스테이 주거서비스 예비인증제에 제시된 주거서비스 내용

구분	평가항목 및 평가기준
1. 입주자 맞춤형 주거서비스 특화전략 및 운영계획(10점)	1) 입주계층 맞춤형 주거서비스 특화전력의 타당성 및 운영계획의 충실성(6점) • 지리적 입지, 주변 임대주택 시장 동향, 유효수요 성향분석 등을 통해 입주 계층 대상을 정하고 입주계층 특성에 적합한 주거지원서비스 프로그램을 정하였는지 • 기업 계열사에서 운영하는 프로그램 연계(가전렌탈, 카드할인서비스, 통신서비스 등) 이외에 입주계층 맞춤형 특화 서비스 계획을 수립하였는지 • 서비스 유형별로 세부 운영계획(기본형/입주자 선택형, 유료/무료 서비스 구분, 입주자 전용/지역개방형, 관리주체 운영/공동체 운영 등)을 구체적으로 제시하였는지 • 조식서비스, 세탁서비스 등 전문적인 운영주체가 필요한 주거지원서비스의 경우 운영주체가 결정되었는지, 운영주체가 결정되지 않았을 경우 운영주체 선정기준이나 자격요건을 제시하였는지
	2) 입주예정자 소통프로그램(4점) • 임차인 선정 후 주기별 정보제공(공사현황, 이주지원 정보, 제공예정주거서비스 등) 계획 • 임차인 선정 후 제공 서비스 수요조사 및 반영 계획

2. 주거서비스 시설계획과 운영계획의 구체성(35점)	1) 주거 서비스시설계획과 프로그램의 정합성 및 적정성(10점) • 제공하는 주거서비스 프로그램을 운영할 수 있는 시설계획이 있는지 • 프로그램 수용인원을 고려한 각 시설의 면적산정이 구체적으로 이루어졌는지 • 주거서비스 프로그램을 운영할 수 있는 시설계획이 공급세대수 대비 적정한 면적을 확보하였는지
	2) 공동체 활동 공간 설치 및 지원계획의 구체성(5점) (핵심항목) • 공동체 활동을 지원하기 위한 별도의 주민공동시설 계획(동아리방, 주민카페, 회의실, 코워킹 스페이스, 협동조합 운영 등 공유경제 활동공간 등으로 활용할 수 있는 다목적 공간) 여부 • 입주자 동호회 활동, 봉사단체 운영 등 공동체 활동을 지원하기 위한 유관단체(지자체 마을공동체지원센터, 일자리창출 관련 지원센터 등 민간단체) 협력방안 및 지원계획 수립
	3) 국공립어린이집 또는 보육시설 유치계획의 구체성 및 운영가능성(6점) • 국·공립 어린이집 또는 보육시설 유치를 위한 주변 시설 운영현황 분석이 충실히 이루어졌는지 • 국·공립 어린이집 또는 보육시설의 규모, 연령대, 운영시간, 입주자 자녀와 지역주민 모집비율이 구체적으로 제시되었는지 • 국·공립 어린이집 또는 보육시설 운영을 위한 전문기관이 선정되었는지 또는 운영주체 선정을 위한 관련기관과 MOU 등이 체결되었고 해당 지방자치단체와 협의가 이루어졌는지 (시설운영 이관 및 임대료 책정여부, 지자체 운영비용 지원 등)
	4) 입주자 건강증진시설 설치 및 운영계획의 구체성(6점) (핵심항목)
	5) 카 셰어링 주차공간 설치 및 운영계획 수립의 구체성(5점) (핵심항목)
	6) 무인택배 보관함 설치(3점)(핵심항목) • 무인택배함 설치 위치, 개수에 대한 계획 수립 여부
3. 입주자 참여 및 공동체 활동 지원계획(20점)	1) 임차인대표회의 구성 및 지원계획의 구체성(5점) (핵심항목) • 임차인대표회의 구성시기 및 역할, 정관작성, 조직 구성 등을 위한 임대관리주체의 지원계획 수립 • 임대관리주체와 임차인대표회의 상호간 의사소통을 위한

	협의채널 마련 계획(온라인 플랫폼, 입주 전 의사수렴과정 등) 수립 여부 및 구체성
	2) 입주자참여 모니터링 계획의 구체성(5점) • 주거지원서비스의 품질관리를 위해 입주 후 입주자 참여 모니터링 시행계획(실시주기, 방법, 주민의견 반영 시스템 등) 및 입주자 모니터링단 운영계획 • 다양한 방식의 입주자 의견수렴과정 및 방식(조사 시기, 방법, 도구 등 의견수렴 후 서비스 운영계획에 어떻게 반영할 것인지에 대한 Feed－back 과정 포함)의 구체성
	3) 재능기부 입주자 선정 및 운영계획의 구체성(5점) (핵심항목) • 재능기부 입주자 모집계획 및 대상선정 기준, 방식, 입주 후 재능기부자 활용 계획의 구체성
	4) 주거지원서비스 코디네이터 활용 및 운영계획의 구체성(5점) (핵심항목) • 주거서비스 프로그램 기획 및 주민참여 지원, 서비스운영을 종합적으로 관리·조정 역할을 수행하는 전문인력 활용 및 운영계획(주거서비스 코디네이터 선정, 역할, 참여시기, 전문성 확보를 위한 교육지원 등)의 구체성
4. 임대주택 운영 및 관리계획(15점)	1) 임대 및 시설관리 운영계획의 구체성(10점) • 임대관리 및 시설관리 조직 운영방식(위탁, 직영), 조직구성(분야별 업무분장), 인력 운영계획에 따른 운영경비 등 운영계획이 입주자 임대료 및 관리비 부담을 고려하여 구체적으로 제시되었는지 • 세대수 대비 적정한 상근인력 배치계획이 있는지, 상근인력이 없을 경우 입주자 편의를 위한 리츠 차원의 시설관리를 위한 인력 운영계획이 구체적으로 마련되어 있는지
	2) 긴급대응 서비스계획 및 서비스 전달체계의 구체성(5점) (핵심항목) • 입주자의 긴급 민원대응을 위한 24시간 콜서비스(하자보수 콜센터 운영, 상주인력, 조직운영관리 등) 운영계획이 구체적이고 실현가능한 계획(지역보수수리 업체 연락망 확보계획, 서비스 전달체계, 입주민을 위한 매뉴얼 작성 계획 등)을 수립하였는지

5. 주택성능향상 계획(15점)	녹색건축 인증계획(15점) (핵심항목) • 주택성능, 실내환경, 유지관리, 에너지, 생태환경, 교통 등 8개 전문분야별로 시설설치 및 운영계획(15점)
6. 특화 고유서비스제공계획(5점)	특화된 고유서비스(5점) • 전략적으로 시행 예정인 주거서비스 계획과 운영 방안을 자유롭게 기술

2. 대우건설의 뉴스테이 주거서비스

푸르지오의 주거서비스는 "거주자가 주택에 거주하면서 제공받을 수 있는 가사생활, 여가생활, 보육·돌봄 등 생활지원 서비스와 주민공동체 활동을 지원하는 서비스"라고 대우건설(2018)에서 정의하고 있다. 광의의 의미에서 주거생활에 필요한 주택유지관리 서비스, 자산관리 측면에서 임대차 관리와 시설관리를 포함하는 개념이다. 여기서 녹색건축, 정보통신기술을 활용한 서비스는 주거서비스보다는 주택단지 성능으로 뉴스테이 주택품질 확보를 위한 물리적 기반으로 분류하고 있다. <그림 1>에서와 같이 푸르지오의 주거서비스는 주거지원서비스, 주택운영·유지관리서비스로 구분되며, 주택단지성능향상을 위한 것이다. 즉, 주거서비스는 주택관리의 개념을 넘어 생활과 공간을 지원하고 관리하는 것을 포괄하는 개념이다. 여기서 주거지원서비스는 입주계층 특성에 따라 요구하는 서비스 내용이 달라질 수 있으며, 서비스에 따라 SW(소프트웨어) 프로그램만이 아니라 HW(하드웨어의 공간 및 시설)계획을 병행한다. 그리고 주거서비스는 운영주체, 비용부담, 입주자 맞춤형서비스 내용에 따라 기본형과 선택형으로 구분한다(표 2 참조).

구체적인 대우건설 뉴스테이의 주거서비스의 유형은 가사생활지원 서비스, 건강·여가생활지원 서비스, 생활편의지원 서비스, 공동체활동지원 서비스, 업무·창업지원 서비스, 육아지원·교육 서비스가 있으며, 긴급대응서비스의 콜서비스와 보수서비스도 포함되고 있다.

그림 1 대우건설의 주거서비스 개념 도식화

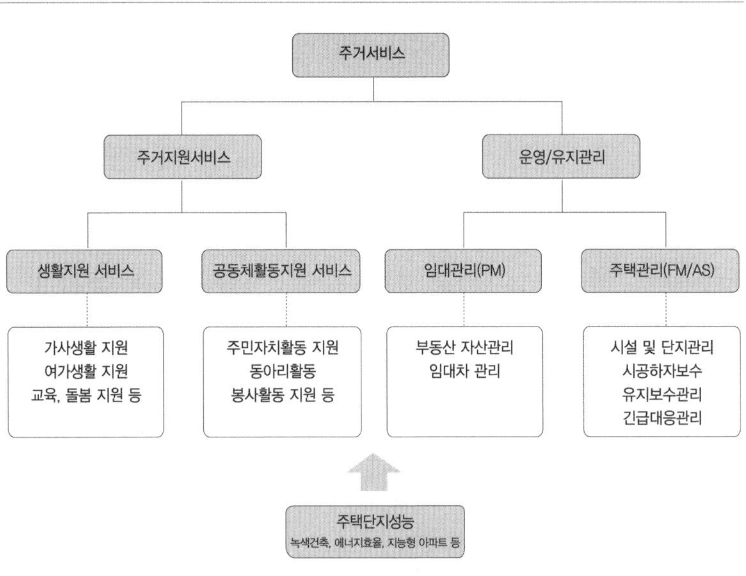

출처: 대우건설(2018), 지속 가능한 주거서비스 연구, p68.

표 2 대우건설 푸르지오 주거서비스 유형과 내용

구분	서비스 유형	내용		공급방식		
				운영주체	비용	유형
주거 서비스 계획	가사 생활 지원 서비스	HW +SW 결합형	• 세탁, 조식 서비스 등 가사생활 관련 지원 서비스	□ 지역업체 연계형 □ 자체 지원형	□ 유료 □ 무료	□ 기본형 □ 선택형

		SW 지원형	• 하우스 클리닝, 장보기/배달 대행 등 가사생활 관련 지원 서비스	□ 입주자 참여형		
	건강·여가생활 지원서비스	HW +SW 결합형	• 각종 건강지원프로그램, 문화프로그램, 주민교류지원 프로그램 등 건강 및 여가생활 지원 서비스	□ 지역업체 연계형 □ 자체 지원형 □ 입주자 참여형	□ 유료 □ 무료	□ 기본형 □ 선택형
		SW 지원형	• 각종 건강관리, 여행 및 캠핑 등 여가생활 지원서비스			
	생활편의 지원서비스	HW +SW 결합형	• 무인택배/택배보관, 카 셰어링 등 생활편의 증진 서비스	□ 지역업체 연계형 □ 자체 지원형 □ 입주자 참여형	□ 유료 □ 무료	□ 기본형 □ 선택형
		SW 지원형	• 인테리어, 이사/청소 알선, 생활용품 공유 및 대여 등 생활편의 증진 서비스			
	공동체 활동 지원서비스	HW +SW 결합형	• 주민 커뮤니티 활동, 재능기부 활동, 동호회 지원 등 공동체 활동 관련 지원 서비스	□ 지역업체 연계형 □ 자체 지원형 □ 입주자 참여형	□ 유료 □ 무료	□ 기본형 □ 선택형
		SW 지원형	• 동호회 활동 지원, 열린 장터, 공동구매 등 공동체 활동 관련 지원 서비스			
	업무·창업 지원서비스	HW +SW 결합형	• OA 오피스룸 대여, 세미나실 운영, 비즈니스 센터 운영 등 업무공간 및 시설 대여 지원 관련 서비스	□ 지역업체 연계형 □ 자체 지원형 □ 입주자 참여형	□ 유료 □ 무료	□ 기본형 □ 선택형

	육아 지원 · 교육 서비스	HW +SW 결합형	• 국공립 어린이집, 유치원 등 보육·교육 시설 설치, 학습프로그램 운영 등 육아지원을 위한 교육시설을 비롯한 각종 시설 설치, 육아, 아동 대상 프로그램 운영지원 서비스	□ 지역업체 연계형 □ 자체 지원형 □ 입주자 참여형	□ 유료 □ 무료	□ 기본형 □ 선택형
		SW 지원형	• 보육세대 모임, 교육정보 제공, 보육서비스 등 육아세대 커뮤니티를 위한 온·오프라인 지원서비스			
긴급 대응 서비스	콜 서비스	SW 지원형	• 응급의료 등 각종 민원대응 관련 서비스	□ 지역업체 연계형 □ 자체 지원형 □ 입주자 참여형	□ 유료 □ 무료	□ 기본형 □ 선택형
	보수 서비스	SW 지원형	• 주택 유지보수 매뉴얼 제공, 지원인력 운영 등 관련 서비스	□ 지역업체 연계형 □ 자체 지원형 □ 입주자 참여형	□ 유료 □ 무료	□ 기본형 □ 선택형
기타 특화 서비스			• 입주계층을 고려한 특화된 서비스 전략과 서비스 내용	□ 지역업체 연계형 □ 자체 지원형 □ 입주자 참여형	□ 유료 □ 무료	□ 기본형 □ 선택형

출처: 대우건설(2018), 지속 가능한 주거서비스 연구, p. 69.

3. 뉴스테이의 주거서비스 대표 유형

대우건설뿐 아니라 타 건설사의 뉴스테이에 적용하고 있는 주거서비스의 대표적 유형은 다음과 같다(대우건설, 2018. p93-100).

1) 가전제품 렌탈 서비스

결혼과 함께 혼수를 준비할 때나 사용한 지 수년 된 가전제품을 바꾸고 싶을 때 고민되는 것은 구입가격에 대한 부담이다. 결혼을 앞두고 혼수를 구입하는 데 수백만에서 수천만 원까지 비용이 소요된다면 상당한 부담이 된다. 만일 예비부부가 가전제품 렌탈을 할 수 있다면 혼수 마련의 목돈 부담을 줄일 수 있다. TV, 냉장고, 세탁기 같이 직접 구매하기 부담되는 가전부터 정수기, 비데처럼 꼼꼼하게 관리하기 어려운 제품도 렌탈할 수 있다. 뉴스테이는 주거서비스 차원에서 연계사를 활용해 입주민들에게 대량으로 렌탈을 하기 때문에 시중가보다 저렴하게 이용할 수 있는 장점이 된다. 약정기간이 종료되면 렌탈한 가격은 입주자의 소유가 되고, 일부 품목은 제외된다.

2) 카 셰어링 서비스

평소에 차로 아이들 통학시키고 장도 보고 문화센터도 다니는데 차를 사용하지 못하는 경우가 발생하면 불편이 더 커질 것이다. 차를 소유하지 않고 대중교통을 주로 이용하지만 가끔 차가 필요할 때가 있다. 원하는 때 어디서나 원하는 시간만큼 차량을 렌트할 수 있는 카 셰어링 서비스를 제시하고 있다. 뉴스테이 단지 내 그린카-

카셰어링 서비스를 도입하여 주차장의 지정된 장소에 그린카를 배치하고 주민이 이용할 수 있도록 하고 있다. 차량 구입, 유지비, 주차비 등의 지출 없이 저렴한 가격으로 차를 이용할 수 있으며, 입주자들에게는 추가 포인트와 비용 할인 등의 혜택도 있다.

3) 멤버십 서비스

은행과 연계된 멤버십 서비스는 입주자 전용 멤버십카드를 발급해 월세, 관리비, 도시가스 비용납부는 물론 포인트로도 결제가 가능한 서비스이다. 특히 뉴스테이로 입주하고 싶지만 목돈이 적은 입주예정자에게는 임대보증금 대출 혜택도 제공한다. 보증금의 일부를 계약금으로 납부하고 나머지 보증금의 대부분에 대한 대출이 가능해 목돈이 적어도 입주할 수 있도록 서비스하고 있다.

4) 조식 및 반찬 서비스

'아침 밥, 저녁 죽'이라는 옛말이 있는 것처럼 아침식사는 건강을 위해 중요한 생활습관이다. 뉴스테이는 전문 푸드회사와 연계하여 조식 서비스를 제공하여 바쁜 아침을 위한 아침 간편식을 편리하게 먹을 수 있게 하고 있고, 입주민 대상 맞춤형 식사로 제공한다. 그 외 식단 레시피와 공동주방을 제공하는 쿡 서비스 또는 반찬 판매 등의 서비스도 있다.

5) 아이키움(돌봄) 서비스

맞벌이 부부의 가장 큰 고민은 육아 문제이다. 아이 때문에 늦은 출근이나 이른 퇴근을 하면서 주변의 눈치를 보게 된다. 이런 고민에서 벗어날 수 있도록 아이 키우기 편한 아파트가 있다면 하는 생각을 하는데, 대우건설에서 이를 주거서비스로 실천한다. 뉴스테이의 생활서비스 가운데 하나인 아이키움(돌봄) 서비스는 단지 내에 아이케어센터를 두고 이른 아침 부모의 출근 시 아이를 인계받아 아이돌보미를 통해 아이들의 어린이집 등·하원과 자유시간 책임관리, 아이일정 및 건강 등을 부모와 공유한다. 또한 아이케어센터 내에 커뮤니티 룸, 놀이터 등의 공간에서 아이들을 돌봐준다. 그리고 단지 내에서 실시하는 교육 특화 프로그램이 실시될 경우 원하면 아이를 그곳으로 안내한다. 이른 아침부터 늦은 오후까지 아파트 내에서 아이를 케어하는 서비스로 안심하고 맡길 수 있고 맞벌이 부부는 시간활용에 여유를 갖게 되는 것이다. 단지 내 어린이집은 교육전문기관에 위탁 운영을 하여 아이들이 좋은 교육서비스를 받을 수 있게 한다.

6) 커뮤니티(재능기부) 서비스

대우건설 뉴스테이는 입주자들의 자발적인 재능기부를 통해 상담이나 학습지도(논술, 독서지도, 입시진로, 심리 등), 스포츠나 예술활동(체육, 음악 악기나 성악, 그림 등), 의료(상담, 예방 등), 외국어 배우기(영어, 중국어, 일어 등), 방과후 지도(창의, 과학, 미술, 공예, 토론 등) 등의 다양한 교육과정을 마련하여 단지 내에서 다양한 프로그램을 제공하는 서비스이다. 주민끼리 서로 나누는 주거문화를 경험할 수 있게 하고, 배움을 통해 서로 소통할 수 있도록 한다. 그 외 중고거래 장터, 물물교환 등의 나눔장터 또는 플리마켓의 활동, 주민 친목도모 이벤트의 축제, 텃밭 등 공동체 활동을 지원하는 서비스가 여러 뉴스테이 참여

업체에서 추진되고 있다.

7) 홈클리닝 서비스

오랜 기간 때가 찌들기 쉬운 주방 렌지후드, 싱크대 배수구 등의 클리닝 서비스 그리고 에어컨 필터 청소, 침구류의 진드기 제거 서비스가 제공되고 있다. 일부 유상 서비스로 제공하며, 입주민을 우대하여 할인된 가격으로 이용할 수 있게 한다.

8) 세대창고 서비스

자주 사용하지 않는 물품, 골프백이나 스키 장비와 같이 부피가 큰 물품, 계절용품 등을 보관할 수 있는 창고공간이 지하주차장 내에 마련하여 제공하는 서비스이다. 세대 내에 두기 곤란한 물품들을 보관할 수 있는 세대창고를 활용하므로 세대 환경을 쾌적하게 만들 수 있도록 한다.

4. LH 공공임대아파트의 주거생활서비스

주거서비스와 유사한 개념으로 LH는 자체적으로 주거생활서비스로 개념을 정립하였다. 주거복지 종합서비스를 제공하는 차원[8]에서 생활지원을 중심으로 주거생활서비스라고 명명하고 있다(그림 2 참조). "입주고객을 대상으로 입주민 삶의 질 향상과 복지증진을 위한 서비스를 능동적으로 발굴하여, 지속적 보편적으로 제공하는 서비

8 정보지원(마이홈센터, 톨센터 등의 상담 및 정보제공), 주거지원(임대주택지원과 주거급여), 생활지원(주거생활서비스를 통한 삶의 질 향상), 관리지원(관리지원과 분쟁조정).

LH 주거복지사업

구분	내용	
정보 지원	상담 및 정보 제공	
	마이홈(센터, 콜센터, 포털)	
	전월세지원센터	
	주거급여콜센터	
	하자상담콜센터	
	정보 접근성 향상	
주거 지원	주택지원	주거급여
	영구임대	주거급여
	국민임대	
	행복주택	
	공공임대(5, 10, 50년)	수선급여
	매입임대	
	전세임대	
	현물 제공	현금·현물 지원
생활 지원	주거생활서비스	
	커뮤니티 활성화	
	주거복지 거버넌스	
	교육, 육아, 급식 지원	
	취약계층 돌봄서비스	
	자립지원	
	삶의 질 향상	
관리 지원	관리지원, 분쟁조정	
	관리업체 선정, 평가	
	관리비 등 회계 관리	
	공사·용역 감독	
	분쟁·갈등 조정	
	입주민 보호	

주거복지 종합서비스 제공

그림 2 LH 주거복지사업과 주거생활서비스

스"를 주거생활서비스라고 정의하였다. 주거생활서비스는 단지 내에서 개인과 가구를 지원하기 위해 이루어지는 가사, 여가, 건강, 교육, 육아 지원 등의 '생활편의를 위한 서비스'와 사회적 영역인 공동체 활동영역에서 이루어지는 입주민들의 다양한 동아리 활동, 봉사활동, 재능기부 활동, 커뮤니티 시설 지원, 업무·창업 등을 위한 '공동체 형성을 위한 서비스'를 포함하는 개념이다(권오정 · 최병숙, 2017). LH의 주거생활서비스는 대우건설 뉴스테이의 주거서비스 중 생활지원과 공동체 활동지원의 주거지원서비스와 유사한 개념이며, 이 역시 생활편의와 공동체 형성과 활성화에 그 중요성을 두고 있다.

LH에서 현재 실행하고 있는 주거생활서비스는 다음의 4가지 유형으로 구분한다(그림 3 참조).

첫째, 입주민의 생활편의 지원을 하는 '직접서비스'이다. LH가 직접 예산과 인력을 제공하는 서비스로 쾌적한 생활공간, 일자리 창출, 직접 운영시설 확대, 서비스 지향이 내용이다.

둘째, 입주민의 화합 · 정서안정을 지원하는 '공동체 서비스'이다. 위탁관리업체인 관리소나 공단을 통한 공동체 활성화 서비스로 커뮤

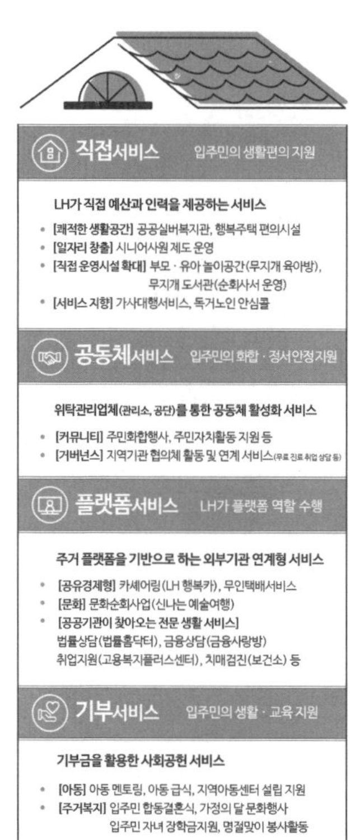

그림 3 〉 4가지 유형으로 보는 LH주거생활서비스

니티 및 거버넌스 형성이 그 내용이다.

셋째, LH가 플랫폼 역할을 수행하는 '플랫폼 서비스'이다. 임대주택이라는 주거플랫폼을 기반으로 하는 외부기관 연계형 서비스로 카셰어링이나 무인택배와 같은 공유경제형 서비스, 문화순회사업의 문화서비스, 공공기관이 찾아오는 법률, 금융 등의 전문 생활서비스가 그 내용이다.

넷째, 입주민의 생활·교육지원을 하는 '기부 서비스'이다. 기부금을 활용한 사회공헌 서비스로 아동급식이나 지역아동센터 설립 등의 아동지원 서비스나 주거복지 관련 서비스가 그 내용이다.

한편, LH는 입주 이후 입주자의 삶을 더욱 윤택하게 하기 위해 주거생활서비스와 함께 살아가는 입주자의 생애주기별 맞춤형 주거생활서비스 개념까지도 제시하고 있다. 즉, 출생에서부터 성장, 결혼, 직장 그리고 자녀와 인생의 황혼까지 생애주기별 주거패턴에 맞춘 짜임새 있는 LH의 주거생활서비스를 제시하고 있으며(그림 4), 이로 인해 입주민들은 생활의 편리 뿐 아니라 마음의 든든함까지 얻어 안정감을 갖게 된다.

그림 4 생애주기별 LH 주거생활서비스

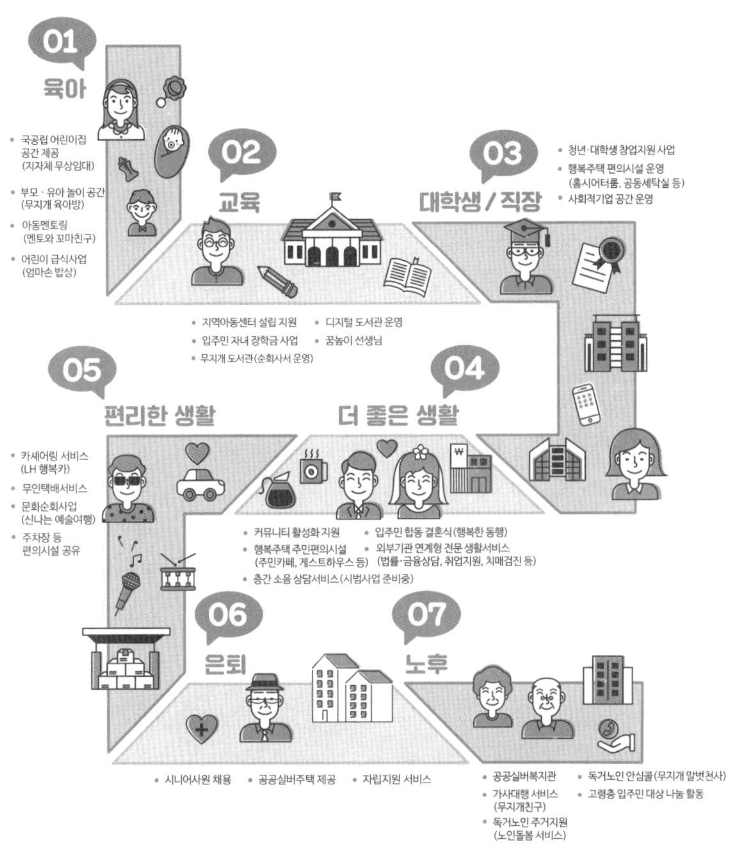

5. 일본 부동산기업의 주택사업부문 성장전략, 주거서비스

일본의 주거서비스 관점은 소프트웨어 부문이며, 주거서비스 사업의 영역은 임대, 관리, 중개, 리폼 등 주택사업의 Value Chain 확장을 통해 사업기회 확대 및 계속적인 수익모델을 추구하는 시너지 효과를 창출하는 성장전략이다(김찬호, 2016).

1) 마쓰이부동산

마쓰이 부동산은 주택판매 이후 고객과의 커뮤니케이션을 지속하는 방법으로 주택사업 부문별 연계로 고객기반 주거서비스를 제공하고 있다. 고객의 라이프스타일 변화에 따른 주거의 다양한 니즈에 대해 마쓰이 주거몰과 마쓰이 주거 루프를 두어 원스톱 서비스를 대응하고 있으며, 안심하고 쾌적한 주거를 제공하는 서비스산업화를 추구하고 있다.

- 마쓰이 주거 몰: 분양 임대 신축 개축, 리폼 등 주거관련 정보 및 컨설팅 서비스를 제공하며, 가족구성, 라이프스타일에 맞는 최적의 주거 솔루션을 제공한다.
- 마쓰이 주거 루프: 마쓰이가 공급한 약 40만 호 주택 거주자 멤버십서비스 제공 차원의 마쓰이 주거 루프(loop)를 개설 운영한다. 가전제품, 식료품, 잡지 등의 판매/ 가사도우미 서비스 등 주거내부에 필요한 서비스 제공/ 주방용품, 식·음료등 상품의 판매와 할인/ 호텔 및 여행, 여행서비스 제공/ 마쓰이 아울렛 파크 및 유명 음식점에서 할인/ 리폼, 홈인테리어, 주거청소 등 서비스 제공/ 호텔, 레스토랑의 정보 제공을 한다.

입주자의 라이프스타일 등 특성에 따라 다양한 주거서비스가 유료 또는 무료로 제공되며, 이는 가사 등 생활지원서비스, 주거지원서비스, 여가 등 생활지원서비스, 상담 콜 긴급대응서비스이다.

- 가사 등 생활지원서비스: 가사대행서비스(실내청소, 음식만들기 등 일상의 가사활동에 대해 전문적인 훈련을 받은 스텝에 의한 대행 서비스 제공), 장보기 대행 서비스(시간적 여유가 없이 일용품 등의 구입 시간이 부족한 경우 장보기 대행 서비스 제공), 의류 세탁 서비스(양복, 와이셔츠 등 일상적으로 사용하는 의류의 세탁 택배 서비스), 하우스 크리닝 서비스(환풍기, 에어컨, 부엌, 화장실 등에 전문적인 크리닝업자가 청소), 인테리어지원 서비스(인테리어 상품 알선, 취향에 맞는 인테리어 기획 상담 및 코디네이터 소개)
- 주거지원서비스: 가전설비 서비스(컴퓨터, TV 등 가전설치, 수리, 기타 사용에 애로사항 발생시 지원서비스), 이사 알선(이사전문업체 소개/알선), 불용품 회수, 중고 재생용품 알선(버리거나, 팔고 싶은 중고 용품 회수, 판매알선), 수납 보관서비스(실내 수납이 어려운 이불, 스포츠 용품, 계절용품 등 보관서비스), 의류세탁 보관서비스(계절 변화에 맞춰 의류크리닝 보관서비스 제공)
- 여가 등 생활지원서비스: 택시 서비스(택시 수배 서비스제공), 카 셰어링(자동차 공유), 렌트카 서비스(필요 니즈에 대앙하여 우대가격으로 렌트카 수배서비스), 렌탈용품 서비스(일시적으로 필요한 렌탈용품 수배 및 알선 서비스), 관엽식품 렌탈 서비스(실내관상용 식물 렌탈 서비스, 손질 및 관리 등 지원), 유아 돌보미 서비스(여행, 출장, 긴급상황 시 유아 돌보미 서비스 제공)
- 상담 콜 긴급대응서비스: 의료상담 콜(응급, 기타 신체이상 시 전화에 의한 의료상담 및 응급처치 지원서비스), 개호 상담 콜(개호가 필요한 동거가족에 대해 전문 케어 매니저가 전화에 의한 상담 및 지원서비스), 반려동물 상담 콜(애완, 반려동물 등에 대한 건강관리, 교육 등 전화상담 서비스), 화장실 등 문제발생 긴급출동(화장실, 배수관 등 문제발생 시 전문 스텝이 신속하게 대응), 전기설비 문제발생 긴급출동, 현관 열쇠 등 문제발생 긴급 출동(현관문 장치, 열쇠 등의 문제발생 시 신속하게 대응)

2) 다이와하우스

다이와하우스 주택사업부는 전문화 및 산업 간 융복합을 통한 주거서비스 차별화로 성장전략을 제시하고 있다. 2012년 임대, 관리, 중개, 기타 주거서비스 사업부문을 통합하여 전문성을 강화하고자 '다이와리빙컴퍼니'의 전문계열사를 설립하였다. 그리고 전력, 유통, 금융, IT, 로봇 산업 등 산업 간 융복합을 통한 주거서비스를 차별화하고 있다.

- 중개 부분의 2-Way House 사업은 주택매각 희망자와 주택구입 희망자를 연결하여 임대 거주 후 최종 매매계약까지를 이끈다.
- 금융 부분의 모기지금융 서비스는 구입자금 대출 및 고령자 역모기지 금융서비스를 실시한다.
- 로봇산업 부분의 고령자 주거서비스는 의료, 개호 지능형 로봇개발의 첨단기술을 적용하여 가사 등의 지원을 이끈다.

다이와리빙컴퍼니는 다이와리빙 매니지먼트(임대사업 영업 및 자산관리), 다이와리빙(임대 관리운영 시설 유지관리), 다이와리빙에스테이트(중개전문 입주자 모집 등), 다이와리빙유틸리티(주택 전력, 가스 공급 등), D.U-NET(인터넷, 웹 기반 관리지원), Double-D(웹기반 서비스 솔루션 지원)로 전문서비스를 제시하고 있다.

Ⅲ. 아파트 주거서비스, 공동체 활성화의 초석

아파트는 임대나 분양으로 입주를 하면 서로의 이웃을 잘 모르지만 아이를 키우며 살아가는 과정에 그 중요성을 피부로 느낀다. 맞벌이 생활과 평상시 시간의 차이로 이웃과의 만남은 쉽지 않은 현실이다. 더욱이 대가족의 생활을 벗어나 가까이 친지들과도 생활하지 못하는 아파트 입주자들은 점차 가족이 축소되고 자녀가 줄면서 이를 대체할 수 있는 개념으로 이웃과의 공동체가 강조되고 있다. 최근 임대 분양아파트에서 주거서비스의 핵심 영역으로 공동체 활동을 강조하며 더불어 함께 살아가는 삶을 추구하고 있다.

1. 화성동탄 행복마을 푸르지오의 마을공동체 적용 주거서비스

푸르지오의 특화 주거서비스는 마을공동체를 적용한 개념이다. 마을공동체는 함께 거주하는 입주민들이 서로 호응하며, 서로의 자원을 활용하여 지속 가능한 활동을 도모하는 활동으로 정의하고 있다. 그리고 마을공동체는 이웃 간 소통을 통한 관계회복 및 주민자치 실현, 일자리 창출, 지역활성화, 사회적 안전망 구축의 기능을 갖는다. 주거서비스에서 마을공동체 개념의 적용은 민+관+기업 합동의 관계망을 구축하여 주거서비스 프로그램을 작동하는 선순환 구조를 만들어 가는 것이다. 화성동탄 행복마을은 경기도-대우건설 민관 합동의 마을공동체 활성화 협력을 체결하였다. 대우건설이 인력, 예산, 프로그램, 공간을 제공하고 경기도가 공동체 설립지원, 교육, 컨설팅을 지원하며, 입주민이 재능기부자와 마을활동가로 참여하여 마을공동체를 이끌어 가는 것이다. 하지만 입주 초기에는 입주민의 교류가 활성화되지 못하여 주거서비스 코디네이터로서 전문인력인 마을활동가가 투입되어 Let's Program을 시행하고 공동체를 만들어 가면서 주거서비스를 실천하고 있다.

그림 5 화성동탄 행복마을 마을공동체 적용 운영구조와 프로그램

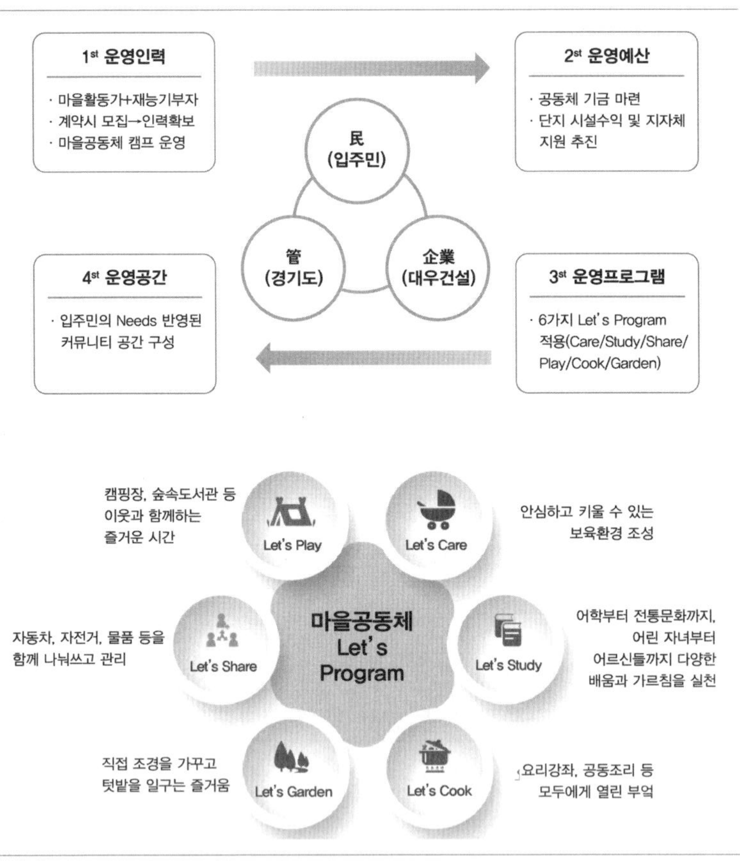

출처: 박지영(2018), 대우건설이 생각하는 주거서비스

2. 따복아파트에 적용된 주거서비스, 보육 · 교육서비스

현장 적용 사례에서 보면 보육·교육의 주거서비스가 아파트 공동체활성화에 중요한 역할을 한다. 경기도 따복아파트 위례자연 & 래미안·e편한세상에서 실시하고 있는 공동육아프로그램은 아파트 자생단체인 '맘트리'가 중심이 되고 있다. 30~40대가 중심이 되어 공동육아 및 공동체 활성화 사업을 주목적으로 한 단체이다. 엄마들의 소통과 공동육아를 목적으로 육아 고민이나 정보를 공유하자는 취지로 시작하여, 공동육아공간을 위한 아이룸 추진, 단지 내 환경개선, 무료강좌, 엄마표 놀이, 어린이극장, 유모차 극장의 프로그램을 운영하고 있다. 나아가 독서모임, 똑똑 장난감, 포트럭, 반찬모임, 숲체험 등의 프로그램을 확대발전시켜 입주민이 함께 모이고 공유하는 시간을 확대해 나가려 하고 있다. 아이를 키우는 엄마의 육아 고민에서 주민참여 방식의 주거서비스가 시작하여 점차 입주민 모두가 참여하는 방식의 주거서비스로 발전해 가고 있다.

3. 성화주공 4단지의 주거서비스, 공동부엌

주거서비스 중 식사서비스는 모든 입주민이 함께 공유하고 이용할 수 있는 서비스로 노인, 청년, 1인가구 및 자녀양육 가구 등 다양한 가구의 수요가 있다. 더불어 2016년 의식주의 새로운 유행으로 등장한 관계 지향 식문화인 공유부엌이 식사서비스의 대응으로 제시되고 있다. 음식을 만들고 나누어 먹으면서 이웃 간의 따뜻한 정을 느끼기도 하는 공유부엌은 1인가구, 맞벌이가구의 증가로 새로운 문화로 자리 잡을 것을 예측하고 있다. 나아가 과거 내 집에서 음식을 만들면 이웃과 나누듯이 공유부엌의 음식을 통해 마을공동체가 형성되고 있다.

2017년 4월 3일 청주의 성화주공 4단지 관리사무소 2층에 공동부엌 햇살이 문을 열었다. '사회적협동조합 일하는 사람들'이 운영하고 있는 공간이다. 관리동의 물품보관소로 사용해 왔던 장소를 LH공사로부터 무상임대 받아 최신 설비와 가든까지 갖추었다. 아파트 단지 주민만이 아니라 청주 시민이면 누구나 공동으로 사용할 수 있는 부엌이다. 친구와 이웃과 차 마시며 수다 떨 수 있고 좋은 사람과 밥도 같이 해 먹을 수 있다. 심지어 배달음식을 시켜 먹어도 된다. 거창하지 않지만 즐겨 먹을 수 있는 요리를 배우고 평소에 고마운 이가 있다면 정성 가득한 밥 한 끼를 내 손으로 직접 지어 마음을 표현할 수 있는 공간이다. 재료만 가지고 온다면 모든 것을 무료로 사용할 수 있다. 모임이나 회의, 파티, 잔치를 위해 공동부엌을 단독으로 사용하고 싶을 때는 개인은 1만 원, 단체는 3만 원만 내면 3시간 동안 이용할 수 있다. 전기세 및 부엌 유지비용으로 이용료를 받고 있으며, 미리 예약만 하면 월요일부터 토요일까지, 오전 10시부터 오후 9시까지 사용할 수 있다. 매주 수요일 오전 10시부터 12시까지는 '주민건강요리교실'을 진행하며, 전문적인 요리교실이 아니라 오랫동안 요리에 종사하거나 관심이 있는 분을 강사로 섭외하여 오랜 경험의 노하우를 전수받는다. 그리고 한 달에 2번 진행하는 '사연이 있는 밥상'은 가족, 지인에게 음식과 함께 마음속 메시지를 전달하는 프로그램으로 신청자가 직접 요리한 음식을 초대한 사람에게 대접하고 영상편지를 통해 고마움을 전달한다.

Ⅳ. 맺음말

주택이 소유에서 거주로 바뀌어 가는 사회의 흐름은 주택관리가 물리적인 하자보수에서 그 중심이 거주자의 생활을 포함한 거주과정의 주거서비스로 한 단계 성장하고 있다. 주택관리가 물리적 관리에서 주택·거주자·생활의 결합체인 주거를 기반으로 서로가 행복한 마을, 나아가 사회를 이끌어 나가는 주거서비스로 진화하고 있다. 즉, 주거서비스는 기존의 하자보수 및 공간지원과 같은 물리적 차원의 하드웨어 서비스와 거주자 개인 및 가구의 주거안정, 쾌적하고 안전하며 편리한 주거생활지원, 이웃 간의 공동체를 만들어 가는 소프트웨어 서비스를 포괄하는 개념이다. 주거서비스는 기업형 민간임대주택인 뉴스테이 아파트의 주거서비스인증제 실시로 부각되었고, 여기서 입주자 맞춤형의 주거서비스 특화 전략 및 운영계획, 주거서비스 시설계획 및 운영계획, 입주자 참여 및 공동체 활동 지원계획 등의 내용이 포함되어 있다. 그리고 주거서비스 프로그램 기획, 관리·조정 역할자로 주거지원서비스 코디네이터(예: 국가공인민간자격 주거복지사)의 활용을 제시하도록 하고 있다. 이는 앞으로의 주택관리가 기존 아파트관리사무소의 역할 이외 주거서비스 기획·실행으로 전담인력 배치가 매우 중요함을 제시한 것이다. 나아가 주거서비스의 전담인력은 아파트 거주자의 생활편의와 공동체 활성화를 위하여 다양한 프로그램을 기획하고 민+관+기업 협력방식을 통해 재원이나 공간·시설을 연계하거나 주민참여방식을 통해 프로그램이 실행되도록 하는 전문가로서 거주자에게 질 높은 주거의 제공 및 이웃과 함께하는 새로운 삶의 방식을 만들어 나갈 수 있도록 하는 것이다. 공동육아, 공동부엌과 공동식사와 같은 주거서비스의 지원은 이미 공동체를 만들어가는 기틀이 되고 있고, 더욱 다양한 주거서비스 아이템과 프로그램의 개발·실천은 아파트 주거문화를 더욱 바람직한 방향으로 이끌어 나갈 것이고 산업적 차원에서는 새로운 수익기회와 수익구조의 확장을 제시할 것이다.

참고문헌

권오정 · 최병숙(2017), 신규 주거서비스 개발 연구: 주거생활서비스를 중심으로, (사)한국주거서비스소사이어티

김찬호(2016), 월세시대, 주택임대관리업 역할과 과제. 주택임대관리업 발전 방안, 한국주거복지포럼

김혜승(2016), 휴먼서비스로의 주거지원서비스. 주거서비스 주거의 새로운 패러다임, (사)한국주거학회 특별세미나

남원석 · 최은희 · 조경은(2010), 지역밀착형 주거지원서비스 지원체계 구축방안, 한국토지주택공사 토지주택연구원

대우건설(2018), 지속 가능한 주거서비스 연구

박경옥 · 권오정 · 최병숙(2017), 주거서비스의 NCS설정을 위한 분류체계 개발 연구, 한국주거학회

박지영(2018), 대우건설이 생각하는 주거서비스. 2018 한국주거서비스소사이어티(KHSS)정책세미나, 한국주거서비스소사이어티, (사)한국주거학회

서종균(2011), 주거지원서비스. 도시와 빈곤, 90, 한국도시연구소

윤영호(2016), 산업 차원의 주거서비스. 주거서비스, 주거의 새로운 패러다임, (사)한국주거학회 특별세미나

윤영호(2016), 정책 · 제도적 차원의 주거서비스. 주거서비스, 주거의 새로운 패러다임, (사)한국주거학회 특별세미나

윤주현 · 김근용 · 박천규(2005), 지역간 · 계층간 주거서비스 격차 완화방안 연구(1): 주거서비스 지표의 개발 및 측정. 국토연구원

최은희 · 홍형옥 · 지은영 · 채혜원 · 은난순(2008), 주거복지지수의 개발과 관리, 주택도시연구원

주택저널 편집팀, "금융 · IT · 유통 · 의료 등 다양한 소프트웨어 갖춘 주거서비스로 진화", 주택, 2015년 10월호

전희정 & 따복공동체지원센터, "따복아파트 위례자연 & 래미안e편한세상", 따복넷, 네이버블로그, 2017.9.29. http://blog.ddabok.or,kr/221107709856

최현주, "청주시 서원구 성화동 공유부엌 햇살", 산남두꺼비마을, 2017. 7.20. http://toadtown.net/news/articleView.html?idxno=4573

「주거기본법」

CHAPTER

09

공동체 문화의 새로운 도약

— 박경옥, 충북대학교 주거환경학과 교수 —

CHAPTER 09

공동체 문화의 새로운 도약

— 박경옥, 충북대학교 주거환경학과 교수 —

Ⅰ. 아파트 단지 공동체 활성화 방식의 변화

1. 공동체 활성화 활동과 효과

현대인의 개인주의 심화로 인한 인간소외, 외로움 등의 문제는, 1인가구 증가, 가족의 소인수화, 고령자 증가로 개인의 심리적인 문제뿐만 아니라 복지와 연결되어 사회적으로 해결해야 할 문제가 되었다. 전 가구 중 1인가구가 차지하는 비율이 2016년 기준 27.9%로 가장 높으며, 고령인구의 비율도 2017년 13.8%[1]로 우리나라보다 앞서 고령사회를 맞은 국가보다 빠른 속도로 늘어나고 있다. 이러한 사회·인구학적 변화에 대응하여 사회 전반적으로 개인을 연결하고 더 나아가 공동체의식을 가진 공동체를 형성하여 개인화로 발생할 수 있는 문제를 완화시키는 방법을 모색하게 되었다.

공동체는 연구자에 따라 다양한 정의가 있으나 공통적인 점은 '일정한 지역적 범위 내에서 사회적 상호작용을 하며 공통의 감정

1 통계청 보도자료, "2017 한국의 사회지표", 2018.3.22. p. 1.

이나 의식을 가진 사회적 집단'이라는 것이다. 공통의 감정이나 의식은 가치공유, 상호 연대의식, 친밀감, 소속감, 애착심 등이며 공동체의식의 구성요소가 된다. 개인의 사회활동 범위가 주거지와 상관없이 일어나는 도시에서 아파트 단지에 공동체 형성이 가능한 것인지, 공동체 형성의 기본조건인 호혜와 상호신뢰가 자리 잡을 수 있을 것인지, 공동체가 단지 내의 문제를 실제적으로 해결해 낼 수 있는지 등[2]에 대한 논의가 존재한다. 그러나 공동체의 특성은 시대적 상황이나 사회제도의 특성에 따라 다양한 형태로 변할 수 있으며, 항상 같은 형태로 존재하지 않는 유기체성을 가지고 있다[3]는 면에서 공동체 형성을 위한 노력은 필요하다는 것에 일반적으로 동의한다. 공동체의 정의에 포함된 요소는 공동체를 활성화하는 데 고려해야 하고 지원해야 할 요소가 된다. '지리적 영역성'에 포함되는 단지 내의 공간·설비 등, '사회적 상호작용'을 일으킬 수 있는 모임·조직·단체, 활동을 통해 형성되는 '공통의 감정이나 의식'을 강화하는 것이다.

공동체가 일정한 지역적 범위 내에서 형성된다는 점에서 아파트 단지는 구분된 경계와 명칭이 있으므로 공동체를 형성할 수 있는 지리적 영역이 명확하다. 거주자가 아파트 단지의 외부공간과 공용공간을 적극적으로 이용하지 않았던 것은 대량공급시대의 아파트

2 공동체지원사업에 대한 분석 평가는 양적연구, 사례분석의 질적연구를 통해 이루어지고 있다. 최지민 · 황선영 · 김순은(2016)은 서울시가 사회문제를 해결하는 공동체의 실체가 무엇인지에 대한 논의없이 공동체라는 무형의 실체가 창출될 것이라고 기대하고 이를 통해 얻을 수 있는 편익을 근거로 공동체 육성을 주요 현안으로 내세웠고, 사업의 추진방식은 풀뿌리 조직 확대를 위한 물량적 지원과 같은 피상적인 행태만을 취하게 된다고 보았다.

3 천현숙 · 은난순 · 지은영 · 채혜원, "공동주택 커뮤니티 활성화 지원과 평가방안", 국토연구원, 2013, pp. 9–11.

건설상황과 관련이 있다. 국내 아파트는 분양을 촉진하고 거주자의 만족도를 높이기 위해 가구별 프라이버시를 우선하는 전용공간의 충실화에 중점을 둔 계획기법으로 수십 년간 공급되었다. 아파트 단지에 함께 살면서도 이웃 간의 관계를 촉진할 수 있는 공용공간 이용에 대한 환경심리행태적 요소의 반영이 부족했던 것이다. 이웃과의 만남이나 교류를 촉진할 수 있는 공용공간에 대한 계획은 법적인 규정 범위 내에서 최소한으로 이루어졌고, 입주 후 거주자의 공용공간 이용은 저조하였다. 2010년대 이후 신주택보급률이 100%를 넘어서면서 공급자의 분양전략도 공용공간, 외부공간의 차별화로 변화하였고 이전 시기의 부대복리시설보다 다양한 시설과 규모의 주민이용시설을 '커뮤니티시설' 또는 '커뮤니티센터'[4]라는 명칭으로 추가하게 되었으며 이러한 공간을 거주자가 이용하여 시설의 효용성을 높이는 방향으로 진전되었다.

우리나라는 아파트에 거주하는 가구가 2016년 전체 가구의 48.6%[5]로 가장 높은 비율을 차지하므로 아파트 단지 거주자의 낮은 공동체의식을 높이는 공동체 활성화가 중요한 과제가 되었다. 아파트 주민들이 주도적으로 생활의 필요로 공동육아, 공동구매, 품앗

---

4 '커뮤니티시설' 또는 '커뮤니티센터'에 대한 정의는 환경부 녹색건축 인증 기준 [시행 2014. 12.5.] [별표1] 공동주택인증심사기준(제3조 관련) 1.3.1 커뮤니티 센터 및 시설 · 공간의 조성수준에 제시되어 있다.
커뮤니티공간은 근린교제가 가능한 오픈공간/ 단지 내 중앙광장, 노천극장, 테마광장 등이 포함됨. 면적은 세대당 0.3㎡/호 이상. 단, 전체세대가 국민주택규모(전용 85㎡ 이하)는 0.15㎡/호 이상이며, 최소 50㎡ 이상, 최대 400㎡(계산상 400㎡ 이상일 경우에는 400㎡로 인정)
커뮤니티센터는 단지 내 주민들이 모여서 커뮤니티 활동을 할 수 있도록 법정시설 외에 별도로 조성된 건축공간/ 독립된 출입구와 부대시설(화장실 등)을 확보하여야 함. 최소 면적: 500세대까지는 1㎡/세대, 500세대를 초과하는 세대는 0.5㎡/세대 단, 전체가 국민주택규모(전용 85㎡ 이하)의 경우 0.5㎡/세대로 함.

5 통계청 보도자료, "2016 인구주택총조사: 등록센서스 방식 집계 결과", 2017.8.31. p. 42.

이 과외 등의 활동 등으로 상호부조하는 사례도 나타났지만, 2000년대 후반부터 지자체가 제도적으로 취미, 문화, 친환경 등의 다양한 활동을 지원하는 공동체 활성화 지원제도가 확산되었다. 「주택법」(2003.5.29. 전부개정, 시행 2003.11.30.)이 제정되면서 제43조(관리주체 등) ⑧항[6]에 근거하여 공동주택지원조례가 제정되었다. 국토교통부는 2010년 7월에 「주택법 시행령」을 개정하여 시 · 도지사가 공동주택 관리규약 준칙을 개정하도록 하고, 그 안에 공동체 활성화를 위한 자생단체 및 공동체 활성화 단체를 지원할 수 있도록 근거를 마련하였다. 현재는 「공동주택관리법」 제85조(관리비용의 지원) ①항[7]에 의해 지자체별로 공동주택관리조례로 공동체 활성화를 위한 시설, 프로그램, 공용시설물의 유지관리를 지원하고 있다.

특히 서울시는 2010년부터 '공동주택지원조례'에 공동체 활성화 지원에 대한 사항을 추가하였고, 2011년부터 공동주택 공동체 활성화 지원사업을 하고 있으며 각 기초 자치구별로 공모사업 및 지원을 통해 각 단지별 주민활동을 유도하고 있다. 이러한 지자체의 공동체 활성화 지원정책은 주민 간 공동체 형성에 기여했고 충족감과 연대감이 전반적으로 향상되었으며, 정주환경만족도, 주민자치활동 참여도, 공동체프로그램 활성화가 제고된 것으로 평가된다.[8]

---

6 주택법 제43조(관리주체 등) ⑧ 지방자치단체의 장은 그 지방자치단체의 조례로 정하는 바에 따라 제7항에 따른 관리주체가 공동주택의 관리업무를 수행하기 위하여 필요한 비용의 일부를 지원할 수 있다.

7 「공동주택관리법」 제85조(관리비용의 지원) ① 지방자치단체의 장은 그 지방자치단체의 조례로 정하는 바에 따라 공동주택의 관리에 필요한 비용의 일부를 지원할 수 있다. 〈개정 2015. 12.29〉

8 오용준 · 윤갑식, "공동주택단지 공동체활성화사업의 효과분석-충청남도의 살기좋은 아파트만들기 사업을 사례로", 『한국지역개발학회지』, 한국지역개발학회, 2013, 제25권 제2호, p.174.

그림 1 공동체 활성화 요소 개념도

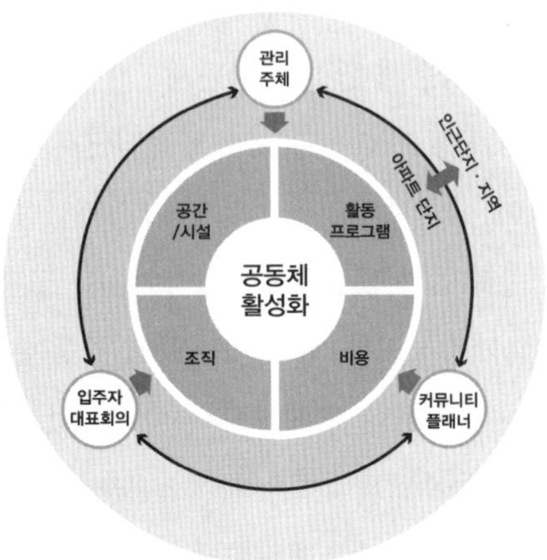

공동체 활성화 지원사업의 성과로 서울시는 다양한 사례발굴과 공동체 활성화 매뉴얼을 발간하였으며,[9] 국토교통부의 공동체 활성화 매뉴얼[10]도 제시되었다. 아파트 단지에 공동체 활성화의 다양한 사례가 축적되어 가면서 지역별, 단지별 특성에 맞는 방법을 적용해 볼 수 있는 여건이 형성되었다.

공동체를 활성화하기 위한 조건으로 인적 측면으로 공동체 활성화단체와 같은 조직과 주민의 참여, 이용자의 활동특성에 맞는 공간·시설, 주민활동 내용을 포함하는 운영프로그램, 비용 등이 있다. 공동체활동이 체계적이고 지속적으로 진행되기 위해서 이러한 기본적인 요소 이외에도 입주자대표회의, 관리주체, 커뮤니티 플래너(community planner)의 지원이 있어야 한다는 인식이 정착되었다. 지

9 서울주택도시공사 주거복지기획부, 우리아파트에는 이야기가 산다, 2017, 서울주택도시공사.

10 국토교통부 보도자료, "입주민 통합과 화합의 「공동주택 공동체 문화 활성화를 위한 프로그램 운영 매뉴얼」 배포", 2015.11.27.

금까지는 아파트 단지의 공동체 활성화에 치중하였다면 앞으로는 공동체 문화가 아파트 단지에 머무르지 않고 인근 아파트 단지나 주거지로 확장되어 지역공동체로 나아가는 것이 필요하다(그림 1 참조).

공동체 활성화를 위한 각 요소가 결합되어 공동주택의 공동체문화를 한 단계 도약시키고 있는 변화의 방향을 살펴보기로 한다.

2. 분양 아파트 단지의 커뮤니티 플래너 고용

커뮤니티 플래너 또는 커뮤니티 코디네이터(community coordinator)는 공동체활동을 전문적으로 계획, 지원하는 커뮤니티 전문가이다. 2011년도에 서울시가 공동체 활성화 사업을 시작하면서 전문인력으로 육성하여 직업으로 도입되었으며 각 구청에 배치되어 관할 아파트 단지의 활동을 돕는 역할을 한다. 주민활동을 돕는 조력자로 입주자대표회의, 관리주체, 자생단체 등과 협의하여 각 주체간 의견을 조정하고 중재자 역할을 하며, 단지의 현황 및 특성을 파악하여 공동체 활동에 필요한 전문적 정보를 제공하고 운영을 지원한다.

이러한 커뮤니티 플래너를 코디네이터(지원팀장)라는 직책으로 입주자대표회의가 고용하여 공동체 활성화 활동을 위한 역할을 하도록 한 단지가 있다. 성남 여수지구 센트럴타운아파트는 1,039세대의 대규모 아파트이며 전용면적 85㎡ 이하의 주호로 구성되어 있다(표 1 참조). 30~40대 가구가 70~80%로 대부분이며 다둥이가구 및 맞벌이가구가 많은 가구특성이 있어서 입주 시부터 주민들이 육아에 가장 많은 관심을 갖고 있었다. 2013년 2월 입주하여 2014년도에 성남시 '살기좋은 아파트'에 선정될 정도로 입주초기부터 입주자대표회의가 공동체 활성화에 집중하였다.

표 1 성남 여수지구 센트럴타운의 특성

<table>
<tr><td rowspan="2">개요</td><td>위치</td><td>성남 여수보금자리지구</td><td>건축
시기</td><td>2012년 12월 준공 /
2013년 2월 입주</td></tr>
<tr><td>동/층</td><td>23개동 1,039세대 /
5~15층</td><td>평형
구성</td><td>98㎡형 3개 타입,
111㎡형 8개 타입</td></tr>
<tr><td colspan="2">관리방식</td><td colspan="3">위탁관리</td></tr>
<tr><td rowspan="4">커뮤
니티
관련
특성</td><td>조직</td><td colspan="3">- 입주자대표회의, 부녀회, 노인회 등 조직
- 입주자대표회장, 부녀회장, 노인회장, 관리사무소장 등으로 구성된 이웃회복위원회
- 돌봄협동조합, 독서모임 등 다수의 비공식 조직</td></tr>
<tr><td>시설</td><td colspan="3">- 작은도서관, 피트니스실, GX룸(다목적룸), 프로그램실 3개, 방과후 돌봄 공간, 휴게공간, 독서실, 사우나실, 선큰(sunken)광장 등
- GX룸 및 골프연습장은 다목적실로 전용</td></tr>
<tr><td>운영프
로그램</td><td colspan="3">- 프로그램실은 단지 자체프로그램 및 외부 프로그램 유치를 통해 활용
- 프로그램실은 프로그램 운영뿐 아니라 공적인 모임 등에 사용료를 부과하고 대여
- 커뮤니티센터 내에 방과후 돌봄공간</td></tr>
<tr><td>비용</td><td colspan="3">관리비에 별도 비목, 프로그램 이용료, 지자체 지원사업 등</td></tr>
</table>

이 단지는 공동체 활성화를 위해 최초에는 코디네이터 1인을 고용했으나 현재는 2인으로 확대하였다. 코디네이터의 근무 공간은 커뮤니티활동이 활발히 일어나는 커뮤니티센터에 위치하지만 관리사무실에도 코디네이터(지원팀장)의 업무공간이 있어서, 관리주체는 시설유지관리에 집중하고 코디네이터는 공동체 활성화 업무를 담당하도록 직무를 분리 이원화하여 관리주체가 공동체 활성화에 전문적인 지식이 없어서 어려움을 겪는 문제를 해소하였다. 코디네이터

의 인건비는 전 세대가 관리비 비목으로 설정하여 월 1,000원을 납부하는 비용으로 50%를 충당하고, 나머지 비용은 커뮤니티공간 이용료로 충당하고 있다. 적은 비용으로 코디네이터를 고용할 수 있는 것은 커뮤니티공간이 주민에 의해 활발하게 사용되기 때문에 가능한 일이다. 이 아파트도 활성화 비용을 세대에 일률적으로 징수하는 것에 대해 초기에 반대도 있었지만 입주자대표회장의 코디네이터 역할에 대한 확신으로 코디네이터를 지속적으로 고용할 수 있었고 주민들이 코디네이터 역할의 효과를 체감하면서 현재의 방식이 자리 잡았다.

단지 내 의사결정 주체인 입주자대표회의와 대표적인 임의조직인 부녀회, 노인회 등 조직간의 원만한 관계가 형성되어 있는 것은 아파트 주민이 공동체의식을 갖는 데 기본적인 바탕이 되는 요소이다. 이 단지는 입주자대표회장, 부녀회장, 노인회장, 관리사무소장 등으로 구성된 '층간소음관리위원회'를 층간소음 문제만이 아닌 이웃간의 문제해결을 위한 '이웃회복위원회'로 개편하였다. 코디네이터가 있으므로 다양한 활동을 하는 주민조직이 늘어나고 주민요구를 반영한 프로그램 운영을 위한 공간 용도도 적극적으로 변경하고 있다. 주민조직으로는 돌봄협동조합, 독서모임, 운동 및 취미 동호회 등 비공식 조직이 다수 있다.[11] 커뮤니티시설로는 작은도서관, 피트니스실, GX룸(다목적룸), 프로그램실 3개, 방과 후 돌봄 공간, 휴게공간, 선큰(sunken)광장, 독서실, 사우나실 등이 있으며, 다양한 활동으로 공간을 사용하기 위하여 선큰광장은 실내공간화하여 활용할 계획을 추진 중이다. 활용도가 낮은 GX룸 및 골프연습장은 다

11 주민의 인터넷 카페 커뮤니티로 http://cafe.naver.com/yeosunest가 있다.

목적실로 전용하고 사우나실은 용도 변경하였다. 대표적인 활동은 맞벌이 가정을 위한 방과 후 돌봄 '품케어'와 '꿈&휴 작은도서관'을 운영하는 것이다. 방과 후 돌봄 공간(품케어센터)은 기존에 단지 내 주호를 임대하여 사용하던 방식에서 커뮤니티센터 내에 공간을 활용하는 방식으로 전환하였다(그림 2, 그림 3 참조).

프로그램실은 프로그램 운영뿐 아니라 공적인 모임 등에 사용료를 부과하여 사용하도록 하고 대여도 가능하도록 하였다. 프로그램 운영은 자체 프로그램과 외부로부터 프로그램을 유치하는 방식으로 이원화되어 있다. 자체 프로그램의 경우 코디네이터를 중심으로 운영이 이루어지며 입주자대표회의 및 관리사무소가 이를 지원하는 형식을 취하고 있다. 외부 유치 프로그램은 단지 인근에 주민자치센터가 없어 단지 및 단지 인근 주민들의 불만 요인을 해소하고자 단지의 공간을 제공하고 주민자치센터가 프로그램을 운영하는 방식이다. 특히 인근 아파트와 협약을 맺어 주민공동시설과 프로그램을 이용할 수 있도록 하였다. 지자체가 운영하는 공동체활성화사업(따복공동체 등)을 적극적으로 활용하여 재원을 보완하고 있으며, 잡수입을 사용하여 단지 내 주민공모사업도 하고 있다. 관리비로 작은도서관의 도서구입을 위한 비용을 확보하며, 운영을 위한 유급인력 4명을 입주민으로 구성한 점은 주민참여가 일자리 창출과 연결된 부분이다. 이러한 주민활동과 프로그램 운영은 코디네이터를 정식으로 고용함으로써 공동체 활동을 적극적인 호순환 구조로 작동시킨 것으로 평가된다.

그림 2 작은도서관

그림 3 품케어센터

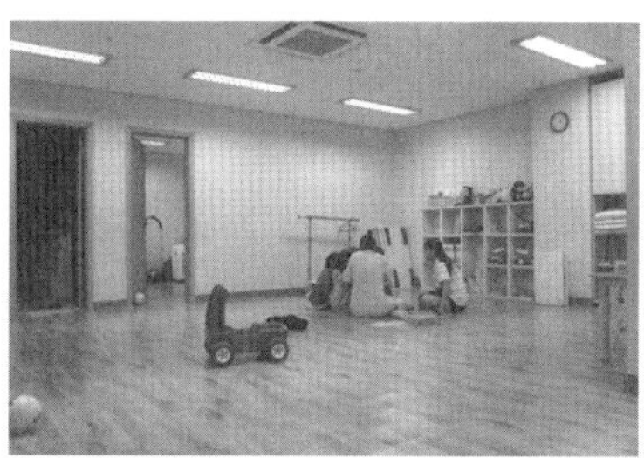

3. 민간임대아파트의 주거서비스와 결합한 공동체 활성화

'주거서비스'가 저소득층의 주거복지서비스 또는 주거지원서비스의 의미를 넘어서 광의의 의미로 사용하게 된 것은 기업형 임대주택(뉴스테이: New-stay)의 공급과 관련이 높다. 뉴스테이는 정부가 2015년부터 2017년까지 추진한 정책으로 주택시장에서 전세 공급이 줄고 월세가 증가하게 되어 중산층의 주거 안정을 위해 도입되었다. 임차인이 의무 임대기간인 최소 8년 동안 연 5% 이하 상승률로 제한된 임대료를 납부하며 거주할 수 있도록 하였다. 기업형 임대주택은 임대 후 분양으로 전환하는 시기에 기업체의 수익이 높은 점을 보완하여 2017년 12월에 공공지원 민간임대주택으로 변경되어 시행되고 있다.

민간임대주택사업의 특징은, 국토교통부가 임대주택사업자의 민간임대주택 주거서비스를 지원하도록 유도하여, 주거서비스 품질 향상 및 유지관리를 위해 주거서비스인증제도[12]를 도입한 것이다. 주

12 「기업형임대주택 공급촉진지구 등에 관한 업무처리지침」 제82조의 규정에 따라 주택도시기

거서비스의 내용에는 업체연계형(전문업체와 연계하여 입주민 맞춤서비스 제공), 자체지원형(공간 및 편의시설 제공), 지자체연계형(지자체와 연계하여 국공립어린이집, 공동육아나눔터, 노인일자리 창출 교육 및 일터 등의 공간 무상임대), 입주자참여형(입주자의 자발적 참여로 주민공동시설에서 프로그램 운영)이 있다. 주민공동시설을 적극적으로 이용하는 시스템을 만든다는 점에서 자체지원형, 지자체연계형, 입주자참여형이 공동체 활성화와 관련이 있으며, 특히 입주자참여형은 입주자의 참여로 이루어진다는 면에서 공동체 활성화와 직접적으로 연결되어 있다. 입주자에게 주거서비스를 제공하기 위하여 건설업체는 시행·건설·관리가 분리되는 방식에서 탈피하여 이러한 일련의 과정을 연속적으로 일체화하여 조절하는 방식으로 변화해 가고 있다. 국토교통부는 기업이 개발과 분양, 임대, 관리, 중개, 금융 등 모든 부동산서비스를 일괄적으로 제공하는 '부동산종합서비스' 인증제도를 만들었으며, 민간기업이 '부동산종합서비스' 예비인증을 받아 운영하는 사례가 늘어나고 있다.[13]

2018년 3월부터 민간임대주택의 입주가 시작되었고 임대사업체의 주거서비스 지원이 현실화되면서, 부동산종합서비스 인증을 받아 관리하는 임대사업체의 공동체 활성화 방법도 드러났다. 대우건

금 출자지원 및 주택도시보증공사 보증지원을 받는 기업형임대주택 및 일반 기업형임대주택 주거서비스인증에 커뮤니티시설과 커뮤니티센터의 기준을 제시한 것은 환경부 녹색건축 인증 기준 [시행 2014.12.5.] [별표1] 공동주택인증심사기준(제3조 관련) 1.3.1 커뮤니티 센터 및 시설·공간의 조성수준에서 제시한 내용과 동일하다.

13 국토교통부 보도자료, "메이트플러스·신영에셋 등 5곳 네트워크형 부동산종합서비스 예비인증", 2016.12.29. 메이트플러스, 신영에셋 등 5곳이 네트워크형 부동산종합서비스 예비인증을 받았다. 네트워크형 부동산종합서비스는 기존 업역을 유지하면서도 업체간 연계, 자회사 등을 활용하여 소비자가 원하는 부동산 종합서비스를 원스톱으로 제공하는 것이다. 인증유형은 핵심기업이 주력으로 제공하는 서비스 기능에 따라 '개발관리형', '임대관리형', '거래관리형'의 3가지로 구분한다.

설의 사례를 보면, 시설관리, 임대관리의 사무적인 업무와 분리하여 공동체 활동을 위해 커뮤니티 플래너로서 마을활동가를 고용하고 기업의 임대관리 담당자가 커뮤니티 플래너를 지원하는 역할을 하는 방식을 택하였다.[14] 임차인을 모집할 때부터 공동체 활성화를 위한 재능기부자를 특별공급그룹으로 모집하였고 입주 후에 임대비를 일부 할인해주는 혜택을 주면서 공동체활성화단체의 대표 역할을 하거나 재능활동으로 프로그램을 운영을 할 수 있도록 하였다. 입주자의 요구에 대응하는 방법으로 독자적인 온라인상의 플랫폼(platform)을 구축하여 임대관리의 계약, 공과금 관리와 더불어 입주민설문조사나 시설이용·강좌예약, 재능기부신청 등을 할 수 있도록 하여 관리와 주민소통이 원활하게 한 것도 특징이다.

마을공동체 프로그램 중 작은도서관, 공동텃밭 등은 주민의 만족도가 높으며, 최근에는 단지 내 1, 2인 가구 증가로 공동식당 운영도 시도하고 있다. 분양아파트에서도 관리사무소가 커뮤니티 시설 내 식사 조리·식사 공간을 임대료 없이 무료로 업체에 제공하여 조식을 적정수준에 먹을 수 있는 서비스를 하는 곳도 등장하였다.[15] 주민들이 만날 수 있는 기회가 증가되는 것이 곧 서로 얼굴을 알게 되는 기회가 늘어나는 것이므로 주민들의 생활의 편리함을 위한 서비스가 공동체의식 형성에 영향을 줄 수 있을 것으로 예측된다. 더 나

14 대우건설이 '동탄 행복마을 푸르지오'에 적용한 모델 사례이다. 기업이 민간임대주택에서 주거서비스를 제공하면서 마을공동체 모델을 적용하는 것이다. 기업, 지자체, 입주민이 조직체를 형성하고 운영인력(마을활동가와 재능기부자), 운영예산(공동체기금, 단지 시설수익 및 지자체 지원), 운영프로그램(케어 스터디, 셰어, 플레이, 쿡, 가든), 운영공간(커뮤니티 공간)의 4측면이 순환되도록 하였다.

15 김강래, "'아침주는 아파트' 늘어난다… 반포자이, 3개월간 시범운영", 매일경제, http://realestate.daum.net/news/detail/main/20180504155108050 (최종방문일 2018.5.4.)

아가 주민들이 협동조합이나 마을기업을 조성하여 공동식당을 운영하는 발전적인 방향으로 이어질 수 있도록 지원하는 것도 필요하다.

4. 공공임대주택 상가의 사회적경제조직 운영과 공동체 활성화

공공임대주택에서의 공동체 활성화는 민간임대·분양 아파트와는 다른 성격을 갖는다. 공공주택은 현재까지 다양한 수요계층에 대응하여 영구임대주택, 50년 장기임대주택, 국민임대주택, 보금자리주택, 행복주택 등으로 건설되었다. 공공임대주택의 입주계층 특성상 물리적 조건인 부대·복리시설, 근린생활시설 등의 이용도가 낮고, 이러한 시설들이 입주민의 공동체 활성화에 기여하지 못하였다. 임대주택단지에서 주민 스스로가 주민공동체 프로그램을 발굴하여 탄력적으로 운영하는 것이 필요하며, 프로그램 운영 시 분양 아파트 단지보다 주민조직의 리더십, 자원봉사자의 노력이 있어야 하며 공공기관으로서 엘에이치(한국토지주택공사)의 지원도 중요하다.

사회적기업은 공공임대주택의 입지와 입주자 특성에 따라 공동체 형성을 위한 역할을 할 수 있다. 보금자리주택지구에는 민간분양, 공공분양, 공공이 건설하는 다양한 유형의 임대주택이 위치하므로 다양한 특성을 가진 주민을 연결해주기 위한 매개체로서 주민연계형 사회적기업을 활성화하는 모델이 있다. 박신영·남원석·석혜준(2011)은 지역공동체 형성지원 모델로서 의료생활협동조합, 수요자 지원 모델로서 시간제 보육과 동네사랑방 제공 및 고령자·장애인·아동 등의 통합돌봄서비스 제공, 일자리 제공 모델, 장기발전모델로서 지역통화를 제시하였다. 2016년에는 '공공주택업무처리지침'을 개정하여 부대·복리시설과 근린생활시설에 공유경제개념의 승용차 공동이용을 위한 주차공간 확보, 사회적기업 입주공간 의무설치, 다양한 입주민을 위한 시설을 선택적으로 설치하도록 하였다.

엘에이치는 공공임대주택 보유 100만 호를 달성한 성남 여수지구 임대주택단지를 계기로 공동체 활성화로 공공임대의 사회적 가치를 높이는 구체적 프로그램을 운영하는 방안을 강화하였다. 물리적 조건으로 카 셰어링을 비롯해 무인택배시스템, 공동육아나눔터, 주민카페, 도서관 등 편의시설을 증가시켰다. 공간에 주거지원서비스 개념을 접목하여 임대주택 입주민들의 육아, 교육, 취업 지원 등을 위해 단지 내 텃밭을 활용해 주민들이 먹거리를 재배하고 판매하는 '도시농업', 사회적기업이 단지 상가에 입주하도록 하여 주민들의 일자리를 창출하거나 청소년 교육과 체험 활동을 지원하도록 하고 있다.[16] 공공임대주택 주민들이 만나서 일상생활의 정보를 나누는 체험을 통해 공동체를 만들어가는 사업을 공기업과 NGO단체가 진행하기도 하며,[17] 커뮤니티 코디네이터가 주택관리에 대한 내부규약 만들기, 관리비 책정, 분리수거나 주차 문제 등을 자율적으로 해결할 수 있도록 도와주는 역할을 한다.[18]

---

16 최종훈, "도서관에 카셰어링까지… 100만호시대 임대주택 화려한 변신", 한겨레, http://www.hani.co.kr/arti/economy/property/825915.html#csidx4affc73e6e07446879562821098eb96.(최종방문일 2018.5.20.).

17 조혜정, "여기가 맛집 깨알 정보 나누며 어느새 동네친구", 한겨레, http://www.hani.co.kr/arti/society/society_general/832316.html#csidx54624c1f9a7f43d850e55baf1f712f7.(최종방문일 2018.5.20.).

18 조창훈, "더 싸게, 더 많이 넘어 더 편하게, 더 꿈꾸게로… 공공임대의 진화", 한겨레, http://www.hani.co.kr/arti/economy/economy_general/828849.html#csidx3c34c2ad97d4c7fad6365a4609ba0e.2(최종방문일 2018.5.20.). 엘에이치는 '엘에이치 무지개'라는 주거지원 서비스 브랜드를 론칭하였다.

공공임대상가 입주사업은 공공임대주택단지 입주민의 사회복지 서비스 지원 및 일자리 제공 등을 목적으로 임대조건을 완화하여 제공하고 있으나 입주민의 특성에 맞는 사회적기업이 입주하기 어렵고 입주민이 일자리 참여에 소극적으로 참여하여 의도한 성과를 거두지 못하고 있다. 이 사업이 의도한 목적을 달성하기 위하여 장기공공임대단지 내 사회적기업의 원활한 유치와 효율적인 운영을 위해 엘에이치의 지원이 지속적이며 단계적으로 필요하다는 것이 재차 확인되었다. 구체적인 방안으로는 공공의 일감을 밀어줄 수 있는 사회적기업의 유형에 일감을 지속적으로 주고, 단계별 사회적 기업에 대하여 진단 및 컨설팅을 지원하는 전문인력이 있어야 한다. 사회적기업뿐만 아니라 '사회적협동조합'과 같이 설립이 다소 용이한 조직의 참여활성화 유도, 공공임대단지 입주민이 사회적기업을 설립할 경우와 육아와 같이 해당 단지 입주민이 필요로 하는 공간수요와 관련된 사업은 가점을 주어 입점을 적극 지원하는 방식이 검토되어야 한다(박상학, 2017).

공공임대주택에 사회적경제조직을 활용하기 위해서는 세대 규모에 따라 다른 모델이 적용되어야 하는데, 300세대 이상 공공임대주택에서 사회적경제조직 활용모델을 제시해보면 <그림 4>와 같다. 사회적경제조직은 단지 내 공유시설을 일괄 위탁운영하면서 공유시설에 주민의 요구를 반영한 프로그램을 적용하는 것이다. 공유시설의 설치 정도에 따라 사회문제 대응유형, 생활편의 대응유형, 여가활동 지원유형, 공동체문화 형성유형으로 구분하여 각각에 맞는 주거서비스를 산업화한 수익사업을 하고 입주민이 자치조직의 참여와 자원봉사를 하도록 유도한다. 지역 주거복지센터는 아파트 단지 주민에게 추가적인 주거복지서비스를 제공하면서 커뮤니티 코디네이터의 역할을 한다. 사회적경제조직은 공모사업을 통해 입주민에게 수익과 서비스, 일자리창출을 모색하는 방식이다. 관리회사는 현재와 같이 시설관리를 주된 업무로 하면서 공유시설에 대한 시설관리도 해야 한다. 엘에치가 아파트 단지에 관리회사와 사회적경제조직의 이원화된 시스템으로 업무를 분담하도록 하고 이 두 조직이 긴밀하게 연결되도록 하는 모델을 검토하는 것이 필요하다.

그림 4 300세대 이상 규모 공공임대주택의 사회적경제조직 활용모델

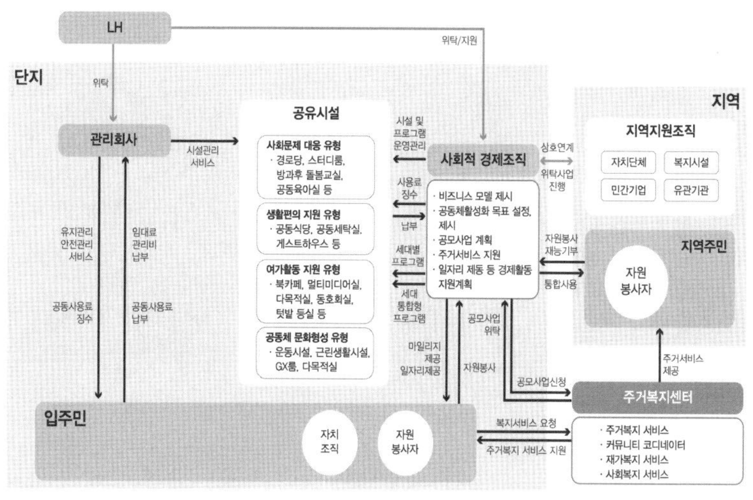

출처: 박경옥 · 김선중 · 류현수 · 이상운(2017), 공유형 임대주택사업추진 방안 수립, 한국토지주택공사 용역보고서, 한국주거학회. p. 94.

Ⅱ. 공동체 지속을 위한 건설방식과 관리

1. 협동조합 건설방식과 자체관리

공동주택의 건설단계부터 공동체의식이 형성된다면 입주 후의 생활에 주민들의 상호적응 시간이 단축된다. 주택협동조합을 구성하여 주택을 건설하거나 입주 후 관리협동조합을 조직하여 관리하는 방식은 2012년 협동조합기본법 시행 이후 다양한 사례가 제시되었다. 협동조합주택은 조합이 주택소유권을 갖고 조합원은 거주권을 보장받으면서 영구적으로 거주할 수 있는 주택이다. 독일, 스웨덴, 오스트리아, 캐나다 등에서는 협동조합주택의 비율이 총주택의 5~20% 정도로 높으나 국내에서는 주택협동조합에 대한 금융, 세제 등에 대한 현실적인 법 정비의 미비로 활성화되지 못하였다. 국내에 협동조합주택은 2013년 이후 민간이 건설형 협동조합주택을 소규모로 건설하거나, 입주 후 관리협동조합으로 운영하는 것을 전제로 공공임대주택을 공급하는 사례가 늘어나고 있다. 이러한 사례는 30세대 이하 소규모로 건설되었으며 아파트 유형으로 공급하기 어려운 상황이었다.

주택건설비에서 토지비가 차지하는 비중이 크므로 도시에 협동조합주택을 아파트로 건설하려면 저렴한 토지가 있어야 한다. 공공의 토지를 저렴하게 매입할 수 있는 공공지원 민간임대주택 사업을 이용하는 방식으로 협동조합주택을 아파트로 건설하는 최초의 사례가 나타났다. 예비사회적 기업 '더함'이 입주예정자들로 입주자사회적 협동조합을 구성하였고, 거주자참여 방식으로 하여 2018년 491세대 아파트를 착공하였다. 이 사업방식의 목적은 이익극대화를 목표로 하는 영리 시공사 중심의 개발·공급 관점에서 탈피하여, 사회적경제주체가 기획, 주도하고 공공이 지원하는 PSPP(Public-Social-Private Partnership) 방식의 거버넌스 구조를 통해, 저렴한 임대료, 장기간 안정적인 거주 등 주거안정성을 높이고, 조합원의 자율과 자치에 의해 개인과 집단의 영리추구를 하지 않는 주거공동체를 만드는 것이다. 사회적기업 사업주관사, 시공사, 자산관리회사, 건축설계회사가 함께 컨소시엄을 구성해 아파트를 건설하고, 사회적기업과 협동조합이 협력하여 아파트 단지형 마을공동체를 조성한다. 계획 과정에서부터 단지 내 공동체 시설과 공동육아, 공유도서관, 생활협동조합 등의 프로그램 구성에 조합원(입주자)들이 참여하는 방식이다.[19] 입주자는 사회적협동조합에 가입하여야 하며 주민들로 구성된 조합이 주택을 공동으로 소유하고 아파트를 관리하기 때문에 임대료나 관리비용을 저렴하게 할 수 있다. 입주자사회적협동조합은 아파트를 마을공동체로 유지하기 위하여 다양한 위원회를 구성하여 입주자들이 적극적으로 활동할 수 있도록 하였다. <그림 5>의 입주자사회적협동조합의 조직과 위원회의 종류는 주택협동조합이 기본적으로 구성해야 할 위원회에 대해 알 수 있다. 입주자의 공동체의식을 높이기 위한 프로그램을 지원하는 공동체활성화위원회,

19 박선하 · 박은경, "동네 골목길마다 봄꽃처럼 움트는 도시재생 실험들", 한겨레, http://www.hani.co.kr/arti/economy/economy_general/835128.html#csidx68276ef17581d58947c0a24cabbe67b (최종방문일 2018.5.10.). 사회적경제법센터 '더함'은 경기 남양주시 별내지구 491세대, 고양시 지축지구에 539세대의 협동조합 공동체아파트를 사회적경제조직의 특성을 살려 중간 이익을 최소화함으로써 인근 시세 대비 70~80% 수준으로 주거비를 낮추고, 임대료와 보증금 상승률도 연 2.5% 수준으로 제한했다. 유한책임회사 홈페이지 위스테이 http://www.westay.kr/, 위스테이 별내 임차인 모집공고 내용을 정리하였음.

경제활동을 지원하는 공동체비지니스위원회, 조합원에게 필요한 교육을 담당하는 교육위원회, 공동생활질서를 유지하기 위한 규정정비를 하는 약속위원회, 지역사회와 연계하는 지역위원회를 구성하여 주민공동체활동과 관리를 하게 된다.

그림 5 〉 주택협동조합의 조직 사례

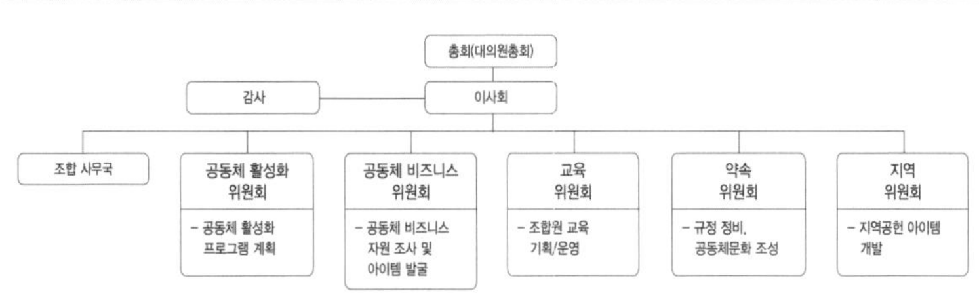

출처: 위스테이 별내 임차인 모집공고

커뮤니티시설은 공동체활동과 커뮤니티비즈니스를 위하여 법정기준의 2.3배 이상으로 넓게 확보한 것이 특징이다. 커뮤니티 카페(공유부엌, 어린이책놀이터 등 포함), 다목적도서관(세미나실, 열람실 포함), 헬스케어센터(다목적체육관, 샤워실 등 포함), 시니어센터(경로당), 어린이집, 어린이놀이터, 크리에이티브 카페(공방, 동호회실, 플레이존 등 포함)를 배치하였다. 주민 입주 후 협동조합이 운영을 위임한 공동체지원센터 중심으로 커뮤니티시설을 운영하면서 입주자 중 일부가 고용자로 참여하여 임금을 받게 되는 방식이다. 재능기부자를 특별모집하여 입주 후 일반비지니스와 입주민의 재능교환방식으로 프로그램을 운영할 계획을 세우고 있다(그림 6).

그림 6 협동조합, 공동체지원센터를 통한 공동체자주관리모델

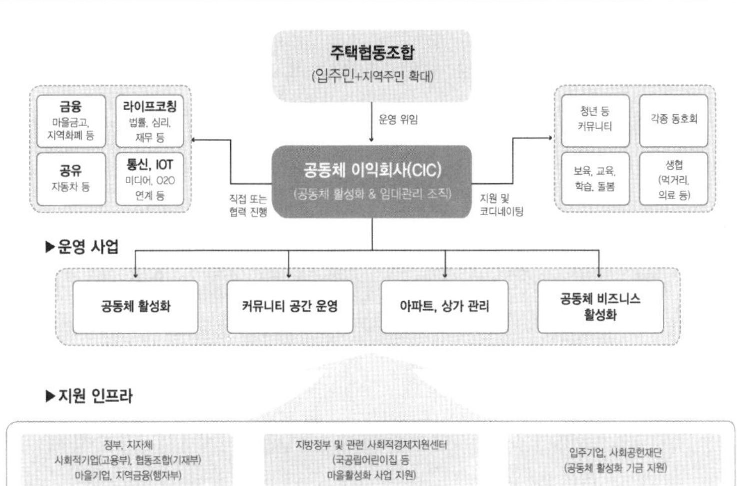

출처: 더함 & 사회적부동산사업단(2017), 협동조합 뉴스테이 소개 및 주거정책제안, 공유주택협의회 월례 세미나 발표자료.

협동조합형 공공지원 민간임대주택이 새로운 건설·운영 방식으로 정착하기 위해서는 정부, 기업, 사회적경제주체가 사회적 목적 달성을 위해 협력적 파트너십모델을 구성해야 한다. 정부는 정책 지원 및 공공사업참여 채널을 제공하고, 기업은 투자와 전문적인 지식을 지원하며, 사회적경제주체는 사업을 기획, 실행, 주관하면서 직접현장의 문제를 해결해야 한다.

2. 재건축과 지역관리

국내에서는 노후화된 분양아파트의 주민이 재건축 또는 리모델링 중 어떤 것을 선택할 것인지는 기존 입주자의 경제적 여건만 충족된다면 재건축이 우세하다. 재건축으로 결정하는 것은 입주자의 주택을 통한 자산증식에 대한 열망이 강하게 반영된 것이다. 재건축을 하면서도 장기적으로 형성된 공동체와 수십 년간 성장한 수목 등 우수한 주변 경관을 유지하는 방식으로 진행되어야 하는데 이러한 무형·유형의 자산에 대한 중요성이 간과된 면이 있다. 공공기업이 대규모단지에서 공공임대아파트를 재건축하면서 공동체가 유지되도록 하는 지역관리(Area Management) 방식을 적용한 일본의 히바리가오카 단지는 국내 재건축의 방향으로 시사하는 바가 크다.

히바리가오카 단지[20]는 도쿄 도심에서 20㎞ 떨어진 히가시구루미시(東久留米市)와 니시도쿄시(西東京市) 경계에 걸쳐서 위치하며, 30동 1,504호로 이루어진 대규모 단지이다. 1959년 입주한 4층 이하 2,714호의 임대주택단지를 1989년에 재건축에 착수하였고, 일부 동은 내구성을 높이고, 배관의 유지관리 갱신을 편리하게 하며, 생활대응을 할 수 있는 가변성을 갖도록 리모델링(르네상스 1계획)하였다. 단지의 역사성을 유지하기 위해 구역별로 3개동을 리모델링하여 관리서비스사무실, 서비스연계형 노인주택, 지역관리를 하는 커뮤니티센터로 사용하였다. 원래 부지에 있었던 보육원, 아동관 등의 공공시설은 재건축을 통해 재배치하였고, 추가적으로 민간사업자에 의해 고령자복지시설, 분양주택을 건설하였다. 히바리가오카 단지 공유시설은 고령자지원시설, 양육지원시설, 지자체의 커뮤니티센터 1개소와 역시 커뮤니티센터 기능을 하는 '히바리테라스 118'이 있다(표 2 참조). 히바리가오카 단지에는 분양주택과 UR(Urban Renaissance

20 ひばりが丘団地における団地再生の取り組み, https://www.ur-net.go.jp/rebuild/hibarigaoka/index.html, ひばりが丘団地団地再生, UR都市機構, 2017.

Agency)도시재생기구(이하 UR로 함.) 임대주택 히바리가오카 파크힐즈가 혼합되어 있다. UR은 주택대량공급 시기인 1955년에 일본주택공사로 설립되었으며, 공급보다는 재생과 관리가 중요해진 시대 배경에 맞춰 2004년부터 UR 독립행정법인으로 변경되어 도시재생사업과 임대주택관리를 주로 하고 있다.

표 2 〉 히바리가오카 단지의 특성

개요	내용
건축특성	• 도쿄 도심에서 20km에 위치 • 30동 1,504호 3~12층, 주호 평균전유면적: 40~106㎡
공유시설	• 고령자 지원시설: 특별양로 홈 2개소, 개호노인 보건시설, 케어빌리지 • 양육지원시설: 보육원 3개소, 아동관, 아동센터, 방과후 보육, 유아교실 • 커뮤니티센터: 남부지역센터(UR은 토지임대, 건물은 시가 건설하고 관리), 히바리테라스 118

히바리오카 단지 재생의 특징은 UR이 커뮤니티형성을 목표로 개발단계부터 입주 후 '지역관리'까지 지속적으로 마을만들기를 할 수 있는 민간사업파트너를 모집하고 단지주민이 참여하는 조직을 만들었다는 것이다. '지역관리'는 지역의 양호한 환경과 지역의 가치를 향상시키기 위한 주민·토지소유주·사업주가 주체가 된 것이다. 6개 지구에 각각 사업자를 모집하여 사업자는 일정의 부담금을 지불하고, 입주자는 법인에 월 300엔의 지역관리 회비를 납부하는 방식으로 각지구의 관리조합과 개발사업자를 회원으로 하는 '일반사단법인 마치니와 히바리가오카(まちにわ ひばりが丘)'를 조직(2014년 6월 설립)하였다(그림 7). 단지의 지역관리는 지역관계자와 연계하면서 커뮤

니티 활성화 지원 및 지역의 과제 해소, 새로운 생활양식에 맞는 사업을 실시하는 것이다. 이를 위해 민간사업자와 UR이 이사·감사로 협력하면서 활동기반을 구축하였고 2020년에 주민주체의 운영체제로 이행할 예정이다.

지역관리 활동을 할 수 있는 거점 커뮤니티센터로 '히바리테라스 118'이 있는데, 이 건물은 단지재생을 하면서 노후화된 건물을 리모델링하여 활용하고, 운영하는 방식에 다양한 주체가 참여한 것이 특징이다. UR이 건축연도가 50년 이상된 기존의 2층 테라스하우스 1개동을 구조체만 임대하는 스켈톤(Skeleton) 임대를 하였고, 지역관리를 하는 '일반사단법인 마치니와 히바리가오카'가 건물을 개조한 후, 커뮤니티 활성화 전문업체인 '일반주식회사 히토토와(Hitotowa)'에게 운영위탁하였다. 히토토와는 원래 살던 거주자와 새로운 입주자가 교류할 수 있도록 지역교류 이벤트 개최, 카페 운영, 커뮤니티 공간 운영, 텃밭 활동, 카 셰어링, 커뮤니티신문 발행, 블로그 운영, 웹(web) 공개, 고령자·육아지원활동, 방재·방범활동 등의 프로그램을 진행하고 있다. 지역의 공동마당(Machiniwa Hibarioka)이라는 홈페이지에 시설과 프로그램 이용을 신청할 수 있도록 했다. 건물의 마당정원에서 텃밭활동, 바비큐, 공연, 결혼 피로연 등의 행사가 활발하게 이루어지고 있고, 입주자들은 녹지가 풍부한 단지를 산책하다가 행사가 이루어지는 광경을 보고 외부공연을 즐길 수 있어서 자연스럽게 공동체의식이 높아지게 된다.

그림 7 지역관리 법인의 조직구조

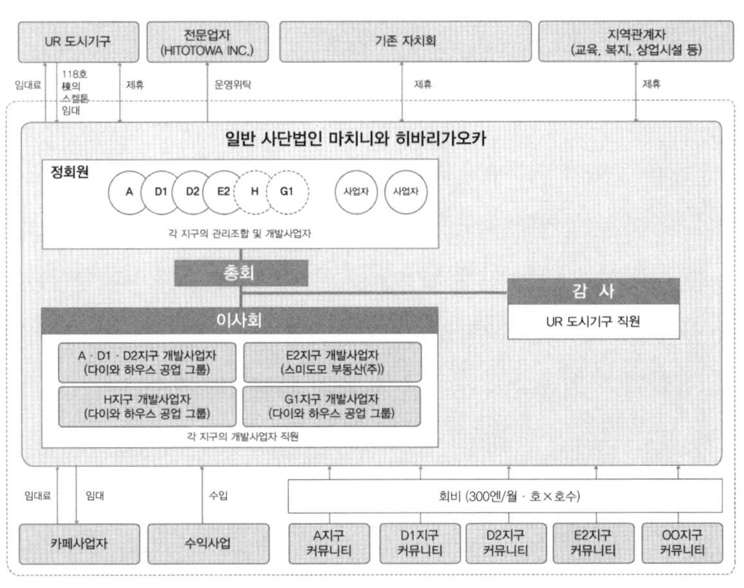

그림 8 '히바리테라스 118'의 주민이용공간

실내 좌식이용 공간

동 외관과 외부정원

출처: MACHINIWA HIBARIGAOKA http://machiniwa-hibari.org

Ⅲ. 지역공동체로 나아가기

1. 마을공동체의 재생

공동체 문화가 아파트 단지에 머무르지 않고 인근 주거지로 확산되어 더 넓은 범위의 지역공동체로 이어지는 것은 안전한 도시, 살기 좋은 도시가 되는 전제조건이다. 일반적으로 주민이 지역공동체로 인식하는 범위는 생활권 및 행정단위 범위로 구분하여 나타난다. 생활권은 일상적인 생활의 요구를 해결하는 구매, 여가, 통학 등이 일어나는 범위이며, 도보 800m 이내에서부터 자동차로 10분 이내의 범위이다. 거주자는 지역공동체의 범위를 행정단위인 동(洞)으로 인식하는 경우가 많으며, 확대하여 구(區)로 인식하기도 한다. 행정적으로 구획된 범위와 일치하는 것은 일상생활에서 행정적인 업무의 적용 범위가 영향을 끼치기 때문이다.

야마모토 리켄(山本理顯)(2014)은 지역사회권(Local Community Area)을 제시하였는데 500명 정도가 함께 생활하면서 사람과의 상호관계를 중심 원칙으로 하는 상부상조시스템이 작동하는 범위이다. 그는 복지, 사회경제, 방재, 안전, 건강, 정보 에너지를 결합해 지역중심의 사회적 시스템과 주거방식을 제안하였다. 지역 안에 작은 경제권을 만들고 주택은 임대방식이며 전유면적은 60% 정도로 하여 생활이 밖으로 열려 있고 주택을 사회자본으로 생각하는 것이다. 그는 자신의 이러한 구상을 설계에 반영하였으며, 국내에서는 판교 월든힐스 B5-2 블록과 LH 세곡동 보금자리 단지(그림 9)에 각 집 앞의 공용공간이 공동마당으로 열려 있도록 설계하였다.

그림 9 서울 세곡동 보금자리주택 동 사이의 공동마당

아파트 단지를 넘어서는 범위로 점진적으로 지역공동체를 확대해 나가기 위해서는 아파트 단지의 공동체 활성화 요소와 마찬가지로, 지역사회 주민생활요구에 맞는 주민공동이용시설을 확충하고 프로그램을 제공하며 이를 인지할 수 있는 다양한 홍보가 필요하다. 정책적으로는 아파트 단지를 넘어서 주민들이 교류하여 공동체의식을 확산하기 위하여 공동체활성화사업의 적용대상을 아파트 단지와 그 인근지역으로 확대하였다. 공동주택 주민공동시설을 인근지역주민에게 개방하는 「공동주택관리법 시행령」 제29조의2(인근 공동주택단지 입주자등의 주민공동시설 이용의 허용)를 신설(2017.1.10.)하였다. 그러나 입주민들의 단지 시설에 대한 독점적인 이용 요구, 관리주체의 관리의 어려움, 보안·방범 등을 이유로 주민공동시설이 여유 있는 아파트 단지를 인근 단지 입주자들이 이용하기 어려운 상황이다. 최근에는 민간분양이나 공공임대 아파트 단지에 건설단계부터 국공립어린이집, 공동육아나눔터가 설치되어 인근주민들이 함께 시설을 사용할 수 있게 되어 단지 간의 경계를 허무는 사례가 증가하고 있다. 공공임대주택에서는 상가시설에 적극적으로 인근주민들이 함께 사용할 수 있는 카페, 노인케어시설을 사회적기업에게 임대하고 있어서 인근주민과의 교류를 유도하고 있다.

공동체의 범위가 아파트 단지를 넘어서 지역공동체로 넓혀가는 사례는 25년 이상의 기간에 걸쳐 자리잡은 도심공동체마을로서의 서울 마포구의 성미산마을이 대표적이다. 일정한 경계는 없지만 단독주택 밀집지역의 중심거점인 공동육아어린이집 3~4곳, 성미산마을극장, 생협 등으로부터 도보 10분 거리정도의 3,000여 세대가 느슨한 지역공동체인 것으로 보고 있다. 생활요구를 주민 스스로가 지역 내에서 해결해가면서 장기거주로 이어지는 성미산마을은 도심에서도 공동체가 가능하다는 것을 보여주는 사례이다. 정책적으로 노후단독주택 밀집주거지에 주거지재생사업이 시행되면서 주거지 내에 이러한 마을공동체를 재생해보는 것이 중요하게 부각되었다.

2015년 7월 이후 「도시재생특별법」이 본격적으로 시행되고 도시재생관련조례를 제정하면서 지역공동체가 강조되었다. 2017년부터 진행되고 있는 도시재생 뉴딜사업은 기존의 점적인 개발에서 동네의식이 존재하는 면적인 재생으로 확대되었다. 사업 유형은 대상면적이 정해져 있으며 그중 주거지에 적용되는 우리동네살리기(면적 5만㎡이하), 주거지지원형(면적 5~10만㎡), 일반근린형(면적 10~15만㎡)은 사업이 규정하는 지역을 범위로 하여 공동체범위가 정해졌다. 주거지재생에는 공동체 회복을 하는 사회적 재생과 물리적 재생의 두 축과 더불어, 커뮤니티비즈니스를 통한 경제적 재생, 지역문화를 만들어 가는 문화적 재생이 이루어진다. 이러한 재생의 측면은 공동체 활성화를 위한 인적, 물리적, 프로그램, 재정적 요소와 유사하게 구성되었다.

서울시와 서울주택도시공사는 주거지재생에 공동체성이 강화된 주택건설을 포함하여 진행하는 특징이 있다. 서울시는 「서울특별시 공동체주택 활성화 지원 등에 관한 조례」(2017.7.13. 제정, 시행)를 통해 '공동체주택'에 대한 정의를 하고 정책적인 지원을 하고 있다. 공동체주택은 "「주택법」 제2조에 따른 주택 및 준주택으로서 입주자들이 공동체공간과 공동체규약을 갖추고, 입주자 간 공동 관심사를 상시적으로 해결하여 공동체 활동을 생활화하는 주택"이라고 정의하였다. 2014년부터 공공임대주택에 공동체주택 개념을 적용하고 사회적경제주체의 공동체주택 건설도 지원하였다. 2018년 면목동 공동체주택마을 사업은 공공토지에 토지임대부 공동체주택·사회주택을 신축하고 커뮤니티 활성화 프로그램 운영을 통한 거리를 활성화하는 사업으로 확장되었다. 공동체주택사업을 필지단위사업에서 여러 동의 공동체주택을 건설하고 연계하여 공동체마을을 조성하고, 책과 관련된 상점을 유치하여 인근 중랑구의 '책 읽는 거리'와 연계하려고 한다. 여러 필지의 공동체주택이 마을을 이루어 각 공동체주택 입주자 간에 주거공동체를 형성하고 인근 지역사회 주민들이 참여하여 지역커뮤니티 프로그램을 제공함으로써 마을공동체를 만들어 가는 것이다. 서울시는 사회적경제주체를 공모하여 마을을 통합관리할 수 있는 운영주체로 선정하려고 한다. 이러한 모델은 영국의 코인스트리트(Coin Street)지역과 해당 지역의 사회적기업 커뮤니티빌더스 사례를 참고로 한 것이다.

영국 런던 사우스뱅크에 위치한 코인스트리트는 대규모 개발로 삶의 터전을 잃을 수 있다는 위기감에 주민들이 1984년 비영리마을만들기 사회적 기업인 코인스트리트 커뮤니티 빌더스(CSCB: Coin Street Community Builders)[21]를 결성하였다. 이 단체는 지역 주민들로만 이루어졌으며, 커뮤니티 중심의 도시재생을 추구하여 런던시의 정책적 지원으로 저렴하게 13에이커의 부지를 매입하고 주택협동조합을 설립하여 임대주택 건설, 공원·산책로 등 공공시설 조성, 공장·재래시장 등의 기존건축물을 리모델링하여 수익시설로 운영하였다. 다양한 예술전시 공간 설립, 레저 및 스포츠활동 프로그램 등을 제공하고 있다(그림 10 참조). 임대사업, 주차장사업, 커뮤니티 프로젝트 컨설팅의 수익사업으로 이익을 창출하고 이를 다시 공동체활동에 재투자하는 방식이다. 주민대표그룹, 사회적경제주체, 개발회사, 전문가, 지역의회 의원, 행정을 포괄하는 지역사회네트워크 모임과 민관협의체를 구성해서 상호 협의하고 지원을 받았다.[22]

그림 10 영국 코인스트리트 주민센터

출처: https://coinstreet.org

지역재생은 지역에 대한 애착심이 있고 지역을 생활터전으로 생각하는 지역공동체의식이 있어야 성공적일 수 있다는 것을 보여주는 사례이다.

---

21 Coin Street Community Builders https://coinstreet.org

22 "영국의 코인스트리트, 주민의 힘으로 도시를 만들다", 도봉구 마을사회적경제지원센터, http://dbmasecenter.org/221220230566

2. 도시공동체로의 전개

일상적인 생활권 범위의 지역을 넘어서 도시가 개인에게 어떻게 받아들여지는가는 개인의 일상생활을 살펴보면 알 수 있다. 개인은 노동시간이 줄어들면서 주택에서 주거지, 도시로 생활이 확장되어 공공공간이나 시설에서 여가를 즐기며 도시를 경험한다. 차량 중심의 도시에서 걷고 싶은 도시를 지향하게 된 것도 시민에게 도시를 돌려주어야 한다는 세계적인 흐름에 따른 것이다. 도시의 공공공간과 시설의 질은 시민들의 삶의 질과 밀접한 관계가 있으며 지역커뮤니티 활성화의 요소가 된다. 살기 좋은 도시에 거주한다는 것이 개인의 자부심으로 연결되며 무의식 저변의 도시공동체의식이 되는 것이다.

도시공동체는 행정단위별로 정책을 시행하면서 표방되며 점진적으로 발전한 사례도 있다. 시단위로 시민을 응집시키는 운동으로 '한 도시, 한 책 읽기(One Book One City)' 독서운동을 하는 도시가 있다. 1998년 미국 시애틀 공공도서관에서 처음으로 시작되었다. 도서관을 중심으로 출판계와 비영리단체의 지원 속에 정부, 시 기관들이 함께 참여하여 모든 시민들이 선정한 한 권의 책을 읽고 토론하는 과정을 통해 독서 열기를 불러일으키고 지역공동체성을 회복하고, 도시의 정체성을 갖기 위한 것이다. 국내에서는 2003년 충남 서산에서 처음 시작된 이래, 전남 순천, 강원 원주, 부산과 서울, 2009년 용인시,[23] 원주시, 2016년 정읍시, 군포시가 시행하고 있다. 도서관, 도서단체 등이 함께 거버넌스를 구성하여 진행한다.

23 용인수지도서관 http://lib.yongin.go.kr/suji/event/book.asp

도시에 지역화폐를 사용함으로써 품앗이를 활발하게 하고 물품구매에 비용적 부담을 줄임으로써 도시공동체를 인지하는 방법이 있다. 국내에서 가장 오래 지역화폐가 통용되는 도시는 대전의 지역화폐 두루이며 1999년부터 한밭레츠 회원 간에 사용되고 있다. 레츠(LETS)는 지역교환(고용)거래체계[Local Exchange(Employment) & Trading System]의 약자이다. 회원수는 670가구이며 지역 품앗이로 재능과 물품을 거래할 수 있다. 상호신뢰를 바탕으로 하며 구성원 간의 직접적인 교환관계로 상호 간의 연대감을 증진시킬 수 있다. 서울시 노원구의 지역화폐 노원(No Won)은 자원봉사 기부 등의 사회적 가치를 노원(NW) 지역화폐를 통해 경제적 가치로 전환하여 돈 없이도 살 수 있는 공동체를 실현하는 것을 목적으로 한다. 품 거래는 돌봄, 배움지도, 수리, 제작, 미용 등의 분야에 재능이 있는 자가 다른 이웃에게 제공하는 각종 서비스로 1시간에 700NW로 한다. 물품거래는 식품, 의류, 잡화 등을 회원 간 신뢰를 바탕으로 거래한다. 거래는 노원구 마을공동체지원센터를 통해 이루어진다.[24]

최근 10년간 정책적 지원으로 시작된 공동체 활성화는 인구감소, 고령화, 경제저성장, 주거지재생을 해야 하는 시대적 상황과 맞물려 타인과의 관계에서 필요요소가 되었다. 인간이 모여 살면서 형성하게 된 공동체가 현대 도시생활에 맞게 재구축되고 있는 과정이다. 개인적 상황에 따라 공동체의식의 정도 차이는 있지만 공동체 안에 있을 때 얻을 수 있는 안심감, 지원, 신뢰, 공감 등은 중요한

---

24 지역화폐 노원 http://www.nowonpay.kr
지역품앗이 한밭렛츠 http://www.tjlets.or.kr/page/pumasi_01.php

자산이 된다. 공동체의 영역적 범위도 아파트 단지를 넘어서 주거지로, 도시로 확장될 수 있으며 개인은 확장된 영역에서 삶의 즐거움을 누리는 주체가 되어야 한다.

참고문헌

김진성 · 성진욱(2017), 서울시 커뮤니티 시설 공급 및 활용실태에 관한 연구, 서울도시연구, 18(2), pp. 46−64

더함 & 사회적부동산사업단(2017), 협동조합 뉴스테이 소개 및 주거정책 제안, 공유주택협의회 월례 세미나 발표자료

대우건설(2017), 지속 가능한 주거서비스 연구, 대우건설 주택건축사업본부

박경옥 · 김선중 · 류현수 · 이상운(2017), 공유형 임대주택사업추진 방안 수립, 한국토지주택공사 용역보고서, 한국주거학회

박근석 · 백혜선 · 김옥연 · 조재성 · 정경석(2014), 코디네이터를 활용한 임대주택단지 공동체 활성화 방안 연구, 한국토지주택공사 토지주택연구원

박근석 · 남상오 · 조재성(2017), SH 입주민일자리창출사업 운영실적 및 발전방안 연구, 건설사회경제협동조합

박상학(2017), 장기공공임대단지 내 사회적기업 유치 및 효율적 운영방안 연구, 한국토지주택공사 토지주택연구원

박신영 · 남원석 · 석혜준(2011), 보금자리 주택지구 주민연계형 사회적기업 활성화 방안 연구, 한국토지주택공사 토지주택연구원

서울주택도시공사(2017), 우리아파트에는 이야기가 산다, 서울주택도시공사 주거복지기획부

야마모토 리켄(2014), 마음을 연결하는 집, 더불어 사는 공동체, 지역사회권, 이정환 역. 안그라픽스

오용준 · 윤갑식(2013), 공동주택단지 공동체활성화사업의 효과분석 – 충청남도의 살기 좋은 아파트만들기 사업을 사례로, 한국지역개발학회지, 한국지역개발학회, 25(2), pp. 161 – 178

천현숙 · 은난순 · 지은영 · 채혜원(2013), 공동주택 커뮤니티 활성화 지원과 평가방안, 국토연구원

최지민 · 황선영 · 김순은(2016), 서울시 마을공동체 사업의 제도주의적 분석: B아파트 2단지 옥상 텃밭 가꾸기 사례를 중심으로, 지방정부연구, 한국지방정부학회, 20(2), pp. 29 – 54

김강래, "'아침주는 아파트' 늘어난다… 반포자이, 3개월간 시범운영", 매일경제, http://realestate.daum.net/news/detail/main/20180504155108050 (최종방문일 2018.5.4.)

도봉구 마을사회적경제지원센터, "영국의 코인스트리트, 주민의 힘으로 도시를 만들다", http://dbmasecenter.org/221220230566

박선하 · 박은경, "동네 골목길마다 봄꽃처럼 움트는 도시재생 실험들", 한겨레, 2018.3.8., http://www.hani.co.kr/arti/economy/economy_general/835128.html#csidx68276ef17581d58947c0a24cabbe67b(최종방문일 2018.5.10.).

조창훈, "더 싸게, 더 많이 넘어 더 편하게, 더 꿈꾸게로… 공공임대의 진화", 한겨레, 2018.1.22., http://www.hani.co.kr/arti/economy/economy_general/828849.html#csidx3c34c2ad97d4c7fad6365a4609ba0e.2 (최종방문일 2018.5.20.).

조혜정, "여기가 맛집 깨알 정보 나누며 어느새 동네친구", 한겨레, 2018.2.14., http://www.hani.co.kr/arti/society/society_general/832316.html#csidx54624c1f9a7f43d850e55baf1f712f7.(최종방문일 2018.5.20.).

최종훈, “도서관에 카셰어링까지…, 100만호시대 임대주택 화려한 변신”, 한겨레, 2018.1.2., http://www.hani.co.kr/arti/economy/property/825915.html#csidx4affc73e6e0744687956282109 8eb96.(최종방문일 2018.5.20.).

국토교통부 보도자료, “입주민 통합과 화합의「공동주택 공동체 문화 활성화를 위한 프로그램 운영 매뉴얼」배포”, 2015.11.27.

통계청 보도자료, “2016 인구주택총조사: 등록센서스 방식 집계 결과”, 2017.8.31. p. 42

통계청 보도자료, “2017 한국의 사회지표”, 2018.3.22. p. 1

성남 센트럴타운 주민 카페 http://cafe.naver.com/yeosunest

용인수지도서관 http://lib.yongin.go.kr/suji/event/book.asp

지역품앗이 한밭렛츠 http://www.tjlets.or.kr/page/pumasi_01.php

지역화폐 노원 http://www.nowonpay.kr

「공동주택관리법」

「공동주택관리법 시행령」

「기업형임대주택 공급촉진지구 등에 관한 업무처리지침」

「녹색건축 인증 기준」

「도시재생특별법」

「서울특별시 공동체주택 활성화 지원 등에 관한 조례」

「주택법」

ひばりが丘団地団地再生, UR都市機構, 2017. https://www.ur-net.go.jp/rebuild/hibarigaoka/index.html

Coin Street Community Builders https://coinstreet.org/

CHAPTER

10

입주자대표회의 운영 · 윤리교육에 대한 소고

— 최타관, 한국주택관리연구원 기획조정실장 —

CHAPTER 10

입주자대표회의 운영 · 윤리교육에 대한 소고

— 최타관, 한국주택관리연구원 기획조정실장 —

Ⅰ. 들어가며

본 장에서는 공동주택의 의결기구에 해당하는 입주자대표회의 구성원에 대한 운영·윤리교육과 관련하여 기본적인 교육의 정의, 현행실태와 이를 통한 문제점 제기, 그리고 추후 교육의 목적달성을 위해 이 교육의 패러다임 전환의 필요성과 방향에 대하여 제시하고자 한다.

영화로도 제작된 윤흥길의 『완장』 속에서 '완장'의 허황됨을 일깨워 주는 부월이의 충고를 사전적인 교육이라고 단정 지을 수는 없지만 굳이 의미를 부여하자면 생활 속에서 보여지는 교육의 (준거적정의로 판단되는) 기본이 아닐까 생각한다.

'땅투기에 성공해 기업가로 변신한 최사장은 저수지 사용권을 얻어 양어장을 만들고 그 관리를 동네 건달 종술에게 맡긴다. 적은 급료였지만 완장을 차게 해준다는 말에 귀가 번쩍 뜨여 종술은 관리인으로 취직한다. 노란 바탕에 파란 글씨가 새겨진 감시원 완장, 그 서푼어치의 권력을 찬 종술은 낚시질을 하는 도시의 남녀들에게 기합을 주기도 하고 고기를 잡던 초등학교 동창 부자를 폭행하기도 한다. 완장의 힘에 빠진 종술은 면소재지가 있는 읍내에 나갈 때도 완장을 두르고 활보한다. (중략) 그 과정에서 열세에 몰리자 종술은 '완장'의 허황됨을 일깨워 주는 술집 작부 부월이의 충고를 받아들인다'(현대문학; 윤흥길, 2011).

Ⅱ. 교육의 정의

기본적으로 교육의 정의를 그 사용 목적에 따라 구분하면 기능적 정의, 규범적 정의, 조작적 정의로 나눌 수 있다. 각 정의에 대한 내용은 다음과 같다.

1. 일반적인 교육의 정의

1) 기능적 정의

기능적 정의(functional definition)는 교육을 무엇을 이루기 위한 수단이나 도구로 규정하는 입장을 취하는 것이다. 사회과학자나 경제학자가 주로 선호하는 정의이며, 이들은 가치판단을 유보한 채 기능적 관점에서만 교육을 객관적으로 기술하고 서술하는 데 관심을 가진다. 이 정의는 교육현장에서 이루어지고 있는 교육활동이나 현상들을 있는 그대로 정확하게 기술하려고 한다는 점에서 기술적 정의(descriptive definition)라고도 부른다. 예를 들어 '교육이란 국가, 사회발전을 위한 수단이다', '교육은 경제발전에 필수적인 수단이다',

'교육은 신의 뜻을 실현하는 수단이다'라고 서술하는 것은 교육을 철저하게 기능적 관점에서 정의한 것이다. 그러나 교육을 기능적인 관점에서만 정의할 경우 교육은 도구화되고 수단시 될 수 있으며, 교육 본래의 독자성과 자율성을 상실하게 될 수도 있다.

2) 규범적 정의

규범적 정의(normative definition)는 교육을 궁극적 목적이나 가치 추구에 관련시켜 규정하려는 것이다. 예를 들어 '교육은 인격 완성 및 자아실현의 과정이다'라는 정의는 교육이 외재적 가치를 실현하기 위한 수단이 아니라 내재적 가치를 실현하는 과정임을 강조하고 있는 것이다. 교육은 그 자체로서 가치 있는 무엇인가를 실현해 가는 과정이라는 것이다.

기능적 정의와는 다르게 규범적 정의는 정의를 내리는 사람의 가치판단이 개입되기 때문에 항상 논쟁의 대상이 된다. 자신이 내린 정의가 설득력을 가지기 위해서는 그 정의에 대한 정당화를 시도해야 한다. 여기서 정당화란 어떤 주장이나 명제에 대한 정당한 이유를 제시하는 것을 의미한다. 따라서 규범적 정의를 시도하는 학자들은 그 정당한 이유를 외재적인 것에서 찾기보다는 내재적인 것에서, 즉 가치 있고, 바람직한 품성, 기질, 성향, 능력과 같은 것에서 찾으려고 하는 경향을 보인다고 할 수 있다.

3) 조작적 정의

조작적 정의(operational definition)는 교육이라는 활동이 가져다줄 결과를 예측하여 교육을 이해하려고 하거나 설명하는 것이다. 어떤 활동 또는 계획을 실시한 후 그 결과로 인간 행동의 변화가 이루어졌다면 그 활동을 교육이라고 볼 수 있으며, 그렇지 않으면 교육이라고 볼 수 없다는 입장이다. 이 조작적 정의에 의하면, 인간의 행동이 무계획적, 무의도적으로 이루어졌을 경우에는 이 활동은 교육이라고 부를 수 없다는 것이다. 이런 점에서 교육은 단순한 성장, 성숙, 발달, 학습과는 구별되는 활동이다. 행동을 변화시키기 위한 계획적, 의도적, 체계적 노력이 있었음에도 불구하고 행동이 의도하는 방향으로 변화가 일어나지 않았다면 그것 역시 교육이라고 부를 수 없다는 것이다.

4) 준거적 정의

준거적 정의(criteria definition)에 의하면 교육이란 어떤 행동이나 활동이 어떤 주어진 기준에 합치되었을 때 교육이라고 부를 수 있다는 것이다. 이 정의는 영국의 교육철학자 피터스(R. S. Peters)에 의해 시도된 것으로 그의 저서 『윤리학과 교육』에서 어떤 활동을 교육이라고 부르기 위해 적용해야 할 세 가지의 엄격한 준거, 즉 규범적 준거, 인지적 준거, 과정적 준거를 제시해 놓았다. 첫째, 규범적 준거는 '교육'이라는 것은 가치 있는 것을 그것에 헌신할 사람들에게 전달하는 것을 포함한다(가치 기준). 이 준거에 의하면 우리가 학교에서 많은 지식을 전달하고 가르쳤지만 그것이 학생들의 삶을 가치 있는 방향으로 변화시키지 않았다면 그러한 활동은 교육이라 할 수 없는 것이다. 둘째, 인지적 준거는 '교육'은 우리가 배우고 익힌 지식이나 정보들이 우리들의 삶을 변화시키는 데 도움을 주지 않거나 현실과 동떨어진 것이라면 그것은 교육이라고 부를 수 없다는 것이다. 또 전문적인 훈련을 받아 자기 분야의 일에 대해서는 해박하고 능숙하지만 세계를 폭넓게 이해하고 바라볼 수 있는 안목이 없다면 그것도 역시 교육을 받았다고 할 수 없다는 것이다. 셋째, 과정적 준거는 교육이라고 하는 것은 적어도 학습자의 의도성과 자발성이 있어야 한다는 것이다. 이 준거에 의하면 학교에서 전달하고 있는 지식이 아무리 가치가 있다고 하더라도 그것을 전달하는 방법이 비인간적이고 비도덕적이라면 이러한 활동을 교육이라고 부를 수 없다는 것이다. 이러한 관점에서 우리 사회에서 자주 사용되어 온 훈련, 주입식, 조건화 등의 방법은 교육적인 방법으로부터 제외되는 것이다(이상, 네이버 지식백과, 교육의 정의. 2011).

2. 평생교육의 정의

1) 평생교육의 학문적 정의

오늘날 평생교육은 누구나 원하는 것을 어디서든 배울 수 있는 평생학습 사회 속에서 이루어지고 있다. 성인학습자 개개인이 학습의 주체가 되어서 전 생애 동안 학습을 자기주도적으로 관리하며, 평생학습을 통해 개인의 자아실현과 삶의 만족감을 느끼며 학습자들이 더불어 학습공동체를 형성한다. 이러한 평생학습사회 속에서 이루어지는 성인학습을 평생교육이라고 한다(권대봉, 2001).

우리나라의 평생교육법에서 평생교육의 정의를 살펴보면, 평생교육법 제2조 1호[1]에서는 "평생교육이란 학교의 정규교육과정을 제외한 학력보완 교육, 성인기초 문자해득 교육, 직업능력 향상 교육,

1 평생교육법 제1장, 제2조, 2014.1.28. 개정.

인문교양 교육, 문화예술 교육, 시민참여 교육 등을 포함하는 모든 형태의 조직적인 교육활동을 말한다."고 명시되어 있다. 비교적 좁은 의미에서 평생교육을 정의하고 있으며 구조화된 비형식교육, 무형식교육을 말한다고 볼 수 있다. 이렇듯 평생교육의 개념은 시대적, 사회적 변화에 따라 다양하게 정의되고 있다(이말순, 2015).

성인학습자들은 급변하는 현재를 살아가기 위해서 계속적인 학습이 필요하다. 학령기 동안 학교에서 배웠던 지식으로 일생 동안 경제활동 및 다양한 과학기술의 변화에 적응하면서 살아가기에는 현격히 부족하다(유은도, 2013).

더욱이 법조문에 근거한 공동주택 관리와 관련한 제반 사항들을 검토하고 논의하여 의사결정하여야 하는 입주자대표회의의 경우 그 필요성은 더할 나위 없이 필수적이라고 생각하며 이와 관련하여 평생교육의 개념을 도입하지 아니할 수 없다고 본다.

2) 입주자대표회의 교육에 대한 평생교육 개념도입

그러면, 공동주택관리법에서 규정하고 있는 입주자대표회의 교육에 관하여 평생교육으로 정의할 수 있을까?

그렇다. 위에서 언급하고 있는 평생교육법 제2조 제1호를 자세히 들여다보면 입주자대표회의 교육 역시 정규교육과정을 제외한 교육에 해당하기도 하며, 직업능력 향상교육에 해당하는 것으로 볼 수 있을 것이다.

그러하기에 형식 · 무형식에 상관없이 입주자대표회의 교육은 당연히 평생교육 중 하나에 해당한다고 정의할 수 있다.

그렇다면 이 교육을 통하여 학습자는 분명 개개인이 학습의 주체가 되어서 입주자대표회의 임기동안 학습을 자기주도적으로 관리하며, 이 학습을 통해 개인의 자아실현과 봉사자로서의 만족감을 느끼며 동별 대표자(이하 '동대표'라 한다) 간에 더불어 학습공동체를 형성하여야 할 것이다.

과연 현행 입주자대표회의 교육이 과연 이런 역할과 기능을 가지고 있을까?

이 장에서는 이러한 의문점을 해소하고 앞으로 사회적으로 집중되는 포커스와 급변하는 공동주택 관리의 중요한 포지션을 차지하는 입주자대표회의 교육제도가 지향해야 하는 트랜드 변화의 필요성에 관하여 다뤄 보고자 한다.

Ⅲ. 공동주택 관련 법령의 진화와 제규정

KOSIS[2]의 발표에 따르면 2016년 11월 기준 우리나라의 주택수는 1,669만 호이며 아파트의 경우 1,003만 호로 이미 60%를 넘어서고 있다고 한다(KOSIS, 2016). 특히 공동주택의 거주율이 75%를 초과하고 있는 것으로 파악되고 있어 프랑스 지리학자 발레리 줄레조가 한국의 주거문화를 연구한 『아파트 공화국』[3]결과에서 사용한 '한국은 아파트공화국'이라는 용어가 전혀 낯설지 않게 느껴진다.

우리나라의 주택공급에 관한 속내를 들여다보면 주택의 건설과

---

2 국가통계포털(http://kosis.kr/search/search.do) "2016 인구주택총조사 전수집계 결과", 2017.

3 발레리 줄레조 저 / 길혜연 역, 아파트 공화국(원제: Seoul, ville geante, cites radieuses), 2007.

공급에 따라 주택난은 일정 부분 해소된 반면, 공동주택의 경우 사후관리에 따라 내용연수의 증감이 있을 수밖에 없고 또한 재산권의 보호, 공동생활의 준거 등을 위한 '관리'의 필요성이 대두되었다.

아파트관리와 관련된 최초법령은 1963년에 제정된 「공영주택법」인데, 그 후 「주택건설촉진법」을 거쳐 2003년 「주택법」으로 개정되었는바, 현재 공동주택의 관리는 「주택법」과 간접적으로 「민법」이나 「집합건물의 소유 및 관리에 관한 법률」, 「공동주택 관리규약」 등에 의하여 규율되고 있다(이형남, 2014).

물론 중간에 공동주택의 관리부분만을 떼어내 「공동주택관리령」으로 규율하고 관리문제에 대하여 지도감독 하던 때도 있었다. 그러나 당시에만 하더라도 입주자대표회의 만을 별도로 교육하기 위한 규정은 존재하지 않았었다.

이후에 의결기구를 담당하는 입주자대표회의의 구성원인 동대표가 관리문제와 관련한 전문적인 제도나 정책을 이해하고 논의하기에는 역부족인 현상들이 나타나기 시작하여 결과론적으로 사회적으로 문제가 발생하고 이슈화가 되기 시작하자, 이를 심각하게 고려한 정부와 입법부에서는 결국 주택법(2008.3.21.)에서 입주자대표회의 교육과 관련하여 윤리교육이 포함되지 않은 운영교육에 관한 내용만을 최초로 임의규정화하여 시행하기에 이르렀고 2013년 개정시에 직무·소양 및 윤리에 관한 사항이 포함되어 강행규정화되었으며, 그러다가 2016년 8월 12일 공동주택관리법(이하 '법'이라 한다)으로 단일법제화되면서 윤리교육이 추가되었고 2018년 현재까지 시행되고 있다. 관련법상의 입주자대표회의 교육관련 규정은 <표 1>, <표 2>와 같다.

표 1 주택법령의 관련조문(주요조항만 수록)

법령 / 년도	주택법	주택법시행령
2008년	제43조의2(입주자대표회의의 운영교육) ① 시장·군수 또는 구청장은 입주자대표회의의 구성원에게 입주자대표회의의 운영과 관련하여 필요한 교육을 실시할 수 있다.	
2009년		제50조의2(입주자대표회의의 운영교육) ① 시장·군수 또는 구청장은 제50조 제1항에 따라 선출된 동별 대표자에 대하여 동별 대표자로 선출된 후 1년 이내에 법 제43조의2 제1항에 따른 입주자대표회의의 운영과 관련하여 필요한 교육(이하 "운영교육"이라 한다)을 실시할 수 있다.
2013년	제43조의2(입주자대표회의의 운영교육) ① 시장·군수·구청장은 대통령령으로 정하는 바에 따라 입주자대표회의의 구성원에게 입주자대표회의의 운영과 관련하여 필요한 교육을 실시하여야 한다. 이 경우 입주자대표회의의 구성원은 그 교육을 성실히 이수하여야 한다. <개정 2013.12.24.>	
2014년		제50조의3(입주자대표회의의 운영 및 윤리교육) ① 법 제43조의2 제1항에 따라 시장·군수 또는 구청장은 제50조 제1항에 따라 선출된 동별 대표자에게 매년 입주자대표회의의 운영과 관련하여 필요한 교육 및 윤리교육(이하

		"운영 및 윤리교육"이라 한다)을 실시하여야 한다. <개정 2010.7.6., 2014.4.24.> ② 운영 및 윤리교육은 매회별 4시간으로 한다. <개정 2010.7.6.>

표 2 공동주택관리법령의 관련조문(주요조항만 수록)

법령 년도	공동주택관리법	공동주택관리법시행령
2016년	제17조(입주자대표회의의 구성원 교육) ① 시장 · 군수 · 구청장은 대통령령으로 정하는 바에 따라 입주자대표회의의 구성원에게 입주자대표회의의 운영과 관련하여 필요한 교육 및 윤리교육을 실시하여야 한다. 이 경우 입주자대표회의의 구성원은 그 교육을 성실히 이수하여야 한다.	
2017년		제18조(입주자대표회의의 구성원 교육) ① 법 제17조 제1항에 따라 시장 · 군수 · 구청장은 입주자대표회의의 구성원에 대하여 입주자대표회의의 운영과 관련하여 필요한 교육 및 윤리교육(이하 이 조에서 "운영 · 윤리교육"이라 한다)을 하려면 다음 각 호의 사항을 교육 10일 전까지 공고하거나 교육대상자에게 알려야 한다.

법령에 의하면 교육의 가장 기본적인 입장은 집합교육을 원칙으로 하고 있지만 반드시 특정장소를 교육장소로 지정한 것은 아니며 가장 효율성 있는 교육을 지향하기 위해서 시장 · 군수 · 구청장의

자율에 맡기고 있는 것이다. 물론 교육의 방법적인 부분도 온라인 교육(최근에 시도)이든, 오프라인 교육이든 특정하지 않고 시장·군수·구청장이 그 방법을 정하여 시행하고 있다.

Ⅳ. 교육의 시스템

1. 교육의 목적

교육의 목적은 학습자의 능력을 충분히 살려서 맡은 업무의 성과가 향상될 수 있도록 조직화하는 것이므로 무엇보다도 먼저 학습자의 능력을 개발할 수 있도록 유도하는 것이 중요하다(서자원, 2001, 재구성).

일반기업에서 교육훈련을 실시하는 궁극적인 목적은 조직구성원의 지식·기술 그리고 태도를 교육훈련에 의하여 향상시킴으로써 기업을 유지·발전시키는 데 있다. 이것을 기업 측에서 볼 때는 업무의 능력을 향상시켜 그 능률을 영구적으로 발휘할 수 있게끔 인재를 육성하는 것이고, 종업원의 입장에서 보면 교육훈련을 통해서 인간형성과 이것에 따르는 처우의 향상으로 교육훈련의 목적이 달성될 수 있다(서자원, 2001). 이러한 주장을 인용하여 입주자대표회의 교육의 목적을 정의하여 보면 입주자대표회의 교육의 궁극적인 목적은 조직구성원의 지식·의식과 태도에 대하여 해당 임기 동안 관련법령에서 의도하고 있는 목적달성에 필요한 부분을 채워주는 데 그 목적이 있다.

그렇다면 교육에 관하여 책임을 지고 있는 지자체의 입장에서 목적 달성의 방향을 어떻게 설정하고 있는지 살펴보면 두 가지로 나누어 볼 수 있다.

첫째, 법령에서 규정한 시간을 준수하는 것이다. 방법적으로는 정형화된 형식교육을 채택하는 것이 기본이고 내용은 법령의 범주를 벗어나지 않는 정도라면 일단 교육에 관한 형식적 의무는 다했다고 볼 수 있을 것이다. 두 번째는 실질적인 의무감을 어떻게 실행하느냐에 따라 달라질 수 있는데 이는 지자체의 실질적인 실행의지에 따라 교육의 성패가 달라질 수 있을 것이다.

2. 오프라인 교육의 개념 및 특징

오프라인 교육은 교수자와 학습자들이 일정한 시간과 일정한 장소에서 함께 학습하는 조건을 형성한다. 일반적으로 면대면 교실 수업은 다양한 특성을 가진 다수의 학습자와 한 명의 교수자가 모여 교수자의 일방적인 정보제시를 위주로 학습이 이루어진다. 오프라인 교육은 면대면 수업으로 이루어지는데 면대면 교실 수업은 다음과 같은 특징을 갖는다.

첫째, 교수–학습 활동을 위한 시·공간적 제약이 있다. 면대면 교실 수업은 언제나 정해진 시각에 일정한 시간 동안에 이루어지기 때문에, 학습이 일어나는 그 시간이 지나면 그 학습내용을 다시 접하기 어렵다.

둘째, 학습참여의 실제성에 있다. 면대면 교실 수업 환경은 현실이고, 그 속에서 일어나는 학습 활동은 실제 상황이며 그 활동에 참여하는 사람들도 서로에게 알려져 있다. 이러한 실제성은 학습자로부터 필기, 질문에 대한 응답 등의 강의내용에 대한 다양한 반응을 이끌어 낼 수 있고, 학습자의 반응에 대하여 즉각적으로 피드백을 제공하는 이점을 주는 반면에. 내향적인 학습자에게 다른 사람 앞에서 발표하고 질문하는 것을 꺼리고 저항감을 느끼게 하는 분위기를 조성하기도 한다.

셋째, 학습 내용에 관련된 정보 이외에 개인적인 정보를 주고받을 수 있다. 면대면 환경에서는 학습에 관련된 정보 이외에도 학습자의 개인적인 성향, 관심 등에 대한 다양한 정보를 접할 수 있어서 학습자간의 친화력을 높일 수 있다.

넷째, 지식과 정보는 주로 글, 동작시범, 언어적 설명으로 전달된다. 설명은 교수자의 소리와 같은 언어적 표현뿐만 아니라. 얼굴표정, 음색 및 몸짓과 같은 시각적 단어로 이루어지는 비언어적 표현을 통한 정보 전달이 가능하다. 때때로, 설명으로 잘 전달되지 않은 의미가 비언어적 표현을 통해 전달되기도 한다.

다섯째, 일반적으로 교실에서 이루어지는 교수-학습 활동은 교수자 중심의 강의 위주이어서, 학습자에게 전달되는 정보 및 지식의 수준이 획일적이며, 전달 속도도 일정하다(Westera, 1999). 한 명 혹은 소수의 교수자가 학습 내용 및 학습 활동을 선택하고 이를 전달하는 수단과 방법을 결정한다. 이러한 결정이 교수자의 임의의 방식이 아닌 학습자의 특성을 반영한다고 해도 다수 각기 다른 특성을 가지고 있는 그들의 특성에 맞추어 다양하게 진행되기는 어렵다(하숙량, 2004).

3. 온라인 교육시스템

컴퓨터 통신망을 이용한 첨단 원격교육을 온라인 교육이라고 불러왔으며, 온라인 교육은 인터넷이나 웹이 교육 분야에 도입되기 이전인 문자 기반의 메일, 토론그룹, 고퍼 등이 주로 활용되던 시점부터 자리 잡아온 개념이다(이인숙, 2002).

표 3 원격교육매체

교육형태	우편 통신교육	라디오 통신교육	TV통신교육	인터넷 통신교육
학습매체	책(문자)	Audio(음성)	Video (음성+화상)	인터넷 (문자+음성 +동화상)
전달매체	우편	라디오	TV, 통신위성	인터넷
상호작용	단 방향	단방향	단방향	양방향
교육시간	비실시간	실시간	실시간	실시간+ 비실시간

자료: 하숙량, 2004

원격교육의 형태는 <표 3>에서 나타내는 바와 같다. 특히, 온라인 교육프로그램에 참여하는 학습자들은 테크놀로지를 기반으로 고립된 공간에서 학습을 진행한다. 이런 환경에서 학습자는 자발적이고 지속적인 학습참여가 강하게 요구되며, 학습 동기는 학습효과에 특히 중요한 요인으로 작용한다(하영자 외, 2011). 그러나 사실상 오프라인 교육에서 조차도 자발적인 참가 및 학습태도를 발견하기 어려운데 온라인상에서 요구되는 자발적이고 지속적인 학습참여가 이루어질 수 있을까를 고민하지 않을 수 없다. Pintrich & DeGroot(1990)

는 성인학습자의 경우 자신의 욕구와 필요에 맞는 학습을 선택하는 경향이 강하므로 학습자 특성에 맞게 학습을 할 수 있도록 하는 전략에 대한 고민이 필요하다고 하였다(김성빈, 2016. 재인용).

입주자대표회의 교육의 경우 봉사자로서 교육에 대한 의무감이 없을 뿐만 아니라 사실 시간적인 여유도 많지 않은 상황 속에서 가까스로 시간을 쪼개서 마을의 의사결정을 위한 회의에 참여하는 경우가 태반인지라 온라인 교육으로 성공률을 높일 수 있을지는 의문이다. 입주자대표회의 교육이 평생교육의 입장에서 바라볼 수 있기는 하더라도 자기 자신의 부족한 부분을 채울 수 있는 학습자가 원하는 교육이 아닌, 의무감으로 채워야 하는 시간들이라면 '평생교육 프로그램에 참여하는 성인학습자의 참여 동기는 참여 목적과 관계되는 요인으로 매우 중요하게 연구되어야 할 요소'라고 주장한 Merriam, Caffarella, & Baumgarther(2007)의 "Learning in Adulthood"에 관하여 깊은 성찰이 필요할 것으로 생각된다.

V. 입주자대표회의 교육 현황

1. 오프라인 교육현장의 실태

현재 지자체에서는 의무관리대상[4] 아파트 단지의 경우 시행령에 근거하여 연간 4시간의 운영 및 윤리교육을 실시하고 있다. 대체적

4 '의무관리대상'이란 300세대 이상의 공동주택 또는 150세대 이상으로서 승강기가 설치된 공동주택, 150세대 이상으로서 중앙집중식 난방방식의 공동주택 등의 경우를 의미한다(공동주택관리법 제2조 및 동법시행령 제2조).

으로 지자체에서는 관청의 강당을 교육장소로 하여 집합교육을 실시하고 있는데 문제는 제3자적인 입장에서 관리사무소의 역할이 늘어난다는 점이다. 사실 입주자대표회의를 구성하고 있는 동대표는 입주자 중에서 선출하여 임기제한제로 운영되는 봉사단체에 해당한다고 볼 수 있는데 이는 사실상 의무만 존재하고 권리는 없는 것이나 마찬가지인 셈이다. 그러다 보니 동대표가 교육에 관심을 가지고 정보를 직접 챙기고 선제적으로 교육을 이수하려고 하기보다는 대부분 관리사무소에서 수차례에 걸쳐 안내를 해야 하고 심지어는 직접 교육에 참석하지 못하는 동대표를 위해 관리사무소 직원들이나 일반 입주민 중에서 대리 참석하는 경우가 종종 발생하게 되는 것은 부인할 수 없는 사실이다. 그렇다고 지자체에서 일일이 신원을 확인하고 교육에 참석시킬 수 있는가는 부담의 문제가 달려 있기에 현실적으로는 교육장에 입장하면서 해당 단지 명부의 동대표 서명란에 서명을 하고 들어가게 하고 종료 후에 입장할 때 받은 확인서를 퇴장하면서 제출하면 그만인 것이다(지자체마다 상이함).

이 점이 가장 큰 문제이다.

참고로 서울광역시의 25개 지자체 공동주택 입주자대표회의 교육을 담당하는 부서에 전화 인터뷰를 통해 조사해 본 결과 오프라인 교육의 참석률이 평균적으로 60~70% 내외인 점을 감안하면 아직까지 입주자대표회의 교육이 자리 잡았다고 볼 수 없을 뿐만 아니라 실질적으로 교육에 참석하는 학습자가 전원 동대표가 아닌 관리사무소장이나 입주민, 관리직원인 경우가 포함되기 때문에 실제는 참석률이 평균 참석률 이하로 보아야 할 것으로 생각된다.

문제점의 해소를 위해서는 일단 제도적으로 동대표 본인의 확인이 필요하도록 강제화하는 길밖에 다른 방법이 없다. 각각의 단지에서 제출한 입주자대표회의 구성신고서에 명시된 개인정보를 교육 현장에서 신분증과 대조하고 직접 확인한 후에 교육을 실시해야 하는 것이다. 그리고 교육을 이행 완료한 후 확인 가능한 증서를 발급하거나 그에 갈음할 수 있는 증빙을 기록으로 남겨야 하는 것이다. 만일 전반기 교육에 관한 결과를 검토하여 교육에 누락자가 발생했을 경우에는 다른 방법(집합교육을 포함한 특별교육의 방법)을 모색하여 연간 이수해야 하는 교육시간을 이행토록 유도하여야 하는 것이다.

2. 온라인 교육의 시도

전통적인 면대면(面對面) 교육, 즉 학습자와 교수자가 동일한 현실 공간에서 진행되는 교육활동 즉 오프라인 교육에 대비되는 개념으로 흔히 쓰는 온라인(on-line)교육은 인트라넷(Interanet), 익스트라넷(Extranet)을 의미하며 e러닝(e-learning)은 교육용 CD－ROM이나 소프트웨어를 이용하는 교육으로 컴퓨터 기반교육, 웹기반(Web-based) 교육, 가상교실(Virtual Classroom)교육과 협업을 강조하는 디지털 콜라보레이션(collaboration)을 포함한다. e러닝은 온라인 교육보다는 상위의 개념이고, 원격교육(Distance learning)은 가장 광범위한 개념으로 구분한다. e러닝과 사이버 교육, 온라인 교육은 실제로 크게 구분되지 않고 있으며 거의 같은 의미로 쓰이고 있다(유인출, 2001).

현재 입주자대표회의 교육과 관련하여 국토교통부에서 위탁 운영하는 중앙공동주택관리지원센터의 공동주택관리교육사이버연수원에서는 2017년 10월부터 본격적으로 온라인 입주자대표회의 운영 및 윤리교육을 시행하고 있다. 또한 서울시에서는 2018년 1월부터 서울시 평생학습포털(http://sll.seoul.go.kr)에서 온라인 학습으로 진행하고 있는데 교육과정명은 <아파트관리 주민학교>이다(서울시 온라인교육, 2018).

국내의 입주자대표회의에 대한 온라인 교육 참여자가 많지 않지만 그렇다고 급작스럽게 증가하리라고 보여지지도 않는다. 왜냐하면 입주자대표회의를 구성하고 있는 조직구성원의 연령대가 대체적으로 노령층에 해당하는 경우가 대부분이고 젊은 층으로 구성된 아파트 단지라 하더라도 컴퓨터나 스마트폰을 자유자재로 사용할 수 있는 몇 몇 학습자 외에, 대체적으로 교육자체가 귀찮다는 인식과 단순한 봉사자인데 굳이 온라인으로까지 교육을 이수해야 하는 것에 대한 부정적인 마인드가 자리하고 있는 이상 적극적이고 자발적인 온라인 교육 이수가 쉽게 이루어지리라 단정하기 어렵기 때문이 아닐까?

온라인 교육이 성공적인 결과를 얻기 위해서는 비교적 간단하면서도 편리하게 접근할 수 있는 초보적인 수준의 온라인시스템을 갖추는 데 주안점을 두어야 할 것이라 생각한다.

Ⅵ. 법령의 미비점과 현장속의 문제점

현재 공동주택관리와 관련하여 공동주택관리법령에서 다루고 있는 사람에 관한 중요한 축은 세 가지[5]로 구분할 수 있는데 먼저는 입주자대표회의를 포함한 입주자 등과 정책·제도의 근간을 세우고

5 대한주택관리사협회 (http://www.khma.org) 자료인용

감독하는 정부, 그리고 주택관리사로 나뉜다. 결국 공동주택의 관리제도는 이 세 가지 축과 입법부, 지자체, 주택관리업자에 의하여 발전되어 간다고 볼 수 있다. 그러나 법률에서뿐만 아니라 사회적으로도 중요하게 여기는 입주자대표회의와 주택관리사 중 주택관리사에 관한 교육 강제와 벌칙 규정은 공동주택관리법 제70조 및 제102조 등에 명백하게 규정되어 있는 반면에 공동주택 관리의 3대 핵심 중 하나이며 공동주택의 관리 전반에 관한 사항을 의결하는 기구로서 존재하게 되는 입주자등을 대표하는 입주자대표회의 구성원의 교육에 관한 부분은 지난 십수년간 강제한 바 없었으며, 또한 교육이 시행된 이후에도 미이수에 해당하는 경우의 벌칙조항 조차 규정하지 않아 연혁법령은 물론 현행 법령조차도 중요한 부분을 간과한 것이 아닌가 생각된다.

이와 반면에 주택관리사의 경우 교육을 이수하지 않은 경우에 공동주택관리법시행령 제100조에서 규정한 별표9 <표 4>와 같이 구체적인 벌칙조항으로 인하여 교육의 강행화를 유도하고 있는 것을 알 수 있다. 특히, 주택관리사의 교육의 강제성과 벌칙에 관하여 법 제70조와 제102조에서 규정화한 것과는 대조적으로 사적자치 집단에 대한 의사결정기구의 구성은 강제되어 있으나 중요하게 접근하여야 하는 교육에 관한 후속조치 부분은 너무나 형식적이어서 교육의 내실화에 대한 발목을 잡고 있는 것이 아닌가 생각된다.

표 4 과태료 부과기준(질서위반행위규제법)

위반행위	근거법조문	부과금액(만 원)
보. 법 제70조에 따른 교육을 받지 않은 경우	법 제102조 제3항 제25호	150

서자원(2001)은 그의 연구 "태도변화에 영향을 미치는 교육훈련 방법"에서 경쟁이 치열하고 또 급변하는 기업환경 속에서 기업이 장기적으로 성장·발전하기 위해서는 기업의 모든 종업원을 유능한 인재가 될 수 있도록 교육 훈련되어야 하지만 지금까지 기업의 교육훈련은 체계적이지 못하고 형식적인 측면이 많았으며, 실질적으로 교육훈련에 대한 평가도 매우 부실하다고 보았다.

실질적으로 기업 내 교육훈련 실시상의 전반적인 문제점은 첫째, 실무위주의 교육이 부족하다(권대봉, 1998)고 보았으며, 서자원(2001)의 경우에는 총론위주, 이론위주의 교육으로는 현업에서 필요로 하는 전문지식이나 노하우를 습득할 수 없음을 강조하였으며, 이러한 교육은 업무와 직접관련성이 부족하기 때문에 구성원들이 사내외 교육에 능동적으로 참여하지 못하는 요인이 되기도 하고, 이런 교육이 계속되면 구성원들은 교육뿐만 아니라 기업자체를 불신하게 된다고 하였다. 둘째, 기업체에서 직원들이 현업수행에 바쁘다 보니 교육훈련에 참가할 수 없는 사람들이 많다고 한 이종미(1995)의 연구 결과를 인용하여 그 이유는 국제화·정보화에 발맞추어 교육훈련의 요구와 필요성은 증가하고 있지만 아직 우리기업이나 종업원 개개인의 교육훈련 참가를 업무수행의 동일선상에서 인식하고 있지 않음을 반증하는 것이라고 주장하였다. 따라서 교육훈련 실시상의 문제점들이 개선되고, 한국기업의 교육훈련이 경쟁력을 갖기 위해서는 기존의 교육형태를 탈피하여 새로운 패러다임의 전환이 요구되고 있다.

선행연구의 결과들을 벤치마킹(benchmarking)하여 공동주택 입주자대표회의 교육의 문제점을 살펴보고 그 대안책을 소개해 보고자 한다.

우선, 현행 입주자대표회의 교육의 경우 일차적으로 그 책임은 법령에서 소개한 바와 같이 시장·군수·구청장에게 있다. 일반적으로 각 지자체에서는 연중 1~2회에 걸쳐 입주자대표회의 교육을 실시하고 있는데 목적의 설정이나 참석자의 확정, 이수와 미이수의 차이에 대한 대응책, 교육의 평가 등이 부재라고 할 수 있다. 왜냐하면 교육의 실태에서도 언급한 바와 같이 참석 대상자를 입주자대표회의 구성원인 동별 대표자만으로 특정하지 않고 일반 입주민이나 관리사무소장 등을 모두 포함하여 교육을 실시하기 때문이다.

또 한 가지 교육참석 확인시 동별 대표자 여부를 묻는 경우가 없을뿐만 아니라 대리 참석에 대한 부분도 제재가 없는 것이 사실이다. 그렇다 보니 각 단지에서는 동대표의 참석율을 높이기 위한 편법으로 관리사무소 직원을 입주자대표회의 구성원으로 둔갑시키거나 일반 입주민을 교육에 참여시켜 동별 대표자를 대신하게 하는 경우도 발생하곤 한다.

이는 진정한 교육 목적 달성에 위배될 뿐 아니라 제도 발전에도 걸림돌이 되는 것이 사실이라고 판단된다.

또한, 교육을 이수한 후 수료증을 발급하는 지자체는 많지 않다. 해당 단지의 입주자대표회의 구성원들이 교육을 이수했는지는 단순하게 교육 참석시에 명부에 서명한 정도를 확인하는 선에서 끝나기 때문에 실질적인 교육 참석률을 정확하게 도출해 내기도 힘들다. 이것이 2018년을 살아가는 공동주택 입주자대표회의 교육현장의 현실이다.

공동주택관리는 분명 사유재산을 관리하는 데 특정된 목적이 있다. 그러나 사회공익적인 선상에서 바라볼 때 공동주택은 분명 공공화된 사유재산이라고 정의할 수 있기에 관리와 관련한 공법의 특별법적인 성격으로 제정이 되었고 이에 대하여 강제화하고 있는 법조문이 상당히 많다. 그중에 교육이 한 부분을 차지하고 있지만 결국 이 부분이 강행화하지 않으면 발전 가능성이 없어 보인다.

Ⅶ. 입주자대표회의 교육의 新 패러다임 전환

근자에 서울광역시의 경우에는 각 지자체마다 공동주택관리 비리방지를 위한 아이디어들을 찾아 실행에 옮기고 있는데, 그중에 한두가지를 소개해 보자면 S구에서는 공동주택 지도점검에 탁월한 전문가를 구성원으로 하는 아파트컨설팅단을 구성하여 찾아가는 아파트 관리점검을 통하여 문제점을 발취하고 그 대응책을 교육해 주는 컨설팅프로젝트를 시행하고 있다. 이를 통하여 서울시 맑은 아파트만들기 실태조사를 대비하고 나아가서는 동별 대표자나 입주민들을 컨설팅 현장에 초대하여 직접 지적사항을 브리핑하기도 하고 앞으로의 방향설정과 부분적인 입주자대표회의 교육도 가미하고 있어 상당한 호응을 얻고 있다. Y구에서는 전문자문단을 구성하여 월 1~2회 문제점이 노출된 단지의 동별 대표자나 입주민의 민원을 직접 전문가로 하여금 들어보고 답을 해주는 상담실을 운영하면서 상담을 요청한 동대표나 입주민을 즉석에서 교육해주는 업무도 일부 시행하고 있어 좋은 반응을 얻고 있기도 하다. 또한 G구에서는 아파트 관리비 절감 100인 추진단을 외부 전문가로 변호사, 공인회계사, 주택관리사, 건축시공기술사, 전기안전기술사, 정보통신기술사 등 30명, 공무원으로 행정직, 건축직, 환경직 등 70명으로 TF팀을 구성하여 아파트 관리비 절감과 관련하여 컨설팅을 통한 아파트 제도개선에 일조하기도 한다.

이와 같은 사실들을 종합하여 볼 때 입주자대표회의 운영·윤리 교육의 트랜드 또한 변화를 가져와야 한다고 생각한다. 가령 찾아가는 교육 시스템을 구축하여 시행할 경우, 입주자대표회의 구성원이 많은 대형단지의 경우에는 입주자대표회의 구성 신고를 수리하는 조건으로 해당단지를 찾아 입주민과 함께 법령에서 정해진 시간을 준수하여 입주자대표회의 교육을 실시하는 방안도 있고, 중소형 단지의 경우에는 지자체마다 입주자대표회의 구성신고가 이루어지는 시점이 비슷한 아파트 단지들을 몇 단지씩 모아 근접지역에서 집체교육을 실시할 수 있도록 시스템화하는 방안을 모색해 보는 것도 또 하나의 대안책이 될 수 있을 것이다.

이러한 찾아가는 교육시스템을 운영할 경우에 콜로키엄(colloquium)[6]이나 브레인라이팅(Brain Writing)[7]과 같은 방법을 채택하되 절차적인 부분에서 교육 부분에 전체의 80% 이상을 할애하고 나머지 20%는 학습자 간의 토론과 교수자와의 사이에 질의회신을 통한 궁

---

6 https://terms.naver.com/entry.nhn?docId=939568&cid=47319&categoryId=47319

7 https://terms.naver.com/entry.nhn?docId=2178280&cid=51072&categoryId=51072

금증 해소 등을 진행함으로써 현장의 어려운 문제점들에 대한 해결책을 모색하는 방안도 하나의 좋은 방법이 될 것으로 판단된다.

결론적으로 현행 입주자대표회의 교육과 관련하여 법령상 강제화되지 아니한 경우에 대한 대비책을 준비하지 않거나, 단순한 집합교육을 통한 형식상의 교육으로는 더 이상 공동주택 입주자대표회의 교육의 질을 향상시킬 수 없다는 사실은 명약관화한 사실이라고 볼 수 있다. 만일 현행교육을 그대로 유지하고자 한다면 적어도 교육 참석에 관한 강제화와 벌칙의 규정이 반드시 필요하다고 판단되며, 교육의 강제화에 따른 민간영역의 지나친 간섭 등이 거론될 경우 이를 해소할 수 있는 뚜렷한 대안이 없을 것으로 보고, 이와 관련하여 정부나 입주자, 그리고 관련단체 등이 교육에 대한 새로운 패러다임의 전환을 고려하지 않고는 다람쥐 쳇바퀴 돌기처럼 겉도는 정책과 제도로 전락할 수밖에 없다고 생각된다.

마지막으로 개요에서 언급한 "완장" 속의 주인공은 공동주택 관리제도 하에서 누구나가 그 주인공이 될 수 있다. 동대표도, 관리사무소장도, 입주자등도, 관리주체(위탁사)도, 지자체 공무원도, 입법부의 국회의원들도 누구든지 상황에 따라 그 주인공이 될 수 있다. 그렇기에 교육은 일반적이고 보편적으로 필요한 항목이라고 보여지며 더욱이 본장에서 거론하고 있는 입주자대표회의 교육과 관련하여 교육의 중요성이 간과되지 않기를 저자는 희망한다. 지금 이대로는 입주자대표회의의 폭넓은 공동주택관리 전문지식의 함양은 바라보기 어려울 것이다.

참고문헌

권대봉(2001), 평생교육의 다섯 마당, 서울: 학지사

권대봉 · 현영섭(2008), 성인학습자의 학위논문작성을 위한 인문사회과학 연구방법, 서울: 학지사

김성빈(2016), 온라인 평생교육 프로그램에 참여하는 성인학습자의 학습참여 동기와 학습 만족도 관계에서 지각된 유용성, 자기조절학습 스킬의 조절효과 검증, 석사학위논문, 이화여자대학교

노영희 · 홍현진(2011), 교육관련 국제기구 지식정보원, 한국학술정보(주)

서울시 온라인교육(2018), 아파트관리주민학교, 서울시 평생학습포털

서자원(2000), 태도변화에 영향을 미치는 교육훈련방법, 석사학위논문, 이화여자대학교

유운도(2013), 1차 베이비부머와 2차 베이비부머의 생활만족도에 관한 비교연구, 석사학위논문, 충남대학교

유인출(2001), 성공적인 e-learning 비즈니스 전략, 서울: 이비컴

이말순(2015), 성인학습자의 면대면 교육과 원격교육의 학습성과에 대한 인식 비교, 석사학위논문, 이화여자대학교

이인숙(1997), 21세기 교육체제로서의 가상대학 창출에 관한 연구, 방송통신교육논총, pp. 91-117

이종미(1995), 우리나라기업의 효율적인 교육훈련 실시방안에 관한 연구-SY그룹의 사례 중심으로, 석사학위논문, 숙명여자대학교

이형남(2014), 공동주택관리상의 입주자대표회의의 법적지위 개선에 관한 연구: 사적 자치의 제한 및 사용자성의 개선방안 중심으로, 석사학위논문, 단국대학교

하숙량(2004), 온라인 교육시스템의 학습 및 전이효과에 관한 연구, 석사학위논문, 숙명여자대학교

하영자 · 하정희(2011), 학습동기, 학습만족도 및 학업성취의 관계에서 학습몰입의 매개효과: 이러닝 환경의 학습자 중심으로, 교육정보미디어연구, 17(2), pp. 197－217

윤홍길(2011), 완장 http://www.hdmh.co.kr/hdmh/hdmhbooks/view.php?idx=87

국가법령정보센터포털 http://www.law.go.kr

국가통계포털 http://kosis.kr

국가통계포털 인구주택총조사 http://kosis.kr/index/index.do

서울특별시 평생학습포털 http://sll.seoul.go.kr

대한주택관리사 협회 http://www.khma.org

Merriam, S. B., Caffarella, R. S., & Baumgartner, L. M.(2007), Learning in Adulthood: A Comprehensive Guide. San Francisco, CA: Wiley & Sons, Inc.

Pintrich, P. R. & DeGroot, E. V.(1990), Motivational and self－regulated learning components of classroom academic performance. Journal of Educational Psychology, 82(1), pp. 33－40.

CHAPTER

11

주택관리 업무의 확장과 전환

— 박병남, 대한주택관리사협회 사무총장 —

CHAPTER 11

주택관리 업무의 확장과 전환

— 박병남, 대한주택관리사협회 사무총장 —

Ⅰ. 주택관리업무

1. 개요

우리나라는 주택을 단독주택과 공동주택으로 구분하고, 이에 포함되지 않는 주택들을 비주거용 주택으로 구분하는 3가지 분류방식을 취하고 있다. 주택보급률이 100%를 상회하고 있는 현실에서, 가장 많은 국민들이 소유하고 거주하는 주택은 단연 공동주택이 최고다. 현재 우리나라는 아파트와 같은 공동주택에 70% 이상의 국민들이 거주하고 있다. 특히 2016년 11월 기준 전체주택의 60.1%라는 높은 비율로 아파트가 대표적인 주거 공간으로 사용되고 있다.[1]

이러한 공동주택의 물리적인 내용연수를 유지하고, 입주자들의 쾌적한 주거환경을 제공하기 위해 행하여지는 일들을 관리업무라고 한다. 공동주택에 있어서 관리업무란, 공동주택과 그에 부수되어 있는 부대시설 및 복리시설을 효율적으로 보전하여 공동주택의 성

1 통계청, "2016 인구주택총조사 전수집계 결과", 2017.

능을 유지한 상태에서 공동주택의 기능을 최대한으로 유지되게 하는 업무이다.

2000년 이전에는 공동주택 관리업무는 단순히 공동주택의 기능을 보전하여 주거생활에 불편을 주지 않게 하고, 공동주택이 장수명화 될 수 있게 함으로써, 공동주택 입주자들의 주거생활에 안정을 가져다주는 유지관리의 제반업무만을 공동주택의 관리업무의 전부로 이해되어 왔다(건설부, 1994).

그러나 최근에는 국가나 사회적으로 공동주택 입주자 간의 커뮤니티 형성에 많은 노력과 관심을 갖게 되어 입주자들의 상호소통을 위한 공동체적 커뮤니티 참여와 이를 위한 관리의 범위를 넓혀, 주거문화도 케어하는 적극적인 관리개념이 도입되고 있다. 따라서 기존의 관리업무의 범위를 뛰어넘는 관리업무의 확장과 전환이 필요하다.

2. 관리업무의 전문가

공동주택의 공용부분과 입주자 공동소유인 부대·복리시설의 유지보수와 안전관리 등의 업무를 수행하여 공동주택의 입주자들이 살기 좋은 쾌적한 주거환경을 조성하기 위해서 필요한 것이 바로 관리업무인 것이다. 전문성을 가지고 공동주택의 수명을 연장시키고 관리비의 효율적 운영을 통해 입주자들의 재산권 등을 보호함으로써 국가·사회 및 경제발전에 기여하는 것이 관리의 사회적 역할[2]이다.

2 대한주택관리사협회 (http://www.khma.org) 자료인용.

공동주택을 전문적이고 계획적으로 관리하여 입주자들의 편의를 도모하여 살기 좋은 공동주택을 만들기 위해서는 몇 가지 요소들이 필요하다. 첫째는 공동주택의 유지관리와 운영관리 및 생활관리 등을 통하여 공동주택 본연의 역할을 유지시켜야 한다. 둘째는 커뮤니티 관리, 입주자응대 관리 등 입주자들의 불편함을 원활하게 해소하여 입주자들의 만족도를 높여야 한다. 셋째로는 시대의 변화와 주거구조 및 시설의 현대화에 따른 새로운 관리기법의 연구개발을 통한 공동주택관리의 품질을 높여야 한다. 이러한 역할들을 담당하는 관리전문가를 주택관리사라고 한다.

공동주택의 관리업무는 크게 행정관리와 기술관리로 나눌 수 있다. 행정관리 업무에는 입주자들이 공동생활을 영위할 때 필요한 생활방식 및 지켜야 할 일들을 확정하는 업무이다. 이는 관리주체와 입주자들 사이에서 발생할 수 있는 갈등해소 등, 주로 사회적으로 공동생활을 하는 측면에서의 관리업무를 의미할 수 있다. 또한 공동주택 관리업무 수행에서 발생하는 사무관리 · 인사관리 · 복지시설관리 · 회계업무 등이 행정관리업무에 포함된다.

기술관리 업무로는 건물관리 · 설비관리 및 환경관리로 구분되며, 공동주택의 수명을 연장하기 위하여 시설물의 유지 · 보전하는 행위들이다. 기술관리는 일상 주거생활에 필요한 관리 행위이며, 단지 및 환경 · 위생관리와 공동주택 시설물 유지관리로 공동주택 단지의 시설물관리 및 청소 · 오물 제거 · 방역 등을 포함한다. 시설물 유지관리의 범위는 시설물을 현 상태로 보전하기 위한 일상적인 수선 및 보수 행위와 시설물 노후화 방지를 통해 시설물의 경제적 수명을 연장시키기 위한 주요 시설물의 수선 및 보수 활동 등이 이에 해당된다.

이러한 공동주택의 행정·기술관리 업무 외에 최근 새롭게 요구되는 주택관리사의 서비스 영역으로 대두되고 있는 것이 바로 공동체 생활 관리업무다. 공동주택 내 입주자 간의 커뮤니티 활성화와 입주민의 공동체 문화 활동 및 형성에 적극적 참여를 유도할 뿐만 아니라, 공동주택 입주자들의 복지향상을 위한 지자체의 지원 도출 등, 주택관리사의 공동체 의식이 절실히 요구되는 관리업무 영역이다.

3. 주택관리사의 세부업무

최근 들어 공동주택에 번지고 있는 주거문화의 패러다임에 맞추어 관리 전문가인 주택관리사의 공동체 생활관리 및 복지관리 측면의 역할이 점점 강화되고 있는 점을 감안했을 때, 주택관리사의 관리업무는 크게 유지관리, 운영관리, 생활관리의 세 분야로 나눌 수 있다.

첫째, 유지관리는 물리적 시설물의 관리와 안전, 조경 등에 관한 내용이 포함되는 기초적인 업무이다. 둘째, 운영관리는 관리사무소 업무와 회계 관련업무, 공사 및 용역, 관리규약, 입주자대표회의 등, 공동주택의 관리운영에 대한 내용이 포함된다. 셋째, 생활관리는 개별가족과 공동생활 내용으로 구분되는데, 개별가족 부문의 경우 생활편익 서비스와 기초생활안전 관련 업무를 포함하여, 공동생활 부문의 경우 공동체 활성화 방안과 기본생활규칙에 관한 업무가 포함된다(은난순, 2003).

1) 유지관리 업무

공동주택관리의 기본은 유지관리이다. 유지관리는 공동주택의 물리적 상태를 최적으로 유지하여 주택의 기능을 최대한 유지하려는 장수명화에 대한 노력이다. 공동주택은 물리적 내용연수가 있는 건축물이다. 따라서 시간의 경과와 함께 노후화하기 마련이어서 공동주택 공급 당시의 기능이나 쾌적성을 지속적으로 유지하려면, 그 물질적 상태를 양호하게 보전·개량해야 한다.

그 때문에 유지관리에 대한 관심의 척도에 따라 공동주택의 내용연수가 크게 달라질 뿐 아니라, 공동주택 입주자들의 쾌적한 주거환경에도 큰 차이를 보이게 된다. 하지만 우리나라의 대다수 공동주택은 비용 때문에 실제 유지관리 측면에 있어서 많은 어려움을 초래하고 있어 공동주택의 장수명화 실현에도 어려운 여건을 만들고 있다.

이러한 공동주택의 장수명화에 있어서 가장 중요한 것은 관리전문가인 주택관리사의 역할과 입주자들의 관심이다. 공동주택의 장수명화는 단순히 건축물의 물리적인 내용연수의 유지 및 증가만을 뜻하지 않는다. 입주자들의 쾌적한 주거환경을 유지하고 입주자들의 요구와 시대에 맞게끔 건축물의 환경까지도 개선해 나가는 현실적인 장수명화를 이루는 것이 공동주택 관리업무 중 유지관리 업무가 담당해야 할 중요한 역할이다.

2) 운영관리 업무

운영관리란 공동주택의 관리조직을 운영하는 활동과 사무관리,

회계관리 등 제반 활동을 포함한다. 운영관리는 이러한 좁은 의미도 있지만, 그것을 포함하면서 관리조직이 시행하는 생활관리와 유지관리를 망라한 광의의 경영관리시스템을 의미하기도 한다(문영기 · 방경식, 2008). 그런데 엄격한 의미에서의 운영관리는 조직관리, 사무관리, 회계관리 등을 말하는 것으로(은난순, 2003), 공동주택에 있어서 운영관리 부문은 해당 공동주택에 맞는 투명하고 합리적인 관리행정의 기반이 마련되고 그 위에 주택관리사의 전문성이 접목되어야 하는 중요한 업무이다.

입주자들의 참여와 신뢰성을 바탕으로 운영되어야 할 공동주택의 관리업무는 무엇보다도 투명성 확보가 중요한 업무이다. 특히 최근의 관리비와 관련된 각종 시비가 끊이지 않는 상황에서 회계관리를 위한 적정한 기준의 마련과 이에 대한 집행과 공개의 투명성 확보는 무엇보다 중요한 일이라 할 수 있다. 또한 각종 용역계약 시 필요로 하는 공정한 기준 역시 투명한 운영관리 업무를 수행하기 위한 선행조건이라 할 수 있다.

따라서 운영관리 업무는 관리비에 대한 회계관리, 공사 및 용역계약, 관리규약, 입주자대표회의 등, 공동주택 입주자들의 쾌적한 주거환경을 제공하기 위한 중요한 업무로 인식되고 있다. 정부는 공동주택의 운영관리 업무의 투명성을 확보하기 위하여, '공동주택관리정보시스템(www.k-apt.go.kr)'을 통하여 2009년도부터 의무관리 대상 공동주택의 관리비 등에 대한 정보를 공개하도록 하고 있다. 이처럼 공동주택 관리업무에서 운영관리가 차지하는 비중과 역할은 살기 좋은 공동주택을 만드는 데 있어 매우 중요한 요인이라 할 수 있다.

3) 생활관리 업무

공동주택 생활관리는 주민화합과 주거문화의 가치를 향상시키기 위한 중요한 업무이다. 즉 위층과 아래층, 혹은 옆 세대와의 소음이나 진동 및 흡연과 관련한 분쟁에 대해 입주자 간 합의를 이끌어내고 주민화합과 커뮤니티 구성을 도모하는 각종 필요한 업무들로 구성되는 것이다. 이를 위한 주택관리사들의 아파트 공동체 운동은 공동생활 규범을 정착시키는 데 크게 기여하고 있다.

법적 의미에서의 생활관리는 공동주택 관리업무의 홍보, 공동시설의 사용방법에 관한 지도 계몽, 주민의 공동사용에 제공되고 있는 공동주택 단지 안의 공동구역에 대한 무단점유 행위 방지, 질서문란 행위의 방지를 위한 조치의 강구, 안전사고 및 도난사고 등에 대한 대응 조치 등을 의미한다(홍성지 · 이병진, 2009).

생활관리 부문은 개별 가족의 생활과 공동생활의 질을 동시에 향상시켜 말 그대로 살기 좋은 공동주택을 만드는 데 그 목적이 있다. 개별 가족의 생활관리 업무는 개인적인 생활서비스와 안전을 중심으로 관리업무를 집행할 필요가 있고, 공동의 생활관리 업무는 공동체 활성화를 위한 방안 및 공동생활 질서를 위한 관리업무로 집행할 필요가 있다.

4) 주택관리사의 법적 업무

주택관리사 또는 주택관리사(보)가 공동주택의 관리사무소장으로 배치되었을 경우 「공동주택관리법」 제64조 관리사무소장의 업무 등에 따라 다음과 같은 업무를 하여야 한다.

- 입주자대표회의에서 의결하는 다음 각목의 업무
  - 공동주택의 운영·관리·유지·보수·교체·개량에 관한 업무
  - 업무를 집행하기 위한 관리비·장기수선충당금 그 밖에 경비의 청구·수령·지출 및 그 금원을 관리하는 업무
- 장기수선계획의 조정, 시설물의 안전관리계획의 수립 및 건축물의 안전점검에 관한 업무(다만, 비용지출을 수반하는 사항에 대해서는 입주자대표회의의 의결을 거쳐야 함)
- 그 밖에 공동주택관리에 관하여 건설교통부령이 정하는 업무
  - 공동주택의 공용부분의 유지·보수 및 안전관리
  - 공동주택단지안의 경비·청소·소독 및 쓰레기수거
  - 관리비 및 사용료의 징수와 공과금 등의 납부대행
  - 장기수선충당금의 징수·적립 및 관리
  - 관리규약으로 정한 사항의 집행
  - 입주자대표회의에서 의결한 사항의 집행
  - 그 밖에 건설교통부령이 정하는 사항
  - 관리업무의 공개·홍보 및 공동시설물의 사용방법에 관한 지도·계몽
  - 입주자등의 공동사용에 제공되고 있는 공동주택단지안의 토지·부대시설 및 복리시설에 대한 무단 점유행위의 방지 및 위반행위시의 조치
  - 공동주택 단지 안에서 발생한 안전사고 및 도난사고 등에 대한 대응조치
- 공동주택관리법 제29조 제2항의 규정에 의한 장기수선계획의 조정(이 경우 3년마다 조정하되 관리여건상 필요하거나 관리사무소장이 입주자대

표회의 구성원 과반수의 서면동의를 얻은 경우 3년이 경과하기 전에 조정 가능)

표 1 주택관리사의 업무

업무 구분	업무 종류	세 부 업 무
운영관리 (행정관리)	회계 관리	예산편성 및 집행결산, 금전출납, 관리비 산정 및 징수, 공과금납부, 회계상의 기록유지, 물품구입, 세무관리 등에 관한 업무
	사무 관리	문서의 작성과 보관에 관한 업무
	인사 관리	행정 및 기술인력의 채용·훈련·보상·통솔·감독에 관한업무
	입주자 관리	입주자 등의 요구 및 희망사항 파악 및 해결, 입주자 실태파악, 입주자간의 친목 및 유대강화, 공동주택 내 공동체 문화형성에 기여
	홍보 관리	관리비부과내역서, 회보발간 등에 관한 업무
	복지 시설	노인정, 놀이터관리 및 청소, 경비 등에 관한 업무
유지관리 (기술관리)	환경 관리	조경관리, 청소관리, 위생관리, 방역관리, 수질관리에 관한 업무
	건물 관리	건물의 유지, 보수, 개선 관리로 주택의 가치를 유지하여 입주자의 재산을 보호하는 업무
	안전 관리	건축물설비 또는 작업에서의 재해방지조치 및 응급조치, 안전장치 및 보호구설비, 소화설비, 유해방지시설의 정기점검, 안전교육, 피난훈련, 소방, 보안경비 등에 관한 업무
	설비 관리	전기설비, 난방설비, 급·배수설비, 위생설비, 가스설비, 승강기설비 등의 업무
생활관리 (복지관리)	공동체 문화관리	공동주택 거주자들 간의 의사소통, 참여를 적극 유도하여 공동체 문화 형성에 기여
	커뮤니티 활성화	살기 좋은 마을 만들기, 살기 좋은 지역 만들기 사업을 지자체의 지원을 통한 프로그램을 개발할 수 있도록 지자체와 공동주택 입주자간의 가교 역할 수행

	사회 복지	소외된 입주자(임차인)에 대한 지원 및 복지업무 수행을 위한 공익적인 역할 수행, 입주자의 자산관리업무 수행

자료: 공동주택관리법 제64조를 참조하여 필자 정리

또한 주택관리사는 「공동주택관리법」 제64조에 의한 법적 업무와 병행하여 많은 양의 관리업무를 선량한 관리자로서 성실히 수행하고 있다(표 1).

Ⅱ. 주택관리 업무의 확장

1. 주택관리사 업무의 확장

주택관리사는 공동주택의 공용부분과 입주자 공동소유인 부대복리시설의 유지보수와 안전관리 등의 업무를 수행하여, 공동주택의 입주자들이 살기 좋은 쾌적한 주거환경을 조성하여야 한다. 주택관리사의 관리업무는 이러한 목적도 있지만 그것을 포함하면서 관리조직이 시행하는 행정관리, 시설물 유지관리, 생활 및 복지관리 등을 망라한 광의의 경영관리시스템을 운영하여야 한다.

따라서 공동주택에 있어서 관리업무는 투명하고 합리적인 관리운영의 기반이 되어야 한다. 공동주택의 관리업무의 범위는 이론적으로 한정하기에는 공동주택 입주자들의 다원성이 너무 크기 때문에 어느 한 부분으로 확정하기엔 무리가 있다. 주택관리사는 관리업무 외에도 병행하여야 할 업무가 너무도 과중한 것이 현실이다. 그럼에도 불구하고 많은 주택관리사들은 입주자들의 주거복지와 관리업무의 진화를 위한 주택관리업무의 새로운 범위에 대한 확장성을 늘 고민해 왔다.

2. 공동체 활성화 업무

1) 관리업무와 공동체

우리나라는 1970년대를 기점으로 급격한 산업화시대를 맞이하면서 도시화가 급속히 진행되었다. 급격한 도시화로 인해 인구의 도시집중화 현상이 일어났고 도시의 주택난이 극심해지기 시작했다. 따라서 정부의 정책도 도시민의 주택난 해소와 정부주도의 경제성장을 위한 주택의 대량공급에 초점을 맞추게 되었다. 그러다 보니 양적인 주택공급에 치중하게 되었고, 그 결과 공동주택의 보급률이 높았다. 공동주택이 대량으로 공급되면서 공동주택의 구조상 타인과의 관계가 단절되는 등 생활 방식도 바뀌게 되었다. 전통적으로 내려오던 생활공동체 의식이 변화되거나 파괴되었다.

경제협력개발기구(OECD)에서 발표한 2016년도 국가별 공동체지수[3]를 보면 OECD 회원국과 러시아, 브라질을 포함한 36개 국가 중 우리나라의 공동체 지수가 가장 낮게 조사되었다. 우리나라의 공동체 지수는 72%로 OECD 전체 평균인 88%보다 16%나 낮은 수치로 이는 1위를 차지한 아일랜드의 96%보다 24%나 낮은 수치다. 이러한 결과는 공동주택의 대량공급으로 인한 우리나라의 전통적인

---

3 공동체 지수: 경제협력개발기구(OECD)는 경제성장률만으로 한 사회를 제대로 평가할 수 없다는 이유로 2011년부터 매년 5월 '더 나은 삶 지수(Better Life Index)'를 발표하고 있다. 이 지수엔 공동체 지수를 비롯해 삶과 일의 균형, 안전, 양극화 지수 등 여러 지표가 포함돼 있다.

공동체가 파괴되고 있다는 증거다. 공동주택이 주거생활로 보편화되면서 생활공간이 규격화되고, 타인과의 관계도 소홀해지면서 자연스럽게 공동체 형성을 어렵게 만든 것이다.

공동주택에서 공동체가 파괴되면서 이웃 간의 갈등이 증폭되고 분쟁들이 늘어났다. 도움이 필요할 때 이웃의 도움을 기대하기 어렵게 되었다. 이러한 현실을 감안할 때 공동주택에서 주택관리사가 행하는 관리업무 못지않게 중요한 것이 바로 공동체를 형성하고 활성화시키는 일이다.

그림 1 공동체의 필요성과 국가별 공동체 지수

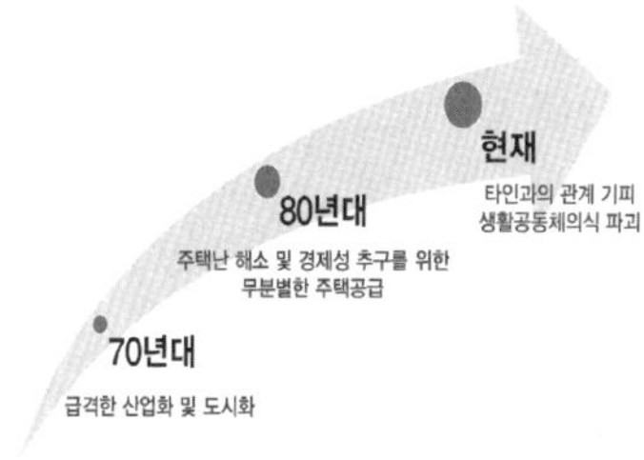

현재
타인과의 관계 기피
생활공동체의식 파괴
80년대
주택난 해소 및 경제성 추구를 위한
무분별한 주택공급
70년대
급격한 산업화 및 도시화

순위	국가	지수	순위	국가	지수
1	아일랜드	96%	27	프랑스	87%
2	스위스	96%	34	그리스	83%
3	아이슬란드	96%	35	멕시코	77%
25	일본	89%	36	한국	72%

자료: OECD

어느 특정한 공동주택 단지에 모여 사는 입주자들은 서로 다른 가족구성이나 거주의 경험, 주택에 대한 서로 다른 가치관을 가질 수 있다(문영기 · 방경식, 2008). 이러한 이질성을 가진 입주자들이 한 단지 내에 모여 살기 때문에 생기는 불편들을 해소하여 안락하고 쾌적한 분위기 속에서 주거생활을 영위할 수 있도록 하는 일은 관리업무에 있어서 무엇보다도 중요하다.

동일한 공동주택에서 동일한 공동체에 기반을 둔 하나의 단지에서 공동의 거주공간과 커뮤니티를 공유하면서 공동의 생활을 영위하게 되면, 그 구성원들은 심리적인 연대감과 소속감을 느끼게 된다(박수걸, 2011). 따라서 공동체가 활성화되면 다원화된 입주자들이라 하더라도 동일한 공동체를 기반으로 연결되어 있기 때문에, 유기체적인 공동체 안에서 개인이 독자적으로 해결하지 못하는 문제들을 해결할 수 있도록 공동체가 긍정적인 도움을 주는 기능을 한다. 입주자들이 긍정적인 생각으로 관리업무에 참여하기 때문에 관리업무의 효율성이 증대될 수 있다.

많은 관리전문가들은 공동주택의 공동체 활성화의 필요성을 강조하고, 관리전문가인 주택관리사들 또한 공동체 형성과 활성화를 위해 부단히 노력해 왔다. 하지만 공동주택은 공용부분과 사적인 영역인 전용부분이라는 물리적으로 뚜렷하게 구획되어 있기 때문에 공동체 활성화에 많은 어려움이 존재한다. 그러다 보니 입주자나 주택관리사나 공동체 활성화 업무는 등한시하고 있는 것이 우리나라 공동주택의 현실이다.

아무리 어려운 난관이 있다고 하더라도 공동주택의 관리업무에서 공동체 활성화 노력은 지속적으로 확대되어야 한다. 또한 관리 전문가인 주택관리사 측면에서는 관리업무의 효율성을 위해 공동체 활성화에 대한 지속적인 동력을 제공할 필요가 있다. 그러기 위해서는 우선적으로 관리업무의 확장을 공동체 활성화로 확대하려는 마음가짐이 필요하다.

인간은 공동체적 자아(communal self)를 가지고 태어나기 때문에 공동체에 대한 열망을 본능적으로 가지고 있다. 공동체는 개인과 사회차원에서 강력하고도 긍정적인 효용을 발휘한다(이종수, 2015).

따라서 공동주택의 관리 측면에서의 공동체 활성화는 입주자들의 통합과 소통의 과정을 거치면서 함께 어울려 사는 삶의 가치에 긍정적 효과를 미치게 될 것이다.

공동주택 입주자들의 관리만족도를 측정한 박병남(2015)의 연구 결과에서 나타났듯이, 공동체가 활성화되어 있는 공동주택의 입주자들은 주택관리사가 제공하는 관리서비스에 대한 만족도가 높게 나타났다. 결과적으로 공동체에 소속되어 관리업무에 적극적으로 참여하는 입주자의 만족도가 높다는 것은 공동체가 미치는 사회적 효과와 일치하기에 공동체 형성과 활성화는 관리업무에서 중요시 다루어야 할 업무인 것이다.

2) 공동주택의 공동체 특성과 문제

공동주택에서 공동체 활성화의 목적은 그동안 잃어버렸던 이웃들 간의 관계를 회복하고, 서로 간에 이웃의 정을 나눔으로 오해와 불신을 줄이고, 나눔의 즐거움과 이웃에 대한 배려와 커뮤니티의 이점을 나누는 데 있다.

공동주택의 공동체는 몇 가지 특성이 있다. 공동주택의 공동체에 대한 범위는 협소하지만 상대적으로 적극성을 띠고 있다. 공동주택은 공동체 형성을 위한 그 공간적 범위가 분명하다. 단지 내부에서 외부와 구분되는 공동의 활동과 이해관계가 얽혀 있는 것이 특징이다. 그렇기에 나타나는 공동주택의 문제는 매우 다양하다. 첫째, 흡연 및 소음 등으로 인한 이웃 간 분쟁과 갈등이 있다. 둘째, 이웃에 대한 무관심과 개인의 프라이버시 문제이다. 셋째, 극단적 이기주의로 인한 지역주민 간 분쟁 등이 있다. 이러한 문제는 합리적인 제도가 미비하기 때문에 발생하기도 하나, 공동주택의 주거문화의 형성을 위한 공동체가 활성화되지 않았기 때문에 발생하는 경우가 많다. 현 사회전반에 걸친 개인주의와 이웃 간의 관계가 부족한 현실에서 공동주택의 공동체 활성화 업무에 대한 필요성은 더욱 높아지고 있다.

현재 공동주택에서 이루어지고 있는 공동체 활동은 대부분 단순한 활동으로 이루어져 있다. 공동주택의 공동체 활성화 사례를 살펴보면, 텃밭가꾸기, 공동육아, 북카페, 도서관운영 등, 입주자 참여형 공동체 활성화 프로그램이 주를 이룬다. 여기에 음악회, 주민 한마당잔치, 체육대회, 삼겹살파티, 비빔밥데이 등과 같은 이벤트 형식의 공동체 활성화 프로그램들이 운영되고 있다. 그리고 요가교실, 탁구교실, 기타, 커피 바리스타 등 강습 프로그램, 화장품 만들기, 비누만들기, 서양미술사, 고궁 탐방 등 문화강좌 프로그램 등으로 공동체 활성화 업무를 진행하고 있는 실정이다.

또한, 불우이웃돕기 등 이웃과 어울려 함께하는 도움 공동체와 마을축제 및 화단과 꽃길을 조성하는 마을가꾸기도 시도되고 있다. 이러한 공동체 활동은 주민 간 의사소통을 가능하게 하며, 화합을 도모한다는 장점과 공동주택 입주자들의 주거만족도를 높인다는 장점이 있다.

하지만 현재 운영되고 있는 공동체 활성화 프로그램이나 공동체 기여 프로그램은 운영하는 과정에서 몇 가지 문제점을 발생시키고 있다. 첫째, 입주자들의 합의에 의한 운영이 미진하다. 입주민들의 의견을 반영하는 토론과 합의과정을 거쳐 활동을 하는 것이 아니라, 입주자대표 집단의 결정과 이해관계로 인하여 프로그램이 결정되는 경우가 많았다. 그러다 보니 오히려 공동체 활성화보다는 일정의 소통의 벽을 새롭게 만드는 결과를 초래하는 문제가 생긴다. 둘째, 대부분의 공동체 프로그램은 생명력이 짧다. 공동체 활동이 일관성과 지속성을 가지지 못하고 일회성으로 끝나는 단발적이라는 문제가 있다. 셋째, 공동체 프로그램에 대한 체계적인 계획이 없다. 공동체 활동은 공동주택 단지 내의 입주자들뿐 아니라 그 지역의 지자체와 협력하는 장기적 계획에 의해서 운영되어야 한다. 하지만 대부분의 공동체 활성화 프로그램은 장기적인 수립에 의한 것이 아니라 단기적 수립인 경우가 많으며 세부 실천계획이 미흡하고, 그 활동에 대한 평가가 부족하기에 차후의 공동체 활동이 부실해진다는 문제점을 가지고 있다. 이러한 문제들을 해결하기 위한 관리전문가들의 노력이 절실히 필요한 실정이다.

그림 2 공동주택의 공동체 프로그램 운영의 문제점

1
공동체 활동의
다양성 부족
2
일회성 행사
3
입주자대표회의
단독적 추진
4
지자체의
지원부족
• 대부분의 공동체 활동은 취미생활 공유
• 마을축제 및 각종 공동체 행사가 대부분 일회성
• 세부실천계획이 미흡
• 다수의 의견을 반영하지 못하고 주민참여형 활동이 아님
• 예산의 제약과 평가에 대한 피드백 부족
• 장기적인 활동으로 이어지지 못함

3) 공동주택의 공동체 문제점 개선

공동주택의 공동체에 대한 중요성은 2000년대 초반을 기점으로

관리전문가들 사이에 확산되기 시작하였다. 이는 1990년대 후반부터 학계와 시민단체들을 중심으로 확대되어 오던 공동체 운동을 체험하면서부터 생기기 시작한 현상들이다. 그러나 현장의 관리전문가인 주택관리사들은 공동체에 대한 정보와 아이디어를 얻을 수 있는 공동체 활성화 교육을 체험하지 못하고 있다. 따라서 공동체 활성화 업무를 주택관리사 나름대로 최선을 다해 보지만, 여러 가지 문제점들을 해결하는 데는 한계가 있었다.

위에서 제기했듯이 주택관리사가 공동주택의 공동체 활성화 프로그램들을 운영하면서 발생되는 문제점들을 개선하기 위해서 무엇보다도 공동체 활성화의 중요성과 정보에 대한 교육이 필요하다. 공동체 활성화에 필요한 교육을 통해 공동주택 내에서의 공동체 활성화 취지와 필요성에 대한 이해를 높이고 공동체 활동의 전반적인 기획과 운영방안에 대한 지식이 제공되어야 한다.

관리 전문가인 주택관리사는 공동체 활성화 교육을 통해 프로그램을 개발하고 커뮤니티 공간의 확보와 선택을 하여야 한다. 이러한 공동체 활성화 프로그램을 운영하기 위해선 관련 법·규정을 숙지하고, 관리전문가로서의 성실한 업무로 봉사정신을 발휘하여야 한다. 공동체 활성화 교육을 통해 얻은 지식을 이용해 관리단지의 특성에 맞는 공동체 프로그램을 운영하고 활성화시킨다면 입주자 간의 갈등과 분쟁에 대한 조정과 관리도 가능해질 것이다.

Ⅲ. 관리업무의 전환

1. 공동체 활성화 업무

주택관리사는 공동주택을 효율적으로 관리하기 위해 법적인 업무 외에도 다양한 업무들을 소화해 내야 한다. 때문에 관리업무의 확장은 끝이 없을 것이다. 하지만 공동체 활성화 업무는 주택관리사의 관리업무로 확장되거나 이미 그 업무를 포함하여 진행하는 경우가 많은 것이 사실이다. 따라서 주택관리사의 관리업무의 확장적 측면에서의 공동체 활성화 업무보다는 기존에 운영되고 있는 공동체 활성화 업무의 방향성 전환을 논해 보고자 한다.

공동주택단지의 공동체 활성화를 위한 기초는 건축물의 구조와 배치가 제대로 설계되고 시공되었느냐에 따라서 좌우된다. 단지 내 설치된 부대·복리시설인 물리적인 측면의 하드웨어적인 공동체 활동을 위한 공간의 구성과 배치가 중요한 요소이다. 단지 내 설치된 부대·복리시설 중, 입주자들이 가장 많이 이용하는 시설에 대한 연구 결과에 따르면 1순위가 어린이놀이터, 2순위는 광장 및 휴게소, 3순위는 산책로 등으로 나타났다(조진만, 2007). 이러한 공간을 이용하는 생활 속에서 자연스럽게 형성되는 공동체는 한계가 있다.

공동체 문화 활성화를 위한 관리업무의 전환은, 그 첫 출발을 물리적 측면에서 찾아야 한다. 건축물의 기획과 설계로부터 공동체 문화를 활성화 할 수 있는 구체적인 구조와 공간을 배치하고 그 기능을 제시하여야 한다. 또한 계획 시 이용의 편리성을 고려해서 계획하여야 한다. 예를 들어 광장은 입주자들이 직접 참여하거나 체험할 수 있는 행사, 모임, 휴식 등을 통하여 자연스럽게 공동체 의식을 형성할 수 있는 공간으로 계획되어야 한다.

최근 건축된 공동주택은 단지 중앙 및 녹지, 수변시설과 인접해서 광장을 설치하여, 마을축제 및 각종 행사 등 공동체 활성화 프로그램들을 더욱 편리하게 유치할 수 있게끔 하고 있다. 따라서 산책로나 단지 내 휴게소 등은 입주민들 간에 일상적인 접촉을 통해 자연스러운 공동체 문화가 형성될 수 있도록 계획되어야 한다. 광장이나 휴게소 등은 산책로와 같은 보행공간과 자연스럽게 연결될 수 있도록 계획되어야 한다.

그림 3 공동주택의 공동체의식 조사결과

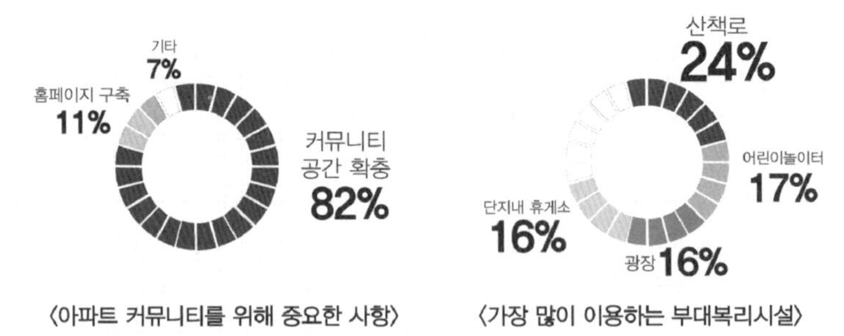

자료: 조진만, 2007

또한, 주민공동시설로 활용하기 편리한 여러 개의 독립된 공간을 설치할 필요가 있다. 이러한 독립된 공간은 공동체 문화를 활성화할 수 있는 실제적 공간으로 사용될 수 있다. 문화교실 관련 시스템적 공동체 활동, 동호회, 공방 등, 구체적인 공동체 활성화 공간으로서의 역할을 충분히 할 수 있는 공동체 기여 공간이기에 충분히

계획단계부터 고려될 필요가 있다. 공동주택의 공동체 활성화를 위한 물리적인 측면을 개선하면, 한정된 공간 속에서 부족하게 형성되는 공동체들의 한계를 극복할 수 있게 될 것이다.

2. 공동체 시스템의 활성화 업무

공동주택의 공동체 활성화에 대한 또 다른 측면에서의 한계를 극복하기 위해 고려되어야 할 부분은 시스템적인 측면에서의 활성화 요건이다. 시스템적인 측면에서 살펴보면, 우선 법·규정에 대한 정비가 필요하다. 정부나 지자체의 공동주택의 공동체 활성화에 대한 인식과 관심을 확대하고 지원근거를 마련하기 위한 법·규정의 정비가 따라야 한다. 현재 지방자치단체는 공동주택의 관리업무를 수행하는데 필요한 경비를 지원하는 "공동주택지원조례"를 제정하여 시행하고 있다. 이러한 지원조례에 공동체 활성화 비용에 대한 지원을 명시하는 등 공동체 활성화 지원 시스템을 구성하여야 한다.

주택관리사는 단지별 특성에 맞는 공동체 활성화 프로그램을 개발하고 공동체 프로그램을 운영할 수 있는 커뮤니티 활동가를 입주자들 가운데 발굴하여야 한다. 발굴한 커뮤니티 활동가들을 정부와 지자체에서 지원하는 교육과정을 통해 주민활동가로 육성하여 자체적으로 공동체 활성화 시스템을 구성하여야 한다. 자체적인 공동체 활성화 시스템을 구축하기 어려운 단지에서는 외부 조직에 대한 도움을 받아야 한다. 현재 많은 지역사회에서는 다양한 공동체에 대한 혜택을 제공하고자 다양한 공동체 활성화 시스템을 제공하고 있다. 따라서 주택관리사는 지역사회를 통해 프로그램 강사나 커뮤니티 전문가, 지역 활동가 등의 도움을 받아 단지 내의 공동체를 활성화시킬 방안을 강구하여야 한다.

그림 4 공동주택의 공동체 참여의식

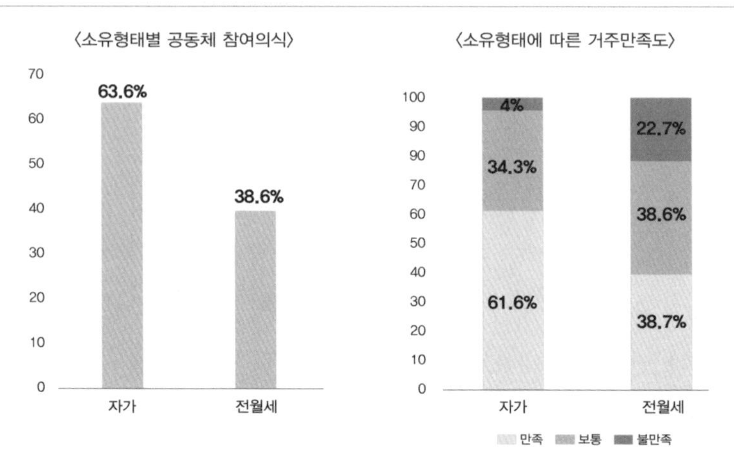

임차권자에 대한 **실질적 혜택 부족** → 각종 참여활동 저조

자료: 조진만, 2007

하지만 공동체 활성화 시스템을 구성하고 운영하는 데 있어서 주의하여야 할 점들이 있다. 공동체를 주도하고 공동체 안에서 활동하는 비중이 소유자 중심으로 이루어지다 보니, 공동주택에 거주하는 전·월세 입주민들이 소외되지 않도록 배려해야 한다는 점이다. 대부분 공동주택에서 공동체 프로그램이나 활동들이 임차인들을 포용하지 못하는 경우가 많다. 그러다 보니 임차인들은 각종 공동체 활동에 참여가 저조할 수 있다는 것이다. 따라서 주택관리사는 공동체를 활성화시키는 데 있어서 임차인들을 적극 배려해야 함을 인식하여야 한다.

Ⅳ. 결론

우리나라는 급속한 산업화와 도시화를 경험하였다. 그러한 과정 속에서 등장하게 된 공동주택이라는 주거공간은 많은 생활의 변화를 가져왔다. 특히 공동주택은 그동안 전통적으로 내려오던 정(情)을 기반으로 하던 우리나라의 공동체를 파괴시키는 현상을 만들어냈다. 공동주택은 구조상 이웃과의 폐쇄된 주거공간 속에서 각자의 영역을 고립시키고 있어 입주자들은 의식적으로 또는 습관적으로 이웃과의 관계를 기피하거나 무시하게 된다. 이러한 생활방식은 국가적인 자산인 공동주택을 관리하는 데 있어서도 많은 어려움을 초래하고 있다.

하지만 현재 많은 공동주택에서 각자의 방식으로 공동체를 형성하기 위해 노력하고 있다. 우리나라의 전통적인 공동체가 파괴되고 이를 새로운 공동체로 대체하고자 하는 "아파트형 커뮤니티" 형성을 위한 공동체가 시도되고 있는 것이다. 우리나라 국민들의 70% 이상이 거주하고 있는 공동주택이 사적자치 영역으로 인식되면서 정부의 지원이나 관심이 적었던 것이 사실이다. 최근에는 관리를 둘러싼 여러 가지 사회적인 이슈들로 인해 관리업무 못지않게 공동체 형성과 활성화에 대한 관심이 높아지고 있다.

공동주택은 안전성과 편리성을 확보하기 위하여 공유부분에 대한 물적 관리를 위한 전문가의 역할이 매우 중요하다. 관리 전문가인 주택관리사는 입주자들의 생활 편익을 위한 업무들에 많은 시간을 할애한다. 하루 업무의 대부분은 입주자들을 응대하는 생활관리가 차지한다고 해도 과언이 아니다. 따라서 공동주택의 공동체 활성화는 관리업무의 질(Quality)과 연결되어 있는 중요한 업무가 되고 있다. 이러한 공동체 활성화 업무에 대한 관심과 참여는 이제 선택이 아니라 필수가 된 것이다. 따라서 공동주택의 관리업무의 확장과 전환이라는 측면에서 가장 필요한 부분은 바로 공동체 활성화 부분이라 판단된다.

공동주택에 있어서 관리업무의 궁극적인 목적은 입주자들의 주거 안정과 삶의 질을 향상시키는 데 있다. 그러기 위해선 새로운 관리 기술을 개발하고 전문성을 갖춰 나가는 것도 중요하다. 그러나 전문성으로 입주자들의 욕구를 모두 해결하기란 불가능하기 때문에 이에 대한 새로운 대책이 필요하다. 그 대책이 바로 입주자들의 참여를 통한 공동체 활성화라고 판단된다. 입주자들의 참여를 통해 관리업무에 대한 우선순위를 정하고, 스스로 참여한 관리업무를 통해 만족도를 높인다면, 그동안 다양하게 발생되었던 관리와 관련한 갈등이나 분쟁을 예방하고 해결할 수 있을 것이다.

참고문헌

국토해양부(1994), 공동주택의 재건축실태와 수명연장 방안연구, 한국건설기술연구원

문영기 · 방경식(2008), 공동주택관리론, 부연사

박병남(2015), 공동주택의 관리서비스 품질이 관리만족도에 미치는 영향, 박사학위논문, 강원대학교

박수걸(2011), 아파트 공동체 활성화 방안 연구

은난순(2003), 공동주택 관리업무 수행평가 도구개발, 박사학위논문, 경희대학교

이종수(2014), 내가 꿈꾸는 마을, 동아광장 기고문, 동아일보

조성기(1997), 도시주거학, 동명사

조진만(2007), 공동주택단지의 공동체문화 활성화를 위한 부대복리시설계획에 관한 연구, 석사학위논문, 남서울대학교

하성규 외(2014), 현대공동주택 관리론, 박영사

홍성지 · 이병진(2009), 공동주택관리 만족도 제고요인 분석, 부동산학보, 한국부동산학회, 38, pp. 17－32

대한주택관리사협회 http://khma.org

공동주택관리정보시스템 http://k－apt.go.kr

통계청(2017), 2016 인구주택총조사 http://kosis.kr

「공동주택관리법」

엮은이

한국주택관리연구원은 주택관리에 관한 학술·실무적 연구를 바탕으로, 건설·공급 위주에서 유지·관리로의 변화에 적응하기 위한 체계적인 주택관리 시스템을 구축하고, 주택의 선진적이고 전문적인 관리와 제도 발전에 기여하기 위해서 2013년에 설립되었다. 한국주택관리연구원은 「공동주택의 관리특성 및 관리비 추이 분석」(2013), 「입주자의 전문성 향상을 위한 공동주택관리 가이드」(2014), 「공동주택관리 종사자 근로환경조사」(2015), 「공동주택관리제도 발전방향 연구」(2016), 「주택관리 서비스 품질체계 개선방안 연구」(2017) 등 연구활동, 「현대 공동주택관리론」(2014), 「공동주택관리의 새로운 패러다임」(2016), 「아파트 노동자의 현실: 우리도 행복하게 일할 수 있을까」(2017) 등 서적발간, 「공동주택관리의 패러다임을 혁신한다」(2018), 「공동주택 장기수선제도: 법제 현황과 주요 이슈」(2018) 등 학술세미나 등 심도 있는 논의를 통해서 주택관리제도의 문제점 및 대안 도출, 미래의 발전방향을 모색하는 연구기관이다.

지은이

하성규

영국 런던대학교(UCL)에서 도시계획학으로 박사학위를 받았다. 한국주택학회 회장, 한국지역개발학회 회장을 역임했으며, 현재 한국주택관리연구원 원장, 중앙대학교 도시계획부동산학과 명예교수, 한국주거서비스 소사이어티(KHSS) 상임대표를 맡고 있다. 주요저서로는 「주택정책론」(2010), 「한국인 주거론」(2018) 등이 있다.

은난순

경희대학교 대학원에서 주거환경 및 주택관리를 전공하였으며, 이학박사 학위를 받았다. 현재 가톨릭대학교 소비자주거학과 연구겸임교수이자, 한국주거문화연구소 연구위원으로 재직 중이며, 주거관리 및 커뮤니티 활성화, 주거복지 정책 등의 연구 및 컨설팅을 수행하고 있다. 주요 저서로는 「사회 속의 주거, 주거 속의 사회」(공저, 2017), 「주거환경조사론」(2015), 「현대 공동주택관리론」(공저, 2014) 등이 있다.

이창로

서울대학교 지리학과를 졸업하고 동 대학에서 지리학 박사학위를 받았다. 현재 한국지방세연구원에 근무하면서 부동산 조세, 과세평가 분야의 연구를 수행하고 있다.

유나연

전북대학교 경영대학원에서 석사학위를 받았다. 현재 전주 흥건삼천2차아파트 관리사무소장으로 근무하면서 리더십 전문교육기관인 데일카네기 트레이닝 강사, 생각을 성과로 바꾸는 씽크와이즈 마인드맵 강사로 활동하고 있으며, 책을 읽고 토론하는 리더스클럽의 사무국장직을 맡아 봉사하며 독서토론 진행자로도 활동하고 있다. 주요 저서로 「아파트, 신뢰를 담다」(2017)를 출간하였다.

강은택

중앙대학교 도시계획부동산학과에서 도시계획학 박사학위를 받았으며, 현재 한국주택관리연구원에서 근무하고 있다. 주요 연구로 「주택점유 및 보유형태선택의 요인분석에 관한 연구」(2008), 「최초 주택구입 기간에 영향을 미치는 요인에 관한 연구」(2011), 「Intergenerational effects of parental wealth on children's housing wealth」(2015), 「Migration behavior of students and graduates under prevailing regional dualism: the case of South Korea」(2017) 등이 있으며, 최근에는 주택정책, 주택관리제도, 주거이동 등의 연구를 진행하고 있다.

한영화

연세대학교 심리학과를 졸업하고 서강대학교에서 법학전문석사학위를 받았다. 현재 한영화 법률사무소 대표변호사이며 국토교통부 중앙 공동주택관리 분쟁조정위원회 위원을 맡고 있다. 주요 저서로 「현대 공동주택관리론」(공저, 2014), 「공동주택관리의 새로운 패러다임」(공저, 2017) 등이 있다.

김미란

이화여자대학교 법학과를 졸업하고 제49회 사법시험에 합격, 제39기 사법연수원을 수료하였다. 현재 법무법인 산하에서 공동주택 관련 분쟁을 주로 담당하며 수석 변호사로 활동하고 있으며 대한주택관리사협회 고문변호사, 공제사업단의 심사보상위원, 서울교통공사의 사외이사를 역임하고 있다. 인천광역시 공동주택감사반 전문위원, 서초구 유리알컨설팅 자문위원 등 공동주택 관련 자문 업무를 전방위적으로 수행하고 있고, 지방자치단체에서 주관하는 공동주택관련 윤리교육이나 대한주택관리사협회의 법률특화과정 강의를 맡고 있다. 한국아파트신문, 아파트관리신문, 동아일보 등에도 정기적으로 법률칼럼이나 판례평석을 싣고 있다.

최병숙

연세대학교 주생활학과를 졸업하고 동대학원에서 주거환경학 박사학위를 받았다. 현재 전북대학교 주거환경학과 교수이며 한국주거학회 주거복지사자격검정사업단 위원으로 활동하고 있다. 주요 연구로 「행복감을 증진시키는 주거환경 가이드라인 개발」(2018–2021), 「신규 주거서비스 개발」(2017), 「주거의 질과 정신건강 관계로 본 건강한 주거수준」(2011–2014) 등이 있다.

박경옥

연세대학교 주생활학과를 졸업하고 일본 오사카시립대학교에서 주거학 박사학위를 받았다. 한국주거학회, 한국생활과학회 회장을 역임하였다. 현재 충북대학교 주거환경학과 교수로 재직 중이며 한국주거서비스소사이어티 상임위원, 국토교통부 주거정책심의위원 등을 겸직하고 있다. 주요 저서로 「사회 속의 주거, 주거 속의 사회」(공저, 2016), 「현대 공동주택관리론」(공저, 2014), 「더불어 사는 이웃, 세계의 코하우징」(공저, 2000) 등이 있다.

최타관

주택관리사로서 현장 경력 약 22년차에 접어들고 있으며, 서울과학기술대학교 주택대학원에서 공학석사와 동교 에너지환경대학원에서 경제학박사를 수여받았다. 주택관리사 수험서 공저자로 「공동주택관리실무」(2002) 발간에 참여하였다. 현재 한국주택관리연구원에서 부원장 겸 기획조정실장으로 근무하고 있으며 주택관리전문가로 활동하고 있다.

박병남

서울시립대학교 건축공학과 대학원을 졸업하고 강원대학교에서 부동산학 박사학위를 받았다. 현재 대한주택관리사협회 사무총장으로 근무하고 있으며 공동주택관리 전문가로 활동하고 있다.

아파트 공동체, 상생을 생각하며

초판발행 2018년 11월 12일

지은이 하성규 · 은난순 · 이창로 · 유나연 · 강은택 · 한영화 · 김미란 · 최병숙 · 박경옥 · 최타관 · 박병남
엮은이 한국주택관리연구원
펴낸이 안종만

편 집 박송이
기획/마케팅 박세기
표지디자인 권효진
제 작 우인도 · 고철민

펴낸곳 (주) 박영사
서울특별시 종로구 새문안로3길 36, 1601
등록 1959. 3. 11. 제300-1959-1호(倫)
전 화 02)733-6771
f a x 02)736-4818
e-mail pys@pybook.co.kr
homepage www.pybook.co.kr
ISBN 979-11-303-0656-8 93350

정 가 18,000원